校企合作市场营销专业精品教材

互联网＋活页式理念新形态教材

推销技巧与商务谈判

主审　卫振中

主编　侯银莉　冯锦军　晋新焕

上海交通大学出版社
SHANGHAI JIAO TONG UNIVERSITY PRESS

内容提要

本书着眼于推销与商务谈判理论知识在实际工作中的应用，并紧密结合当前企业对员工推销与商务谈判技能的实际要求，系统阐述了推销技巧与商务谈判的基本原理与基本方法。本书分为商务人员必备知识篇、推销实战篇和商务谈判实战篇，共11个项目，具体包括认知推销与商务谈判、掌握商务人员必备的职业礼仪、寻找与识别客户、约见与接近客户、开展推销洽谈、促使交易成功、提供售后服务、做好谈判准备、建立良好的谈判开局、进行谈判磋商、结束谈判等。

本书内容系统、体例丰富、实用性强，可作为高等职业院校市场营销专业的教材。

图书在版编目（CIP）数据

推销技巧与商务谈判 / 侯银莉，冯锦军，晋新焕主编. -- 上海 : 上海交通大学出版社，2023.4
ISBN 978-7-313-27971-2

Ⅰ. ①推… Ⅱ. ①侯… ②冯… ③晋… Ⅲ. ①推销②商务谈判 Ⅳ. ①F713.3②F715.4

中国版本图书馆CIP数据核字(2022)第222379号

推销技巧与商务谈判
TUIXIAO JIQIAO YU SHANGWU TANPAN

主　　编：侯银莉　冯锦军　晋新焕
出版发行：上海交通大学出版社　　地　　址：上海市番禺路951号
邮政编码：200030　　电　　话：021-64071208
印　　制：北京鑫益晖印刷有限公司　　经　　销：全国新华书店
开　　本：787mm×1092mm　1/16　　印　　张：15.25
字　　数：352千字
版　　次：2023年4月第1版　　印　　次：2023年4月第1次印刷
书　　号：ISBN 978-7-313-27971-2
定　　价：49.80元

本书编委会

主　审　卫振中

主　编　侯银莉　冯锦军　晋新焕

副主编　孙婧一　冯　怡　胡　月

PREFACE 前言

推销与商务谈判是社会经济活动中普遍存在的现象，也是商务活动的两个基本方面。随着经济的快速发展，推销与商务谈判的新方式不断涌现，这对商务人员的职业技能与职业素养提出了更高的要求。为了培养具有良好的职业素养，并掌握推销与商务谈判技能的高素质人才，编者在深入研究国内外具有代表性的相关著作，以及充分吸取推销与商务谈判实践经验的基础上，本着求实、创新的原则组织编写了这本《推销技巧与商务谈判》。

总体而言，本书具有以下几个特色。

1. 立德树人，素质为本

党的二十大报告指出："育人的根本在于立德。"本书有机融入党的二十大精神，积极践行"立德树人"的理念，在编写过程中引入素质教育元素，帮助学生树立正确的世界观、人生观和价值观，培养社会责任感，让学生在掌握推销技巧与商务谈判的基本知识和技能的同时，接受素质教育的熏陶，实现知识传授、能力培养、价值塑造三位一体的人才培养目标，为学生终身发展服务。

2. 校企合作，协同育人

本书的编写在一线双师型教师和企业人才的指导与支持下进行，其内容的组织与体例的设计充分考虑了课程标准的相关要求及从业要求，针对企业的用人需求，注重人才培养的实用性与实效性。

3. 全新形态，理念创新

本书切实践行"以学生为主体，以教师为主导，以能力为根本"的教育理念，按照"必需、够用、兼顾发展"的原则组织内容。在设计教材体例时，本书安排了形式多样的课堂互动和拓展实践，能够促进学生积极思考、学以致用，使其掌握开展推销与商务谈判活动的基本技能，培养其在未来职场中的实践能力。

4. 体例丰富，教学相宜

本书体例丰富多样，每个项目都包括"项目导读""知识目标""能力目标""素质目标""情景案例""项目实训""项目综合测试"七个部分。其中，"项目导读"概述了本项目的主要内容；“知识目标”“能力目标”可以帮助学生明确学习要点；“素质目标”注重提升学生的职业素养；“情景案例”用于引出正文内容，以引导教师进行情景化教学，激发学生的学习兴趣；“项目实训”通过各种形式的实践操作活动，引导学生将所学知识应用到实践当中；“项目综合测试”旨在帮助学生进行知识自我检测。

此外，为了提升教材的可读性，调动学生学习的积极性与主动性，本书在知识讲解的过程中，适时穿插了“经典案例”“知识之窗”“互动空间”“小贴士”“明德修业”等模块，以进一步加深学生对理论知识的理解，拓宽学生的知识面。

5. 数字资源，丰富多彩

本书将“互联网+”思想融入教材。学生可以借助手机或其他移动设备扫描书中的二维码获取相关视频，也可登录文旌综合教育平台“文旌课堂”（www.wenjingketang.com）查看与下载本书配套资源，如项目综合测试答案、优质课件、教案、课程标准等。

此外，本书还提供了在线题库，支持“教学作业，一键发布”，教师只需登录“文旌课堂”App，即可迅速选题、一键发布作业、智能批改作业，并查看学生的作业分析报告，提高教学效率，提升教学体验。学生可在线完成作业，巩固所学知识，提高学习效率。

本书由卫振中担任主审，侯银莉、冯锦军、晋新焕担任主编，孙婧一、冯怡、胡月担任副主编。在编写本书的过程中，编者参考了许多国内外专家、学者的观点和资料，在此特向他们表示衷心感谢。

由于编者水平有限，书中存在的疏漏与不当之处，敬请广大读者批评指正。

特别说明：

（1）本书在编写过程中，参考了大量的资料并引用了部分文章和图片等。这些引用的资料大部分已获授权，但由于部分资料来自网络，我们未能确认出处，也暂时无法联系到原作者。对此，我们深表歉意，并欢迎原作者随时与我们联系，我们将按规定支付酬劳。

（2）本书所选案例均来源于真实事件，但为了避免引起不必要的误会，部分人物使用了化名。

（3）本书没有注明资料来源的案例均为编者根据真实事件自编。

目录

CONTENTS

商务人员必备知识篇

推销实战篇

商务谈判实战篇

商务人员必备知识篇

项目一

认知推销与商务谈判

项目导读

随着社会经济的深入发展和日趋完善，推销与商务谈判已成为现代企业经营活动的重要环节，对企业的生存和发展起着至关重要的作用。无论是企业的决策者还是具体的商务人员，能否熟练掌握推销与商务谈判的知识和技能在很大程度上决定着企业经营活动的成败。

知识目标

（1）了解推销与商务谈判的要素、特点和原则。
（2）熟悉推销模式。
（3）熟悉商务谈判的类型。

能力目标

（1）能够运用所学的推销与商务谈判的理论知识分析相关案例。
（2）能够掌握各个推销模式的步骤与适用范围。
（3）能够认识并判断商务谈判的类型。

素质目标

（1）培养爱岗敬业的精神与精益求精的工作理念。
（2）培养自主探究学习的意识，提升解决实际问题的能力。

模块一　了解推销的基础知识

情景案例

王先生最近想买一台车，经过上网浏览和向朋友咨询之后，他对红旗牌××型号的车比较中意，于是决定等空闲时到汽车店里实地看一下车。

一个周末的下午，王先生来到了红旗汽车4S店。由于下雨，店里看车的人寥寥无几，推销员们也无精打采的。“先生您好，欢迎光临！请问有什么能帮您的？”一声热情的招呼，王先生看到自己侧面站着一个精神头儿十足的年轻小伙子。小伙子自我介绍说名叫小李，在了解了王先生的购车需求之后，小李先带王先生看了他中意的那款车，并且向王先生详细介绍了那款车的各项性能指标，还客观地分析了其优点和缺点，以及用户的真实反馈等。在了解到王先生家里有小孩，他十分看重用车安全之后，小李又为王先生详细分析了那款车的安全配置及安全性能指标，并且罗列了其他车型的资料供王先生做比较。

小李不厌其烦地为王先生介绍了多种车型，并且找出了相应的汽车安全检测视频给王先生观看，还陪他试驾了几趟。最终，在小李的帮助下，王先生选定了一台令自己满意的车，并且交付了定金，预约下周末提车。

思考：什么是推销？推销有什么特点？案例中小李推销成功的原因是什么？

推销是指企业的推销人员运用各种推销方法和技巧，发现客户的需求，向客户传递企业及产品的信息，并激发客户的购买欲望，促使客户做出购买行为的一系列活动。

一、推销的三要素

完整的推销活动包含三个基本要素，即推销人员、推销对象和推销产品。

（一）推销人员

推销人员是代表企业主动向推销对象销售产品的人，是整个推销活动的主体。推销人员的任务是寻找和发现推销对象，深入挖掘其潜在需求，与推销对象进行有效的沟通，并向其传递产品的相关信息，说服、劝导他们购买产品。由此可知，推销人员是连接企业和推销对象的桥梁与纽带，是推销活动能否成功的关键因素。

（二）推销对象

推销对象又称“客户”“购买者”或“消费者”，是推销人员传递产品相关信息的对象，同时也是推销人员说服、劝导购买产品的对象。

根据推销对象所购产品的性质及使用目的的不同，推销对象可分为个人客户和组织客户。个人客户所购买的产品类型多种多样，涉及衣、食、住、行等生活的方方面面，其目的是满足个人和家庭生活的需要；而组织客户所购买的产品通常为原材料、半成品或各种消费品等，其目的是满足日常生产加工需要、转售需要或开展业务需要等。

（三）推销产品

推销产品是推销人员向推销对象推销的各种有形或无形产品的总称，包括商品、服务和观念等。推销产品是推销活动中的客体，也是推销活动的物质基础。

综上所述，推销的过程就是三个要素之间相互作用的过程。推销人员通过推销活动向推销对象推销产品；推销对象通过购买行为，从推销人员那里获得推销产品；推销产品通过推销与购买行为，实现产品所有权从推销人员向推销对象的转移。

二、推销的特点

（一）说服性

在推销活动中，说服客户是推销人员的重要任务之一。由于客户并不一定了解推销产品，所以推销人员需要运用适当的方法，向客户讲解产品的性能、特点、价格和使用方法等，逐步引导和说服客户认可产品并愿意购买产品。

（二）针对性

在推销三要素中，推销对象和推销产品均具有多样性的特点，这就需要推销人员进行有针对性的推销。推销人员既要根据产品的用途、特点等，找到与其对应的客户群体，也要针对每位客户的不同特点，采取不同的推销方法，以达到推销成功的目的。

经典案例

盲目的推销必然会失败

小陈负责某网站广告位的推销工作。一天，他经朋友介绍认识了某印刷厂的老板赵某。

刚一见面，小陈就热情地向赵某介绍自己负责的网站广告位多么紧俏，点击率多么高，还说如果赵老板在他那里做广告的话，一定能帮印刷厂招揽更多的客户……小陈心想，自己这么卖力地推销，这笔生意一定能谈成。

然而，听完小陈滔滔不绝的介绍之后，赵某非常冷淡地拒绝了他，并说：“我们印刷厂的客户都是一些固定客户，我们不需要做广告。”小陈顿时感觉一盆凉水从头浇到脚，这才明白盲目的推销必然会遭到拒绝。

（资料来源：中国日报网，有改动）

（三）灵活性

推销活动中充满了不确定因素，如产品价格、结算方式等可能会和推销前拟定的计划有所不同。同时，社会在发展，科技在进步，市场环境和客户需求也在不断地发生变化。因此，推销人员要审时度势，灵活地运用推销原理和技巧，恰当地调整推销方法和策略，抓住时机促成交易。

（四）双向性

推销是一个信息双向沟通的过程。在整个推销过程中，推销人员与客户都在向对方传递信息。推销人员把从客户处得到的需求信息、意见和建议等反馈到企业，又将企业的产品信息及售后服务情况等传递给客户。买卖双方不断地进行信息沟通，从而使交易成为可能。

（五）互利性

推销是推销人员与客户共同参与的、互利双赢的活动过程。推销人员通过卖出产品能够实现盈利，而客户通过购买产品可以满足自身需求。需要注意的是，推销的有效结果首先应表现为客户获得了真实的利益，即其需求得到了满足，问题得到了解决；其次才是企业卖出了产品，实现了盈利。

三、推销的原则

推销的原则是人们基于对推销规律的认识所概括出来的推销活动的依据和规则，它是推销活动的指导思想和基本准则。

（一）满足客户需求

满足客户需求是推销活动的出发点和归宿。推销人员要认真了解、深入挖掘客户需求，并且根据客户需求提供对应的产品，这样才能使推销活动获得成功。

客户的需求往往多种多样，推销人员应认真研究客户需求的类型，既要满足其物质需求，又要满足其心理需求。当客户没有认识到自己有需求，或者虽然认识到自己有需求，但由于种种因素尚未做出购买行为时，推销人员要帮助客户意识到需求的存在，并且将所推销的产品与客户需求联系起来，促成客户的购买行为，使其需求得到满足。

（二）尊重客户

尊重他人既是一种高尚的美德，也是一种文明的社交方式。在推销活动中，推销人员一定要充分尊重客户，对客户彬彬有礼，这样才能使客户放下戒心，开诚布公地与自己交谈。推销人员可以通过以下几种方式向客户表示尊重。

（1）换位思考。推销人员要站在客户的角度去思考问题，充分理解客户。

（2）尊重客户意愿。推销人员应尊重客户的意愿，不应强迫客户购买，要留给客户适当的时间和空间做出购买决策。

（3）真诚赞美客户。真诚的夸奖和赞美能够使客户心情愉悦，从而提高交易成功的可能性。

（4）善于倾听。推销人员要静心倾听客户的意见，了解客户的真实想法，认同客户的心理感受。

（三）推销使用价值

使用价值是指产品所具有的能够满足客户某种需求的功能与效用。使用价值是产品的核心，也是推销人员向客户推销的主要内容。推销使用价值原则是指在推销活动中，推销人员要以产品的使用价值为出发点，帮助客户认识到产品的便利性，想办法让客户认可产品的使用价值，从而达到引导和说服客户购买产品的目的。

（四）坚持诚信为本

诚信，即待人处事真诚、讲信誉，一言九鼎，一诺千金。坚持诚信为本原则是指推销人员在推销活动中要讲诚信、守本分，以诚待客，实事求是地向客户推销产品，并且信守对客户的承诺，按时、按质、按量地兑现自己的诺言。只有坚持诚信为本，才能赢得客户的信任，并且与客户建立起长期且稳定的关系，进而实现可持续性销售。

明德修业

诚信是最好的推销员

人们常说，亏本的生意没人做，但在江苏省宿迁市泗阳县，就有这么一位愿意做“亏本”生意的人。

客户主动要求按照市场行情补足差价，她却不要；客户要买高价商品，她却推荐性价比高、价格低廉的商品。有人说她傻，可她却认为，要想让店开得长久，诚信才是金字招牌。她就是江苏康芃劳保用品经营店店主黄金凤。

2021 年 9 月，江苏桐昆新材料有限公司（以下简称“桐昆公司”）准备购进一批消防器材，经过一番对比，他们找到了黄金凤，并且很快谈好了价格，签订了购买合同。

然而，让人没想到的是，等桐昆公司正式下单时，消防器材的价格已涨了百分之三十。了解到这一情况后，桐昆公司表示愿意补足差价，但是黄金凤却坚持按照原先约定的价格供货。

结果，在这笔生意上，黄金凤不但没赚到钱，还亏损了8万多元。但是，黄金凤一点都不后悔，她认为，作为卖家，就应该比客户更了解行情，所以市场风险应该由自己来承担。她还说："短期利他，长期互利。做生意不能只看眼前的利益，不能盘算着这笔生意我要赚多少，那样只能做一锤子买卖。"

宁可亏了自己，也绝不亏待客户，是黄金凤一以贯之的原则。2020年3月，许强风在康艽劳保用品店购买了200只某品牌的口罩，两天后他接到了黄金凤的电话。在电话里，黄金凤急切地说道："快！不管用没用过的口罩，都退回来！"原来，黄金凤无意间从网上看到了这个品牌的口罩存在假货的新闻，她紧急召集员工将仓库内所有该品牌的口罩拿出来一一比对，但是因为没有专业的检测设备，他们难以确定口罩的真假。黄金凤当机立断：不管店里售卖的口罩是否是假货，全部封存；已经销售出去的口罩一律召回，并全额退款。

后来，经当地市场监督管理局鉴定，康艽劳保用品经营店所售的口罩均为合格的防疫物资。面对上万元的亏损，黄金凤并不在意，她认为口罩事关人民群众的生命安危，任何时候都绝不能拿群众的生命安全当儿戏。

"不发不义之财""不从客户身上薅羊毛"，是黄金凤在开店之初就许下的承诺。得益于诚信经营带来的口碑，黄金凤的劳保用品店有着许多忠诚的客户，他们十分信赖黄金凤，也同样信赖黄金凤店里商品的质量。

（资料来源：江苏文明网，有改动）

四、推销模式

众多推销专家根据推销活动的特点及对客户购买心理的剖析，在几十年的推销实践基础上总结和概括出了一系列程序化的推销模式。

（一）爱达模式

著名推销专家海因兹·姆·戈德曼（Heinz M. Goldman）在《推销技巧——怎样赢得客户》一书中第一次总结和概括出了爱达模式。爱达模式可表述为一个成功的推销人员必须把客户的注意力吸引或转移到推销产品上，使客户对推销产品产生兴趣及购买欲望，并最终付诸购买行动。AIDA（爱达）是注意（attention）、兴趣（interest）、欲望（desire）、行动（action）这四个英文单词的首字母缩写。

爱达模式

1．attention——吸引注意

通常情况下，刚开始时客户对推销人员及其推销的产品比较陌生，他们的注意力都只放在跟自己相关或者感兴趣的事物上。因此，推销人员要想方设法引起客户的注意，如精心设计自己的形象和开场白等，或者利用产品自身的特色去吸引客户的注意。

2．interest——唤起兴趣

如何唤起客户的兴趣，关键在于让客户清楚地意识到，某种产品将会给他们带来什么好处，带来多少利益。因此，推销人员要尽可能全面地向客户介绍产品的性能、用途和使用方法，通过演示或让客户亲自试用的方法让客户认识产品的优点，了解购买该产品后客户能获得什么利益，从而提高客户的购买兴趣。

3．desire——激发欲望

当购买产品所获得的利益大于所付出的成本时，客户就会产生购买欲望。在这一阶段，推销人员要有针对性地介绍产品，让客户认识到被推荐的产品正是他目前迫切需要的东西，同时加以情感刺激，最大限度地激发客户的购买欲望，使其产生购买冲动。

4．action——促成购买

大多数客户尽管有了购买欲望，但在采取购买行动之前仍会犹豫不决，此时就需要推销人员运用一定的成交技巧帮助客户下决心，如提出多种可行的办法，让客户自己做决定等，从而敦促客户实施购买行为。

爱达模式的每个阶段都给推销人员提供了发挥聪明才智的空间，推销人员可以根据不同的推销情景自主调整推销模式。此外，这四个阶段的先后次序和完成时间并非固定不变，每一阶段可长可短，也可重复，甚至可以省略。

爱达模式既适用于店堂推销（如柜台推销、展销会推销等），也适用于一些易于携带的生活用品或办公用品的推销，还适用于面对陌生客户的推销。

互动空间

假设你是一名手机推销人员，你将如何利用爱达模式向客户推销手机？请与周围的同学合作，进行情景模拟。

手机的详细资料如下：① 触屏手机，支持面部和指纹解锁，有多种颜色可选，整机厚度仅为 7.59 毫米，具有“极致轻薄”的手感；② 屏幕采用缎面 AG 玻璃工艺（对玻璃表面进行特殊加工，使玻璃抗反射，防眩晕），不易沾染指纹，有效防止刮花，且采用双曲面屏幕，轻触侧面屏幕可解锁手机；③ 具有超大内存，机身存储空间为 256 GB/512 GB，运行内存为 8 GB/12 GB，运行速度快；④ 续航能力强，手机充电 5分钟就可以通话 2小时；⑤ 屏幕分辨率较高，可以满足不同用户在不同场景的拍摄需求；⑥ 现场购买可赠送一个具有记录锻炼数据、监测睡眠情况、传输数据和通话等功能的智能手环。

（二）迪伯达模式

迪伯达模式也是海因兹·姆·戈德曼总结出来的，它充分体现了以客户需求为核心的现代推销理念。“迪伯达”是明确（definition）、结合（identification）、证明（proof）、接受（acceptance）、欲望（desire）、行动（action）这六个英文单词的首写字母组合 DIPADA 的译音。

1. definition——准确地发现客户的需求与愿望

准确地发现客户的需求与愿望，是引导和说服客户，以及实现有效推销的基础和保证。在这一阶段，推销人员要认真地思考和分析客户的真实需求，深入挖掘其隐蔽的需求和愿望，而不要急于介绍产品。这一阶段工作的关键是营造融洽的推销气氛，消除推销障碍。

2. identification——把产品与客户需求结合起来

在发现客户的需求与愿望后，推销人员就可以将所推销的产品与客户需求有效地结合起来，让客户了解到产品可以满足其需求，从而自然地引发客户的购买兴趣。

3. proof——证明所推销的产品符合客户的需求

推销人员向客户推销产品时，为了增加客户的信任感，减少客户的担忧，常常会采用各种方式证明所推销的产品符合客户的需求。推销人员在证明时不仅要言之有理，还要向客户提供有说服力的证据。证据包括以下几种：① 人证，指有社会影响力的名人或客户熟知的人士对产品做出的评价；② 物证，指有资质的机构给出的质检报告、鉴定书、获奖证书等；③ 例证，指曾经购买过和使用过产品的客户实例、完整个案。

4. acceptance——促使客户接受所推销的产品

通常来说，推销人员在向客户介绍、演示完产品之后，并不会立刻得到客户的认可。也就是说，推销人员的推销与客户的接受还有一定的距离，这时，推销人员还要进一步利用引导、总结、提问、试用和说服等方法，促使客户快速接受该产品。

在促使客户接受产品的过程中，推销人员要遵循以客户为主的原则，切忌以自我为中心，切忌急于求成，更不能强迫客户接受。

5. desire——激发客户的购买欲望

在客户认可并接受了产品之后，推销人员应趁热打铁，进一步提出具有吸引力的建议，从而最大限度地激发客户的购买欲望。

6. action——促使客户实施购买行为

在确定客户有购买意向后，推销人员应及时提出交易请求，促使客户购买。

迪伯达模式紧紧围绕客户需求，充分体现了说服、劝导的作用。与爱达模式相比，迪伯达模式虽然更复杂，步骤更多，但每个环节的针对性较强，推销效果更好。

迪伯达模式适用于对组织购买者、对老客户及熟悉的客户进行推销，以及用作生产资料的产品和保险、技术、咨询服务、信息、劳务等无形产品的推销。

互动空间

小丽是一名汽车推销员，她每天都面带微笑地迎接每一位客户。

有一天，一名年轻男子走进了店里。小丽主动迎上去接待这名男子，问他有没有中意的车，但是男子并未回答，只是自顾自地浏览展厅里的车。男子最终在一款轿车面前停了下来，说道："我想买一辆车，结婚用。"

小丽心想：这辆车是旧款，结婚用肯定是新款车更好。于是她给男子介绍了更先进、更时尚的一款车型，并且将这两款车进行了对比，以突出新款车型的优势。然而，男子只是在小丽推荐的那款车前看了一会儿，就离开了。

思考：请分析小丽推销失败的原因，并说明如何利用迪伯达模式向该男子进行推销。

（三）埃德帕模式

埃德帕模式是迪伯达模式的简化形式，也是海因兹·姆·戈德曼根据自己的推销经验总结出来的。"埃德帕"是确认（identification）、演示（demonstration）、淘汰（elimination）、证明（proof）、接受（acceptance）这五个英文单词的首写字母组合 IDEPA 的译音。

1．identification——确认客户需求

针对有明确购买目标的客户，推销人员应主动向客户推荐符合其购买需求的产品，或者提供多种产品供客户选择，并且通过言语进行引导和说服，使客户认识到购买推荐的产品能够获得更多的利益，以促进购买。

2．demonstration——向客户演示合适的产品

推销人员应按照客户需求来演示产品，并且根据产品的可替代性，通过演示多种产品来了解客户具体的购买需求。需要注意的是，推销人员应在演示之前做好充分的准备，并能熟练操作演示的产品。

3．elimination——淘汰不合适的产品

所谓不合适的产品，就是不符合客户购买需求的产品。在向客户介绍和演示产品时，推销人员应注意及时淘汰那些与客户需求不吻合的产品，把推销的重点放在符合客户需求的产品上面。

4．proof——证明客户的选择是正确的

这里的"证明"与迪伯达模式中的"证明"略有不同。迪伯达模式中的"证明"是推销人员对自己的产品进行证明，而埃德帕模式中的"证明"是推销人员要证明客户的选择是正确的。

一般情况下，在听过推销人员的介绍、看过推销人员的演示之后，客户心中会有一个基本的判断。此时，推销人员应针对不同类型的客户，采用具有说服力的实例证明客户选择的产品是合适的，该产品能满足客户需求，从而坚定客户的购买信心。

5. acceptance——促使客户接受产品

与迪伯达模式中的“接受”不同，埃德帕模式中的“接受”不仅包含让客户从心理上接受产品，还包含让客户从行动上接受产品。在这一阶段，推销人员应针对客户的具体特点和需求提供优惠的条件、优质的服务，以促使客户迅速做出购买决定。

埃德帕模式适用于有着明显的购买愿望和购买目标的客户。当客户主动与推销人员接洽时，他们往往都带有明确的需求和目的，有时他们会明确地提出要购买某种产品，在这种情况下，推销人员不必去发现和指出客户的需求，而应直接提示哪些产品符合客户的购买要求。

互动空间

一天，小蕊来到商场买衣服，店员小张热情地接待了她。通过交谈，小张了解了小蕊的喜好和购买衣服的目的。

小张：“您是想买一套既能上班穿又能健身穿的衣服吧？”

小蕊：“是的。衣服风格不能太正式，也不能太休闲。”

小张带小蕊来到一个货架前，说：“请您看下我们公司新推出的阳光活力休闲系列套装。这个系列色彩明快、款式简约、材质舒适，上班穿着非常时尚，不会显得呆板，运动时又非常方便、舒服。要不您穿上试试？”

小蕊换上衣服，在试衣镜前左右端详。

小张说：“您看，是不是非常合身，颜色恰好配您的肤色。您可以大步走动一下，蹲一下，伸展一下，感受一下亲肤的材质。而且您看，这种带弹力的材质还可以把您的好身材展示出来呢，您穿上后显得非常精致、好看。”

小张又说：“您看，门口货架上的那款衣服没有弹力，如果走路时步子迈太大的话，大腿部位会包得比较紧，感觉不舒服。而旁边那套衣服呢，太宽松了，不适合上班穿。”

看到小蕊还有一丝犹豫，小张又说道：“我们店的衣服是专门为您这样年轻、追求时尚，又爱好运动、崇尚健康生活的女性设计的。您看，××（明星）是我们的品牌代言人。放心，我们店的衣服品质有保障。”

小张看到小蕊没说什么，马上又说：“这个套装是刚到的新款，现在买打 9 折，可以省不少钱呢。您看您是用现金支付，还是用支付宝或微信支付？”

小蕊听罢满意地点点头，买下了这套衣服。

思考：请分析小张是如何利用埃德帕模式进行推销的。

（四）费比模式

费比模式是由我国学者郭昆漠提出的。“费比”是产品特征（feature）、产品优点

（advantage）、利益（benefit）、证据（evidence）这四个英文单词的首写字母组合 FABE 的译音。

1. feature——将产品特征详细地介绍给客户

费比模式要求推销人员用专业的态度、准确的语言向客户介绍产品的特征。介绍的内容应当包括产品的性能、结构、用途、使用方法、特点及价格等。对于新产品，推销人员还应详细地介绍其区别于以往产品的特性。

2. advantage——详尽分析产品优点

推销人员要指出自己所推销的产品不同于其他产品的特殊之处，而且要从产品的众多特性之中筛选出其特殊功能和独特优势。对于新产品，推销人员应说明产品的开发背景、开发目的、设计思想，以及相对旧产品的优势等。

3. benefit——罗列产品给客户带来的利益

这是费比模式中最重要的一步。推销人员应在了解客户需求的基础上，把产品能给客户带来的利益，尤其是内在的、附加的利益讲给客户。

4. evidence——用证据说服客户

推销人员要使用真实的数据、实例、实物等证据，证明自己介绍的和分析的都是真实的，从而打消客户的各种疑虑，说服客户购买产品。

采用费比模式时，推销人员应将产品的特征、优点及能带给客户的利益等罗列出来，这样能让客户更好地认识产品的价值，减少客户产生异议的空间，从而达到推销成功的目的。费比模式适用于功能独特和利益点较为明显的产品的推销。

上述这些推销模式的可操作性很强，熟练掌握这些推销模式能够帮助推销人员快速进入工作状态，提高工作效率。但是，推销是一项复杂且具有创造性的工作，推销人员可以学习和研究这些模式，但决不能完全照搬这些模式，被这些模式所束缚，而应该灵活地运用这些模式。

互动空间

一对夫妇正在商场里挑选冰箱，与推销员发生了以下对话。

推销员："您好，您二位是想要选购一款冰箱吗？"

夫妇："嗯。"

推销员："那么您二位是想选购一款什么样的冰箱呢？"

女："没有什么具体打算，随便看看，了解一下。"

推销员："好的，那我来给二位介绍一款冰箱吧。"

男："好的。"

推销员："请看这款冰箱，海燕 ABC-001D 系列六开门冰箱，它的冷藏区、冷冻区均能实现精准控温，采用立体送风技术，制冷快，保鲜效果好。而且，它安装了全球首

创可拆式全自动制冰机，不用时可单独拆下，不占空间。除此之外，整个冰箱采用了纳米绝热材料，节能低耗，更环保。”

女：“制冰机还可以拆卸？”

推销员：“对，这是它最大的优点。您平日使用时可以根据放置物品的需求随意组装冰箱内冷藏区和冷冻区的格局。同时，它的独立制冷机在不用时也是可以拆下来的，这样大大避免了能源浪费。”

男：“这点倒是想得很周全。”

推销员：“对，这款冰箱不仅使用方便，而且在节能上也下足了功夫。它采用了最新的纳米绝热材料，不仅能够保证冷藏和冷冻效果，同时节能低耗，能够节约电费，是一款低碳环保的出色产品。”

女：“它的节能效果真如你所说？”

推销员（拿出该产品的检测报告）：“请看这份检测报告，它列出了纳米绝热材料与普通材料的能耗对比。从这份报告我们可以看到，纳米绝热材料的节能效果遥遥领先，这充分说明了这款冰箱的节能效果非常出色。”

夫妇：“嗯，确实让人信得过，那就它吧！”

思考：请分析案例中的推销员利用费比模式成功推销的过程。

模块二 了解商务谈判的基础知识

情景案例

2019年年底，一则医保代表和药企代表的谈判视频火遍全网。针对一款市场价为每片16.29元的治疗糖尿病的新药——达格列净片，双方展开了价格谈判。此次谈判被网友称为“灵魂砍价”。

在谈判刚开始时，医保代表就开诚布公：“你有两次报价机会，如果两次都达不到我们的心理价位，（或者）超过医保支付标准的15%，那么你们企业就出局。”

药企代表第一次报价为每片5.62元。医保代表对此指出：“再次提醒你，一定要落在底价的15%以内。”药企代表重新报价为4.72元，下降0.9元。这一报价达到了继续谈判的标准。医保代表指出，中国患糖尿病的人口数量达到全国总人口数量的10%，假如其中有10%的人使用该企业的药品，那么即使药品价格再稍降一些，企业的利润也将是巨大的。他们希望药企代表仔细考虑下一轮的报价。

药企代表第三次报价为4.62元，再降0.1元。医保代表回应道：“中国市场这么大，你再去跟公司申请一下吧，给你5分钟，好吧？”

请示过上级之后，药企代表给出了4.5元的第四次报价，比之前下降了0.12元，并且以该药品在韩国的价格为例，表明这已经是全球最低价了。医保代表在观察药企代表的神情之后，认为4.5元肯定不是对方得到授权后的最低价，于是继续砍价。接着，药企代表再次走出会场打电话商量报价，最终提出4.4元的报价。

“4.4元，4太多，有点难听，再降4分钱吧，4.36元行不行？”

“好，同意。”

参与谈判的医保代表说：“有的药品价格是我们一分一分往下谈的。一分钱看似微小，但是对全国人民来说，可能就是几十万甚至几百万。我们这次谈判总的方向就是尽可能减轻老百姓的负担。”按照每片4.36元的价格进入医保目录后，达格列净片的降价幅度超过了70%，这对广大人民群众来说是一件极好的事情。

思考：你了解商务谈判吗？案例中医保代表与药企代表的谈判同你印象中的商务谈判是否一样？

商务谈判是指两个或两个以上从事商务活动的组织或个人，为了满足各自经济利益的需要，就交易活动的各种条件进行洽谈、磋商，以争取达成协议的行为过程。

一、商务谈判的要素

商务谈判的要素是指构成商务谈判活动的必备条件，主要包括谈判主体、谈判标的和谈判目的，这三者缺一不可。

（一）谈判主体

谈判主体由关系主体和行为主体构成。其中，关系主体是指在商务谈判中有权参与谈判并承担后果的自然人、社会组织，以及其他能够在谈判或履约中享有权利、承担义务的各种实体（如谈判人员所代表的企业等）。行为主体是指实际参与商务谈判的当事人（见图1-1）。根据各自任务的不同，行为主体又可分为两类：一类是直接与对方进行面对面谈判的人员，即谈判的台前人员；另一类是不直接与对方谈判，而为己方谈判人员出谋划策、准备资料的人员，即谈判的台后人员。

（二）谈判标的

谈判标的是指商务谈判涉及的交易对象，是商务谈判活动的中心。谈判标的几乎没有什么限制，任何可以进行买卖、转让的有形与无形的产品都可作为商务谈判标的，其类别十分广泛。例如，货物买卖谈判的标的是货物；技术贸易谈判的标的是专利技术、专有技术和商标等。

图 1-1　参与商务谈判的当事人

（三）谈判目的

谈判目的是指参与谈判的各当事方根据自身的需要，预先设想的通过与对方交谈、磋商，促使对方采取某种行动或做出某种承诺的行为目标和结果。一场谈判如果只有谈判主体与标的，却没有谈判目的，那么这场谈判将是毫无意义的。

二、商务谈判的特点

（一）谈判目的的经济性

大多商务谈判的目的十分明确，就是要获取经济利益，所以其通常以价格为谈判的核心。在谈判时，谈判人员往往只有在满足自身经济利益的前提下，才会考虑其他非经济利益。此外，人们通常也以获取经济利益的多少来评价一场商务谈判的成功与否。

（二）谈判各方之间的排斥性和合作性

由于谈判目的的经济性，谈判各方之间既存在排斥性，又存在合作性。一方面，谈判各方都希望能够保证己方的利益，希望对方按照己方的意愿行事，因此难免存在矛盾与冲突；另一方面，为了达成协议，谈判各方又都需要对方的支持，所以存在合作的可能。例如，在货物买卖谈判中，买方想以低价买进产品，卖方想以高价卖出产品，双方都希望在达成合作的同时，最大程度地满足自己的需求。

（三）合同条款的严密性与准确性

商务谈判的结果是通过谈判各方协商一致的协议或合同来体现的。合同条款实质上反映了谈判各方的权利和义务，其严密性与准确性是保障谈判各方获得各种利益的重要前提。如果谈判人员在商务谈判中付出了较大的努力，获得了谈判的胜利，却在拟定合同条款时掉以轻心，不注意其严密性与准确性，则很有可能为此付出沉重的代价。

经典案例

不严密的合同条款引发的争议

某市的一家建筑公司欲从一家建材公司购买 30 车黄砂，后经谈判，双方以每吨 350 元的价格签订了黄砂购销合同。合同签订后不久，黄砂的市场价由每吨 350 元上涨到每吨 400 元。建材公司经理李某见价格上涨，不愿如数供货，便对建筑公司的负责人张某提出因货源紧张，要减少交货数量的要求，但遭到了张某的拒绝。

随后，李某安排了两辆装载量为 2 吨的货车，装了两车黄砂送到了建筑公司，并要求以每车装载量 2 吨为标准来计算交货数量，即共交货 60 吨。而张某认为，虽然黄砂购销合同只规定了交货数量为 30 车，但实际应以每车装载量 5 吨为标准来计算交货数量，即共交货 150 吨。为此，双方争执不下。建筑公司向人民法院提起诉讼，要求建材公司承担违约责任，而建材公司拒不承认自己的违约行为，并要求解除黄砂购销合同。

很显然，上述争议就是由合同条款订立不够严密造成的。

（资料来源：毕思勇，徐爱勤．商务谈判 [M]．北京：高等教育出版社，2014．有改动）

三、商务谈判的原则

（一）实事求是原则

在商务谈判中，实事求是原则非常重要。只有在谈判前，谈判各方实事求是地做好调查与研究工作，充分了解己方和对方，才能在谈判时基于调查所得的信息提出合理要求，进行有效磋商，共同找出一个彼此都比较满意的平衡点，以使商务谈判顺利进行。

（二）平等互利原则

商务谈判是一种双向沟通的洽谈活动，只有遵循平等互利原则，才能最终达成协议，取得令各方满意的结果。一方面，参与商务谈判的各方无论其经济实力强弱，他们在谈判中始终处于平等地位，是否成交与怎样成交都要经过各方充分协商，任何凭借自己或他人的权势来欺压对方的做法都是不可取的。另一方面，在商务谈判中，谈判各方因利益诉求不同必然存在分歧与冲突。此时，谈判各方应立足分歧、强调互利，着眼于寻求彼此都能受益的解决方案，以使各方的需求都能得到满足，从而促使谈判成功。

（三）合法原则

合法原则是指谈判各方在商务谈判及签订合同的过程中，必须遵守国家法律和政策；在国际商务谈判中，还应当遵守国际法则，并尊重对方国家有关法律法规。商务谈判签订的合同只有合法，才具有法律效力，才能保障谈判各方的权益。与法律相抵触的谈判，即使出于谈判各方的自愿并且意见一致，也是不允许的。

知识之窗

详解商务谈判的合法原则

商务谈判的合法原则具体体现在以下三个方面。

（1）谈判主体合法。

谈判主体合法是谈判的前提条件。无论是谈判的关系主体，还是谈判的行为主体，都必须具备合法的谈判资格，否则谈判无效。

（2）谈判交易项目和标的合法。

谈判交易项目和标的合法是谈判的基础。谈判所涉及的交易项目和标的必须合法，对于法律禁止的交易项目（如走私等），不仅谈判违法，谈判者还会受到法律的制裁。

（3）谈判行为合法。

谈判行为合法是谈判顺利进行并取得成功的重要保证。谈判应通过公正、公平、公开的手段达到谈判目的，而不能采用某些不正当的手段（如行贿受贿、暴力威胁等）来谋取私利。

（资料来源：杨再春，董晓东. 商务谈判与推销技巧［M］. 北京：高等教育出版社，2018. 有改动）

（四）时效原则

时效原则是指要保证谈判效率和效益的统一。商务谈判通常需要高效进行，而不能进行马拉松式的谈判，尤其是对于依赖科技进步的新产品而言。随着科学技术的发展，一些产品的开发周期和有效期越来越短，这就要求相关企业必须及时开展供需双方的谈判并尽快达成一致，以赢得消费市场。

（五）最低目标原则

最低目标原则是指谈判各方在谈判中最好不要提出过高的要求或苛刻的条件，而应在保证己方最低目标的前提下，做出适当的让步，满足对方部分需求，进而逐步加深彼此之间的信任程度，从而实现良好合作。

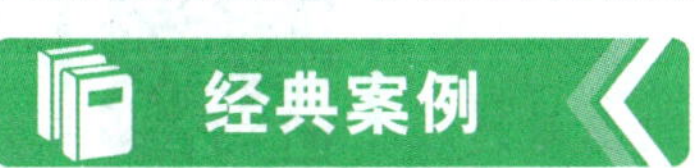

经典案例

一场“三赢”的谈判

三源公司已连续两年亏损，目前财务状况资不抵债，其最大债主是荣欣公司。三源公司当前所剩资产正好相当于对荣欣公司的负债，但债务利息却无着落。为此，两家公司进行了多次谈判，但仍无解决办法。

随着三源公司的人员变动，新任总经理决心改变经营方向。他与当地生物化学研究所（以下简称“研究所”）联系，提出要对研究所的一些实用性强的研究专利进行开发、生产。但研究所对这些专利索价800万元，这是三源公司难以承受的。而且如果要正式开发、生产，三源公司还缺少一笔100万元的启动资金。

于是，三源公司总经理召开会议，研究分析“二企一所”之间的关系与各自的需求。三源公司要还债、要改变经营方向，需要资金，包括购买专利的资金和启动资金；荣欣公司要讨还债款和利息；研究所要出让专利。经过详细的探讨，会议上形成了一个既满足自身需求又满足对方需求的计划。

三源公司总经理首先与研究所进行了谈判，诚恳地说明了己方的开发计划和能力，希望对方能以500万元的价格出让专利，并以参股形式将此笔款项作为投资。显然，研究专利放在研究所里是不会产生效益的。对研究所来说，以专利做投资可以获得长期稳定的收益，这是一种具有吸引力的投资方式，但研究所的谈判代表认为500万元的出价偏低了。经过磋商，双方谈定的专利转让价格为620万元。

接着，三源公司总经理又与荣欣公司进行了谈判，对相关计划及与研究所的合作做了详细介绍。总经理着重说明了新的经营方向的美好前景，同时提出了延期偿还债务，并向荣欣公司再增借100万元作为启动资金的要求，希望能得到荣欣公司的理解和支持。事实上，如果现在让三源公司立刻偿清以前的债务，那三源公司将会面临倒闭。虽然三源公司所有资产的账面价值与债务数额相当，但若通过拍卖将这些资产变现，可能还不足以抵偿债务数额的1/3，而研究所专利项目的发展前景确实不错。

经过对风险和收益的认真评估，荣欣公司同意了三源公司的计划，他们与三源公司详细研究了项目启动所需要的资金，最终确定对三源公司新增借款80万元。至此，谈判取得了圆满成功，这是一个漂亮的、“三赢”的结果。

（资料来源：豆丁网，有改动）

四、商务谈判的类型

按照不同的标准，商务谈判可以划分为不同的类型。通常来说，商务谈判的类型可以从以下几方面进行划分。

商务谈判的类型

（一）按谈判的内容划分

按谈判内容的不同，商务谈判可分为货物买卖谈判、劳务合作谈判、投资谈判和技术贸易谈判。

1. 货物买卖谈判

货物买卖谈判主要是指有形商品的供给和需求的谈判，是商务谈判中最常见的一种类型。货物买卖谈判一般围绕买卖货物的数量、质量、价格、交货日期、支付方式，以及在交易过程中买卖双方的权利、责任和义务等问题进行谈判。其中，价格是货物买卖谈判的核心。货物买卖谈判在商务谈判中最为常见，故本书在“商务谈判实战篇”中重点讲解货物买卖谈判的相关知识。

2. 劳务合作谈判

劳务本身不是物质商品，而是为他人提供某种特殊使用价值，满足人们精神需要或物质生产需要的人的劳动。因此，劳务合作谈判与一般的货物买卖谈判有本质的区别。劳务合作谈判的主要内容包括劳务形式、劳务内容、劳动时间和劳务价格的计算，以及劳动保险和其他费用等。

3. 投资谈判

投资是指把一定的资本投入或运用到某一项目之中，以获得一定利益的过程。投资谈判是指谈判各方就共同参与的某项投资活动所涉及的投资周期、投资方向、投资方式、投资内容与条件、投资项目的经营与管理，以及投资者在投资活动中的权利、义务、责任和相互关系等所进行的谈判。

4. 技术贸易谈判

技术贸易是指有偿的技术转让，即通过买卖方式，将某种技术从卖方转让给买方的行为。技术贸易谈判是指技术的接受方（即买方）与技术的转让方（即卖方）就转让技术的形式、内容、质量规定、使用范围、转让期限、价格条件、支付方式，以及双方在转让中的权利、责任和义务关系等问题所进行的谈判。

（二）按谈判各方接触的方式划分

按谈判各方接触方式的不同，商务谈判可分为直接谈判和间接谈判。

1. 直接谈判

直接谈判是指谈判各方面对面直接交流信息和协商条件的谈判。在日常生活中，无论是谈判人员的当面谈判，还是推销人员上门推销，售货员向顾客推介商品（见图 1-2），都属于直接谈判。

图 1-2 售货员向顾客介绍窗帘

直接谈判的优点是具有较大的灵活性，谈判人员可以结合具体情况调整谈判计划和谈判策略。而且面对面谈判还便于谈判各方就某些关键问题进行反复磋商，从而使谈判目标更容易达成。其缺点是容易被谈判对手洞察己方的谈判意图和费用等信息，从而使己方失去谈判主动权。

2．间接谈判

间接谈判是指谈判各方不直接见面，而是通过电话、邮件、互联网等进行商谈的谈判（见图 1-3）。间接谈判的优点是简便快捷、成本低，同时也更容易向对方表示拒绝。其缺点是不便于谈判各方的互相了解、直接交流和反馈。此外，由于电话、邮件、互联网等通信媒介所能传递的信息量有限，谈判人员难以及时、准确地对谈判中出现的各种问题做出反应，进而使谈判的成功率降低。

图 1-3　谈判人员通过电话进行沟通

（三）按谈判参与方的数量划分

按谈判参与方数量的不同，商务谈判可分为双方谈判和多方谈判。

1．双方谈判

双方谈判是指只有两个当事方参与的谈判。例如，一个卖方和一个买方参与的交易谈判，或者只有两个当事方参与的合资谈判。一般来说，双方谈判涉及的权利、责任、义务划分较为简单明确，因而谈判也比较容易把握。

2．多方谈判

多方谈判是指有三个或三个以上的当事方参与的谈判。例如，甲、乙、丙三方因合资兴办企业而进行的谈判。对于多方谈判来说，参与方越多，谈判条件越错综复杂，需要顾及的方面就越多，也越难以在多方的利益关系中加以协调。因此，多方谈判的难度较大，不易把握。

小贴士

在国家或地区之间进行的双方谈判，又称“双边谈判”；在国家或地区之间进行的多方谈判，又称“多边谈判”。

（四）按谈判方的态度划分

按谈判方态度的不同，商务谈判可分为软式谈判、硬式谈判和原则式谈判。

1．软式谈判

软式谈判又称“关系型谈判”或“让步式谈判”。软式谈判以建立和维持良好的关系为目标，强调互相信任、互相让步，谈判人员通常会设法避免冲突，并且容易为达成协议而做出让步。软式谈判的一般做法如下：信任对方—提出建议—做出让步—达成协议—维系关系。

在谈判过程中，如果谈判各方都能以宽容、理解的心态，互谅互让、友好协商，无疑会使谈判效率得到极大提高，彼此之间的关系也会更加紧密。然而，由于价值观念不同和利益驱动，这通常只是理想化状况。因此，在实际的商务谈判中，软式谈判出现的情况很少，一般只适用于合作关系非常友好且有定期业务往来的双方。

2．硬式谈判

硬式谈判又称“立场型谈判”，强调谈判立场的坚定性。采用硬式谈判时，谈判各方通常会提出自己的条件，强调己方的意愿，申明己方的观点和立场不能改变。不仅如此，谈判各方还认为谈判是一场意志力的竞赛，只有按照己方的立场达成协议才是谈判的圆满胜利。

在事关自身的根本利益且无退让的余地时，或在竞争性商务关系中，或在一次性交往且不考虑日后合作的情况下，硬式谈判是可行的。但是，如果谈判各方都采取强硬的态度和方针，则必然会导致关系紧张，使谈判陷入僵局，从而无法达成协议。

互动空间

软式谈判与硬式谈判的区别有哪些？请你与周围的同学结合实例讨论一下。

3．原则式谈判

原则式谈判又称“价值型谈判”，其吸取了软式谈判和硬式谈判之所长而避其弊端，强调公正和公平，主要有以下特征。

第一，谈判中谈判人员对人温和、对事强硬，将人与事分开。第二，主张按照共同接受的公正和公平的原则来达成协议。第三，谈判中开诚布公而不施诡计，追求利益而不失风度。第四，努力寻找共同点，消除分歧，争取共同满意的谈判结果。

原则式谈判强调通过谈判取得彼此间的信任和实现互惠互利，是一种既理性又富有人情味的谈判方式，与现代谈判所强调的实现互惠合作的宗旨相符，是谈判人员普遍推崇的谈判方式。

公平公正，互惠互利

胡安是一名计算机程序员，一年前，他有了一个新游戏的开发设想。胡安相信，如果这个游戏能够开发成功，将会获得巨大的成功。然而，编写这个游戏程序至少需要花费一年的时间，在此期间，他需要得到资金支持以维持生活。

胡安的朋友亚丽是一家大型软件公司的经理，她和同事们都认为胡安的想法不错，但只能提供给他10万元的资金支持。胡安认为，虽然10万元能够维持游戏开发期间的生活，但作为报酬是远远不够的。

此外，胡安清楚地知道软件公司不可能给他提供更多的资金，所以他向软件公司提出建议——把这10万元作为预付款，他和公司按25∶75的比例分配未来的利润。软件公司十分尊重胡安的想法，经过谈判，双方最终结成联盟，并以20∶80的利润分配比例达成了协议。这个游戏投入市场后，取得了巨大成功，使协议双方都从中获取了较大的利润。

（资料来源：网易新闻，有改动）

（五）按谈判所在地划分

按谈判所在地的不同，商务谈判可分为主场谈判、客场谈判和中立地谈判。

1. 主场谈判

主场谈判是指某一谈判方以东道主身份在己方所在地进行的谈判。主场谈判占有“地利”优势，会给东道主方带来诸多便利。例如，熟悉的工作和生活环境有利于谈判的各项准备，便于问题的请示和磋商等。因此，在主场谈判中，东道主谈判人员在自信心、应变能力及应变手段上，均占有天然的优势，往往会给谈判带来有利影响。

不过，主场谈判也存在一些不足，如东道主方需要支付大量的谈判成本，并且容易被对方探清虚实、攻破防线等。尽管如此，由于主场谈判在商务谈判中的优势突出，参与方往往都会主动争取主场谈判。

2. 客场谈判

客场谈判是指谈判人员到对方所在地进行的谈判。在客场谈判中，身处异地的谈判人员容易受到各种条件的限制，需要克服种种困难。因此，谈判人员在面对谈判对手时，必

须审时度势，认真分析谈判背景、东道主方的优势与不足等，以便正确运用并调整己方的谈判策略，发挥己方的优势，争取满意的谈判结果。

3. 中立地谈判

中立地谈判是指在谈判各方所在地以外的地点进行的谈判。例如，中国公司与泰国公司的货物贸易谈判选择在新加坡进行。中立地谈判可以避免主、客场对谈判各方及谈判过程的影响，为谈判各方平等地进行谈判创造了条件。

项目实训——实地调研与观察活动

1. 任务概述

请全班同学以小组为单位到本地区的推销场所（如商场、专卖店等）进行实地调研，观察推销人员与客户谈判的过程，并做好相关记录，以此充分认识推销与商务谈判工作，明确推销与商务谈判的要素、特点和原则，树立平等、尊重、诚信、互惠互利的意识，端正实事求是、严谨务实的态度。

调研完成后，各组派出代表，以 PPT 的形式向全班同学分享本次调研活动的主要内容及本组的心得。

2. 任务分组

全班同学自由分组，每组 3～5 人，各组选出组长并进行任务分工，然后将小组成员及分工情况填入表 1-1 中。

表 1-1　小组成员及分工情况

班级		组号		指导教师	
小组成员	姓名	学号	任务分工		
组长					
组员					

3. 任务实施

各组按照小组分工情况开展调研活动，并将具体的实施情况记录在表 1-2 中。

表 1-2 实施情况记录表

时间安排	实施步骤
	1. 确定本组调研的推销场所
	2. 确定本组观察的要点
	3. 进行观察，并做好记录
	4. 总结调研活动中推销与商务谈判的要素、特点和原则，以及推销人员所采用的推销模式。 （1）从推销的角度总结 ① 推销的要素： ② 所反映的推销特点： ③ 所遵循的推销原则： ④ 所采用的推销模式：

（续表）

时间安排	实施步骤
	（2）从商务谈判的角度总结 ① 商务谈判的要素： ② 所反映的商务谈判特点： ③ 所遵循的商务谈判原则： ④ 所属的商务谈判类型：
	5．小组讨论，总结心得
	6．制作 PPT
	7．在全班同学面前进行讲解与分享

4. 评价反馈

各组配合指导教师完成如表 1-3 所示的考核评价表。

表 1-3 考核评价表

项目名称	评价内容	分值	评价分数		
			自评	互评	师评
成果评价（30%）	调研记录内容全面、重点突出	10			
	PPT 制作精美、图文并茂	10			
	讲解口齿清晰、仪态大方	10			
技能评价（50%）	能够根据需求合理选择调研场所	10			
	能够结合所学知识确定观察要点	10			
	能够根据所列观察要点有针对性地进行观察，并将过程记录清楚	15			
	能够有效分析、总结推销与商务谈判的要素、特点和原则，并指出推销人员所采用的推销模式	15			
素养评价（20%）	仪容仪表得体	5			
	具备团队精神，能够与他人团结合作	5			
	积极、认真实施任务，并按时完成	10			
合计		100			
总评	自评（20%）+互评（20%）+师评（60%）=	教师（签名）：			

项目综合测试

一、不定项选择题

1. 决定推销活动成败的关键因素是（　　）。

A. 推销人员　　B. 推销产品

C. 推销对象　　D. 服务

2. 推销的原则包括（　　）。

A. 满足客户需求　　B. 尊重客户

C. 推销使用价值　　D. 坚持诚信为本

3. 先把客户的注意力吸引到产品上来，让客户对产品产生兴趣，然后激发客户的购买欲望，促使客户实施购买行为，以达成交易目标的是（　　）。

A. 爱达模式　　B. 迪伯达模式

C. 埃德帕模式　　D. 费比模式

4．商务谈判的要素主要包括（　　）。

A．谈判主体　　B．谈判标的

C．谈判目的　　D．谈判条件

5．按谈判方态度的不同，商务谈判可分为（　　）。

A．软式谈判　　B．硬式谈判

C．中立型谈判　　D．原则式谈判

二、判断题

1．推销产品是推销活动中的主体，也是推销活动的物质基础。（　　）

2．在推销活动中，推销人员要以产品的使用价值为出发点，帮助客户认识到产品的便利性，想办法让客户认可产品的使用价值。（　　）

3．一场谈判如果只有谈判主体与标的，却没有谈判目的，那么这场谈判将是毫无意义的。（　　）

4．谈判各方在谈判中最好不要提出过高的要求或苛刻的条件，而应在保证己方最低目标的前提下，做出适当的让步。（　　）

5．推销人员上门推销，售货员向顾客推介商品等都属于间接谈判。（　　）

三、简答题

1．推销的三要素是什么？推销活动的特点有哪些？

2．简述推销模式。

3．商务谈判需要遵循哪些原则？

4．简述商务谈判的类型。

项目二

掌握商务人员必备的职业礼仪

项目导读

良好的职业礼仪是商务人员参与商务活动的“通行证”。在商务活动中，商务人员整洁的仪容仪表、高雅的举止、得体的言谈、良好的气质风度，会给交往对象留下深刻而又美好的印象，从而获得交往对象的信任，顺利实现商务活动的目标。

知识目标

（1）掌握商务人员应具备的仪容礼仪、着装礼仪和仪态礼仪等商务形象礼仪。

（2）掌握商务人员应具备的称呼礼仪、介绍礼仪、握手礼仪、名片礼仪、交谈礼仪、送访礼仪，以及礼品馈赠和受赠礼仪等商务社交礼仪。

能力目标

（1）能够按照商务形象礼仪规范约束自己，塑造良好的职业形象。

（2）能够遵守商务社交礼仪，与他人建立良好的关系。

素质目标

（1）强化礼仪意识，提升个人修养，学礼知礼，以礼待人。

（2）通过自我审视，完善自我形象，提升个人审美，树立自信。

模块一 掌握商务形象礼仪

情景案例

某灯具厂的推销员小张到鸿运贸易公司（以下简称“鸿运公司”）商谈业务，他带着灯具样品到达鸿运公司后，走进了业务部王经理的办公室。王经理放下手中的工作，双手接过灯具样品，请小张入座，并让秘书为其倒上一杯茶，然后开始仔细研究灯具样品，并称赞道：“好漂亮啊！”

小张见王经理对产品如此感满意，感觉如释重负，便往沙发上一靠，跷起了二郎腿，并且悠闲地环视着王经理办公室里的布置。当王经理提出关于灯具的设计和价格问题时，小张习惯性地一边挠头皮一边解释，并不由自主地拉松领带，眼睛直盯着王经理。王经理皱了皱眉头，托词离开办公室，留下了小张一个人。过了一会儿，王经理的秘书走进办公室，告知小张王经理有紧急的事情要忙，此次业务商谈取消。

思考：小张有哪些失礼之处？在商务活动中，商务人员应当注意哪些形象礼仪？

商务人员的外在形象是其从事商务活动的第一张名片，良好的形象能够促进商务活动的顺利进行。因此，商务人员必须掌握商务形象礼仪，其具体包括仪容礼仪、着装礼仪和仪态礼仪。

一、仪容礼仪

仪容是指人的外表和容貌，它反映了一个人的精神面貌，是传达给接触对象最直接、最生动的第一信息。对商务人员来说，掌握仪容礼仪要从以下几个方面着手。

（一）头发修饰

头发修饰是仪容中极为重要的部分，商务人员应保证头发整洁，发型得体。男士的发型要干净不凌乱，并且不宜过长，要做到“三不过”，即前不过眉、侧不过耳、后不过领。女士的发型应注重简洁、美观、大方，不要标新立异。女士还可以佩戴一些发饰，如发卡、发带等，但色泽不宜过分鲜艳，应庄重大方。

（二）面部修饰

在商务活动中，整洁明朗的面部能够给接触对象留下良好的印象。男士要注意保持面部的整洁，坚持每日剃须修面，保持面部洁净；若要留胡须，则应将胡须修理成型。而女士通常要化妆，注意不宜浓妆艳抹，应以淡雅得体为主。

（三）手部修饰

手部修饰是仪容礼仪中不可或缺的组成部分。商务人员应保持手部清洁，勤洗手，当手部干燥时，可涂抹护手霜以保持手部滋润；要经常修剪指甲，指甲长度以不超过手指为准。对于女士而言，还可以适当地修饰指甲，如染指甲。染指甲时，最好不要涂颜色过于艳丽的指甲油，也不要在指甲上贴凸起的饰品，以免在与人接触时伤到他人。

二、着装礼仪

一个穿着得体的人，往往能够赢得交往对象的信任和好感。在商务活动中，服饰的样式、颜色及搭配都会反映商务人员的精神面貌。因此，作为商务人员，注意着装的基本礼节很有必要。

在商务场合，男士通常应穿灰色或黑色等深色西装，且一定要裁剪合体。西装的标准衣长为刚好盖过臀部，衣服垫肩与人体肩膀吻合，衣袖长达腕部，且要求抬放手臂时衣服不会出现皱褶或紧绷感。西装外套上的口袋一般不装东西，只做装饰用。西装的裤长应刚好到鞋跟与鞋帮的接缝处。此外，男士穿西装时，还应注意与其他衣饰（如衬衫、领带、皮带、鞋袜等）的搭配协调。

在商务场合，女士一般应着西装套装或套裙，颜色应当以冷色和暗色为主，如藏青色、炭黑色、烟灰色、茶褐色、棕色等。穿着套裙时，还应注意鞋袜的选择和搭配。一般来说，需要穿肉色的长筒或连裤式丝袜。另外，当穿着面料较为单薄的裙子时，应着衬裙。

此外，在商务活动中，商务人员一般不宜佩戴饰品（如项链、耳环和耳钉、戒指等），如佩戴则必须“少而精”。选择饰品的要求是体积较小、装饰效果明显，选用饰品的原则是有利于表现整体形象。

互动空间

郑伟是一家知名企业的推销人员，他获悉一家大型国有企业的销售总经理正在本市访问，并且有寻求合作伙伴的意向，于是他想尽办法，请有关人员为双方牵线搭桥。让郑伟欣喜的是，对方正好也有兴趣同他们企业合作，而且希望尽快与他见面。

到了双方会面的那一天，郑伟特意对自己的形象进行了一番修饰。郑伟根据自己对时尚的理解，上穿夹克衫，下穿破洞牛仔裤，足蹬旅游鞋，还专门去理发店做了当下最流行的“锡纸烫”发型，他希望自己能给对方留下精明强干、时尚新潮的印象。

然而，当郑伟精神抖擞、兴高采烈地出现在对方面前时，对方看着他上下打量了半天，露出了疑惑且不满的表情。

思考：郑伟对形象的修饰合适吗？为什么？

三、仪态礼仪

仪态是指人的身体在行为中表现出来的姿势，主要包括站姿、坐姿、走姿、表情、手势等。仪态礼仪是商务人员行为姿势的操作规范。

（一）站姿礼仪

良好的站姿能够展现出个人的气质和风度。正确的站姿是两脚跟着地，腰背挺直，双肩放平，双臂放松，自然垂于体侧，双腿并拢直立，膝盖紧贴，双脚后跟靠紧，脚尖分开呈 60°。男士双脚可分开，但不能超过肩宽，如图 2-1 所示。需要注意的是，站立时不宜将双手插入衣袋或裤袋中，也不可将双臂交叉抱于胸前，更不要抖腿或晃动身体，否则会有失庄重。

（a）男士站姿 1

（b）男士站姿 2

（c）女士站姿

站姿礼仪

图 2-1　站　姿

（二）坐姿礼仪

坐姿礼仪是指入座、在座、离座时的姿势规范。一般来说，入座和离座时都应保持身体平稳，动作轻缓。入座时，女士还应轻拢裙摆，以保持裙边平整、不起皱。

坐姿的基本要领如下：

（1）上身平直：头部端正，双目平视，嘴唇微闭，双肩放平，腰部挺直。

（2）四肢摆好：两臂自然弯曲，双手放在腿上，双膝并拢，双腿正放或侧放。

（3）椅面不满：在座时，宜坐满椅子的 1/2～2/3，而不宜坐满椅面。

（4）侧坐交谈：与邻座交谈时，可以侧坐，此时上身与腿应同时转向一侧。

让人不舒服的坐姿

有一位高管到某企业洽谈业务，洽谈之前，他对同事们说："这是最后一次洽谈了，我要跟他们的最高领导谈，如果谈得好，就可以合作。"

过了两个星期，这位高管回到了公司，同事们问："谈成了吗？"他说："没谈成。"同事们问其原因，他回答："洽谈进行得还算顺利，但是对方公司的领导跟我谈话时，不时地抖腿，这让我觉得很不舒服，并且觉得这个人不太重视这次洽谈，我认为我需要再综合考量一下这次合作。"

1. 男士坐姿

男士的坐姿主要有正位式和重叠式两种。

（1）正位式坐姿。上身与大腿、大腿与小腿、小腿与地面均成直角，双膝、双脚自然分开（不超过肩宽），双手分别放在两腿上，如图 2-2（a）所示。

（2）重叠式坐姿。双腿上下交叠，下面那只腿的小腿与地面垂直，上面那只腿的小腿向里收，紧贴下面的那只腿，双手互握放在大腿上，如图 2-2（b）所示。采用这种坐姿时，切勿双手抱膝或两腿抖动。

（a）正位式坐姿

（b）重叠式坐姿

图 2-2　男士坐姿

2. 女士坐姿

女士的坐姿主要有正位式、侧点式、交叉式和重叠式四种。

（1）正位式坐姿。上身与大腿、大腿与小腿、小腿与地面均成直角，双腿并拢，双膝紧贴，双手虎口相交放于左腿上，如图 2-3（a）所示。

（2）侧点式坐姿。上身坐直，双腿并拢，大腿与上身垂直，小腿与上身平行并斜放于一侧，与地面成45°，双手虎口相交放于左腿上，如图2-3（b）所示。

（3）交叉式坐姿。与侧点式坐姿相似，不同之处在于双脚在脚踝处交叉，如图2-3（c）所示。

（4）重叠式坐姿。上身坐直，双腿上下交叠得无任何空隙，小腿与上身平行并斜放于一侧，与地面成45°，双手虎口相交放于大腿上，如图2-3（d）所示。

（a）正位式坐姿

（b）侧点式坐姿

（c）交叉式坐姿

（d）重叠式坐姿

图2-3　女士坐姿

知识之窗

不良的坐姿及忌讳

（1）切忌在座椅上前俯后仰、东倒西歪，或过于放松、瘫坐椅内。

（2）不可跷脚，不要把脚搭在椅子或沙发的扶手上，也不要架在茶几上。

（3）不可将双手放于臀下，或腿脚不停抖动。

（4）不要跷二郎腿，否则会导致背部肌肉疲劳、酸痛，甚至可能造成脊椎扭曲或侧弯。

（5）与人交谈时，不可摆弄手指或手中的物品，也不要有整理头发或服装的行为，要正襟危坐。

（6）不要将两腿笔直地向前伸，或将两膝分得太开。

（三）走姿礼仪

走姿是站姿的延续动作。男士在行走时，步伐要矫健有力，展现阳刚之美。女士在行走时，应步伐自如，轻柔而富有美感。走姿的要领如下：

（1）上身挺直：头部端正，双目平视，下颚内收，表情平和，双肩平稳，胸挺腹收。

（2）迈步正确：脚尖朝正前方伸出，脚跟先着地，脚掌后着地，身体重心前倾。

（3）步幅适中：跨步均匀，通常，男士的步幅为 40 厘米左右，女士的步幅为 30 厘米左右。

（4）摆幅恰当：双臂自然摆动，摆幅一般为 30～40 厘米，摆动节奏适当。

（5）路线平直：两脚行走的路线应为两条平行线。

此外，在行走时还应注意以下问题：① 不可低头或仰头行走，也不可摇头晃肩或左顾右盼；② 双脚不可呈内八字或外八字；③ 行走速度不可过快，以免显得急躁、慌张，但也不可过慢，以免显得毫无活力；④ 不可拖沓前行，以免脚与地面摩擦或碰撞而发出噪声；⑤ 切勿与他人抢道或撞到他人。

（四）表情礼仪

表情是指人的面部神态，它是一种无声的语言，能够传递人们内心的思想和情感，在人们的交往和沟通中起着重要的作用。表情礼仪主要包括目光和笑容两个部分。

1. 目光

商务人员用目光注视他人时，应符合以下要求：

（1）角度正确。从注视角度来说，宜平视或仰视对方，以表示平等或尊重，而不可斜视、俯视、扫视对方，甚至不看对方。

（2）部位恰当。目光注视的部位一般为对方的额头和眼睛之间的区域，这种注视能使商务人员显得严肃、认真。

（3）注视时间长短适宜。一般情况下，目光注视对方的时间宜占与之相处时间的 30%～60%，以表示友好和重视；注视时间不到全部相处时间的 30%，就意味着轻视；而注视时间超过全部相处时间的 60%，则意味着可能带有敌意，是非常失礼的行为。

2. 笑容

笑容能够传递快乐与友好，是人际交往中的一种润滑剂，可以有效打破僵局，缩短彼此间的距离，为深入沟通与交往创造良好的气氛。在商务活动中，商务人员的笑容应该自然、大方、优雅且发自内心，忌假笑、冷笑、怪笑、媚笑或窃笑等。

（五）手势礼仪

手势是最具表现力的一种肢体语言。商务人员若手势做得适当，则会给人以优雅、含蓄、彬彬有礼之感。

1. 手势的原则

商务人员在运用手势时应遵循以下原则：① 手势应简约明快，不可复杂、繁多，以免喧宾夺主；② 手势应文雅自然，其力度大小、速度快慢和时间长短都应恰到好处；③ 手势应与身体、语言、情感协调一致。

2. 常用的手势

在商务活动中，商务人员常会使用手势来引领他人或递接物品。

为他人指示方向、请他人进门、请他人坐下等情况，都需要用到引领手势。引领手势的要点如下：掌心向上，四指并拢，拇指张开，上体稍前倾，面带微笑，在注视目标方向的同时兼顾对方是否会意，以肘关节为轴指示方向。各种常用的引领手势如图 2-4 所示。

（a）请坐　（b）请往前走　（c）请进　（d）里边请　（e）大家请

图 2-4　引领手势

一般而言，递接物品时，应起身站立，用双手递送或接取物品，同时上身略向前倾。若不方便双手并用，则可用右手递接，切忌单用左手递接；若递接双方距离过远，则应主动走近对方，双手递接。需要注意的是，在递送带尖、带刃或其他易伤人的物品时，应将尖、刃指向自己，即“授人以柄”。

3．忌讳的手势

切忌用大拇指指自己的鼻尖，也不要用手或物件指着他人。另外，手势幅度不宜过大，还应避免某些令人反感的手势。例如，切忌在与客户洽谈时乱拍桌子，这是非常不礼貌的行为。

模块二　掌握商务社交礼仪

情景案例

某公司打算举办一场产品展销会，邀请了许多经销商参加，参加工作不久的小李被安排负责接待工作。

接待当天，小李早早地来到了火车站。当接到前来参加产品展销会的经销商们后，他率先开口说道：“大家好！请大家报上自己的姓名及单位名称，以便我们安排就餐与住宿。”经销商们大都面露尴尬之色，但仍报上了自己的姓名和单位名称等信息，小李认真地一一记录下来。到了会场，小李走在前面帮经销商们引路。小李一向走路很快，但在引路时，他特别注意，几次停下来等待没有跟上来的经销商们。

小李心想，自己这次的接待工作做得很好，肯定会受到领导的表扬。然而，领导对小李所做的接待工作并不满意。

思考：领导为什么对小李所做的接待工作不满意？说一说小李应该注意哪些商务社交礼仪。

社交是商务活动中必不可少的环节，恰当地运用社交礼仪能够使商务人员表现得体，获得更多的机会和资源，营造融洽的气氛，从而提高目标实现的可能性。商务活动中的社交礼仪主要包括称呼礼仪、介绍礼仪、握手礼仪、名片礼仪、交谈礼仪、送访礼仪、礼品馈赠和受赠礼仪等。

一、称呼礼仪

称呼礼仪是指称呼他人时应遵循的礼仪规范，是人际交往中不可或缺的礼仪因素。

在商务活动中，一般对男性称“先生”，对女性称“女士”，这些称呼均可以冠以姓名等，如“李华女士”“王先生”等。同时，还可以对方的职务、职称相称，如“李经理”“王教授”“郑乐云主任”等。

小贴士

称呼顺序的基本原则是“先长后幼，先上后下，先疏后亲，先外后内”。

二、介绍礼仪

介绍礼仪是指向交往对象说明自己或他人的情况，使原本不认识的人相互认识的礼仪规范。介绍礼仪可分为自我介绍礼仪和介绍他人礼仪。

（一）自我介绍礼仪

自我介绍是指将自己介绍给交往对象。合乎礼仪的自我介绍有利于展示、宣传自我，并给他人留下良好的印象。商务人员在自我介绍时要说明自己的姓名、身份、单位等，并表达出愿意和对方结识的意愿。介绍自己时要不卑不亢、面带微笑，陈述要简洁、清楚。

需要注意的是，若是首次自我介绍，则应使用姓名、单位、部门和职务的全称，切勿使用简称。

（二）介绍他人礼仪

介绍他人是指作为第三方为不相识的双方引见。其中，被引见的双方为被介绍人，介绍他人的人为介绍人。

在介绍他人时，介绍人应态度友好、仪态文雅，并且要清晰、准确、完整地表述被介绍人的身份和姓名，不可含糊其词，如图 2-5 所示。另外，还应遵循以下规则：① 先将晚辈介绍给长辈；② 先将职务、身份较低的介绍给较高的；③ 先将男性介绍给女性；④ 先将个人介绍给团体。

图 2-5　介绍他人

需要注意的是，在介绍双方认识时，介绍人做介绍的时间和态度应当平等、均衡，不可厚此薄彼。

三、握手礼仪

握手作为一种见面礼仪，是商务场合中的重要礼节，它可以传达理解、信任、尊敬、祝贺、鼓励、感谢、致歉、惜别等感情。商务人员在与他人握手时，要注意伸手顺序、握手的姿态，以及握手的时间和力度。

（一）伸手顺序

握手时，讲究伸手的先后顺序。一般而言，在商务场合应遵循以下规则：① 女士、年长者及位高者先伸手；② 见面时主人先伸手，离开时则相反；③ 先到者与后到者握手时，应由先到者先伸出手。

（二）握手的姿势

握手的标准姿势如下：距离对方约一步（75 厘米左右），双脚立正，上身略微前倾，向对方伸出右手，四指并拢、拇指张开，与对方的手相握，如图 2-6 所示。为了表示真诚，可以握住对方的手上下轻摇几下。

（三）握手的时间和力度

握手的时间并没有明确规定，但通常以3～5秒为宜，不可过短或过长。若时间过短，则表明双方没有进一步加深交往的意向，而时间过长则会让人尴尬、不愉快。握手的力度应当适中，令对方感到坚定、有力即可，不可过小或过大。若力度过小，会让对方感觉自己被敷衍，而力度过大则会显得粗鲁。

此外，商务人员在与他人握手时，还应注意以下几点：① 不可用不洁净的手与人握手，也不可在握手后有意无意地擦手；② 握手时应摘下手套（穿着晚礼服戴薄纱手套的女士除外）、墨镜或帽子；③ 不可交叉握手，即当两人握手时，第三者不得将胳膊从二者的胳膊上方伸过去与其他人握手；④ 握手时要注视对方，保持笑容，使人感到亲切和善；⑤ 男士与女士握手时，轻握其手指即可，如图2-7所示。

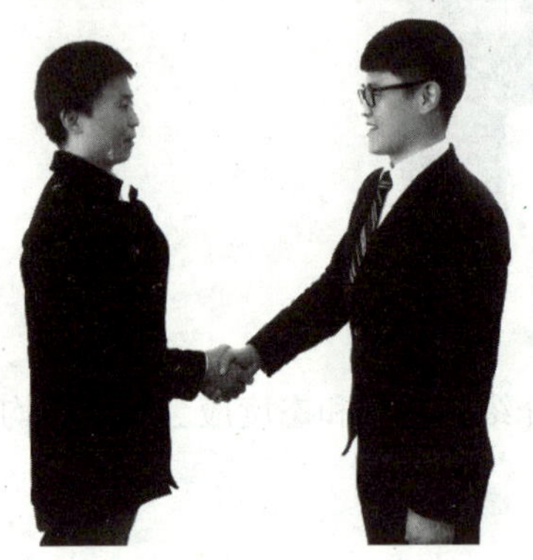

图2-6　握手姿势

图2-7　男士与女士握手

四、名片礼仪

名片是一种记录了个人主要信息的精美纸片，上面一般印有个人姓名、联系电话、公司名称、职位、地址等。名片能够表明个人身份、体现个人风格，给交往对象留下深刻的印象，其递送、接受及回递都有一定的礼仪要求。

（一）递送名片

递送名片要选择适宜的时机，不宜过早或过迟。递送名片的顺序一般为男士先女士后、身份低者先身份高者后、客先主后。与多人交换名片时，切勿跳跃式进行，应依照职位高低的顺序，或座次顺序依次递交名片。递送名片时，应用双手拇指和食指执名片两角，让文字正面朝向对方，双手递上，同时眼睛应注视对方，面带微笑，如图2-8所示。

（二）接受名片

接受他人名片时应起身，面带微笑注视对方并双手接过，如图 2-9 所示。接过名片后不要马上收起来，而要认真阅读几秒，可将对方的姓名、职位念出来，并抬头看看对方的脸，令对方感觉到受尊重。在接受他人的名片后可以说一些客气的话语，如“很高兴认识您”“能得到您的名片，我深感荣幸”等。

接过他人的名片后，应将名片放入上衣口袋或名片夹内，以示尊重。切忌随意摆弄、涂改、乱折，或者随便扔在桌子上、塞进裤子口袋里等，此类不尊重人的表现会引起他人的反感。

图 2-8　递送名片的姿势

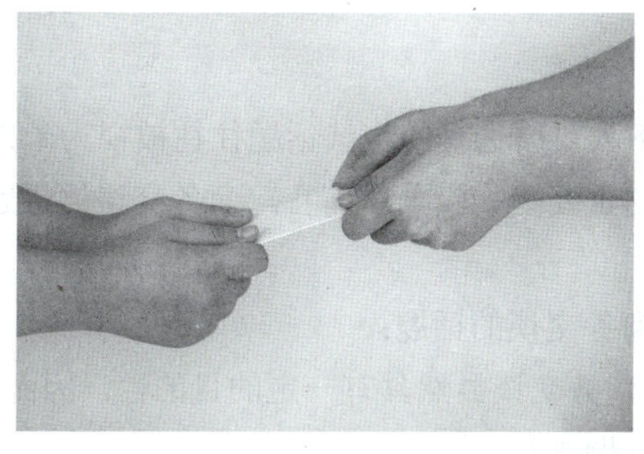

图 2-9　接受名片的姿势

名片礼仪

（三）回递名片

在商务活动中，接受了他人的名片之后，应当立即向对方回递一张自己的名片，否则会让对方认为无意与其结交。若忘带名片或名片已用完，应向对方做出解释并致歉。

因名片而错失的生意

A 公司新建的办公大楼需要添置一系列办公用具，价值数百万元。A 公司的总经理经过一番考量之后，决定向 B 公司购买这批办公用具。这天，B 公司的销售部负责人打来电话，说是要上门拜访，以进一步商定合作细节。

到了会面那天，B 公司的销售部负责人比预定的时间提前了两个小时到达。原来，B 公司的销售部负责人听说 A 公司新建的员工宿舍即将落成，并且需要购进一批家具，他希望此次会面一并商讨这件事，便提前来到了 A 公司。为此，B 公司的销售部负责人还带来了详细的资料。A 公司的总经理没有料到对方会提前到访，而且刚好手边又有事，便请秘书让对方等一会儿。B 公司的销售部负责人等了不到半小时，就开始不耐烦了，一边收拾资料一边说：“我还是改天再来拜访吧。”

总经理来与对方告别，发现对方在收拾资料准备离开时，将自己刚才递上的名片不小心掉在了地上，对方却没有察觉，走时还从名片上踩了过去。就是这个小小的失误，令A公司的总经理改变了初衷，他决定不再向B公司购买这批办公用具了。

五、交谈礼仪

在商务活动中，交谈是商务人员与商务伙伴建立联系、沟通感情、交换信息的重要手段。在交谈过程中，合乎礼仪的言谈是促进双方顺利合作的重要保障。一般而言，交谈礼仪具有以下要求。

（一）话题合适

在商务交谈中，商务人员所选择的交谈话题往往被视为个人品位、志趣和教养的集中体现，是影响交谈成败的重要因素。具体而言，商务交谈的话题应符合以下要求。

1. 选择合适的话题

下列话题都可作为商务交谈的话题：

（1）拟定的话题。商务交谈显然具有一定的目的性，因而商务人员在与对方交谈时，可直接围绕双方拟定的话题进行。

（2）对方感兴趣或擅长的话题。商务人员应根据交谈对象的性别、年龄、民族、职业、阅历等因素，选择交谈对象感兴趣或擅长的话题，以便其参与或与之产生共鸣，从而达到沟通和交流的目的。

（3）高雅的话题。商务人员应自觉地选择格调高雅、内容文明的话题（如哲学、文学、艺术、历史、地理、建筑等），以体现自己的见识和阅历，但注意不可夸夸其谈。

（4）轻松愉快的话题。商务人员应有意识地选择能让对方感到轻松、愉快的话题（如文艺演出、电影电视、烹饪小吃等），以营造融洽的气氛。

2. 有所忌讳

在商务交谈的过程中，商务人员应回避对方忌讳的话题，具体包括政治倾向、宗教问题、商业秘密、个人隐私等。同时，还应避免庸俗低级、悲伤压抑的话题。

（二）语言规范

在商务交谈中，语言规范主要包含以下三层含义：

（1）语言礼貌。商务人员要使用礼貌用语，以体现对他人的尊重，从而有利于营造融洽的交谈气氛，促进双方关系的进一步发展。

（2）语言准确。商务人员应尽量讲普通话，准确地表达自己的观点和看法，慎用外语，不用方言，以便对方理解起来更加容易。

（3）语言简洁。商务人员应力求言简意赅，切忌雕琢语言、堆砌辞藻或者喋喋不休。

（三）善于倾听

在商务交谈中，商务人员应当善于倾听交谈对象的讲话，以表示对对方的尊重。具体而言，善于倾听对方讲话应当做到以下几点：

（1）不要随意打断对方的讲话，更不要自言自语、自说自话。

（2）适时地表达自己的观点和看法，以表明自己始终关注着对方的讲话，切忌一言不发。

（3）用心寻找对方话语中的价值，并积极地加以赞赏和肯定，切忌置疑对方、纠正对方或者与对方抬杠。

（四）保持礼仪距离

商务人员在与他人进行交谈时，应当保持适当的距离。一般来说，在办公场合交谈时，上下级人员交谈时，以及初次接待客户并与之交谈时，交谈人员之间宜保持 1～2 米的距离。但是，商务人员若想与交谈对象建立一种融洽关系时，可以设法逐渐将交谈距离缩至 0.5～1 米。

六、送访礼仪

送访礼仪主要是指商务人员在工作、生活、社交中常见的拜访礼仪和迎送礼仪。

（一）拜访礼仪

拜访是指商务人员有目的地访问或拜见其他单位或个人的一种交往方式。合乎礼仪的拜访通常应注意以下几个方面。

1. 拜访准备

在拜访其他单位或个人之前，商务人员应当做好充分的准备工作，这不仅能够提高拜访的成功率，也体现了对拜访对象的尊重。准备工作的内容主要包括了解拜访对象、告知对方拜访的目的、预约拜访时间和地点、准备拜访材料和整理个人仪表等。

2. 拜访过程

商务人员应根据预约的拜访时间准时赴约，不可过早或过晚，以免打乱拜访对象的计划。若因特殊情况而不能按时赴约，则一定要尽早通知对方，诚恳地说明原因并表示歉意；若实在没办法通知对方，则一定要在事后向对方解释清楚并致歉，以获得对方的谅解。

见到拜访对象后，商务人员应主动向对方问好，并热情地与其握手。若是初次见面，还应稍做自我介绍，以免显得唐突。准备与对方交谈时，最好关掉手机或将手机调为静音。与对方交谈时，应当开门见山、言辞有礼，并紧贴主题进行，切勿东拉西扯，浪费对方的宝贵时间。此外，未经允许，商务人员不要在对方的接待室内随意走动、左顾右盼，更不得随意翻动对方的书籍、信件或其他物品。

3．拜访结束

拜访结束后，商务人员应礼貌地与拜访对象告辞。辞别时，应向对方道谢（如“多谢您的盛情款待”等），并主动伸手与其握别。当对方起身相送时，应对其说“请留步”“您请回吧”“不必远送”等，并适时回头挥手致意。

明德修业

程门立雪

古人云：“不学礼，无以立。”文明礼仪不仅是个人素质和教养的体现，也是个人道德和社会公德的体现。宋朝时，有一位有学问的人，名叫杨时，他虚心好学，对老师十分尊敬，“程门立雪”讲述的便是他尊敬老师、刻苦求学的一段小故事。

杨时从小就聪明伶俐，并且非常用功，后来考中了进士，但他仍然坚持访师求教，钻研学问。当时，程颢、程颐兄弟俩是有名的学问家。杨时先是拜程颢为老师，学到了不少知识。4 年后，程颢逝世，杨时又拜程颐为老师。那时，杨时已经四十多岁，且学问也很高了，但他依然谦虚谨慎，尊师敬友。

一天，杨时与朋友游酢讨论知识时，两人对某个问题提出了不同的看法，为了求得一个正确的答案，两人便一同前往程颐家请教。时值隆冬，天寒地冻，浓云密布，他们行至半途，天上又飘起了鹅毛大雪。来到程颐家时，适逢程颐坐在炉旁打坐养神。杨时二人不愿打扰老师，便恭恭敬敬侍立在门外，等候程颐醒来。

雪越下越大，杨时的脚都冻僵了，冷得发抖，但依然恭敬侍立（见图 2-10）。过了好长时间，程颐一觉醒来，从窗口发现侍立在风雪中的杨时和游酢，只见他们通身披雪，脚下的积雪已一尺多厚了，程颐赶忙起身迎他俩进屋。

图 2-10 程门立雪

程颐深受感动，更加尽心尽力地教导杨时，而杨时也没有辜负程颐的期望，得其真传。之后，杨时到南方传播程氏理学，且形成独家学派，世称“龟山先生”。

（资料来源：央视网，有改动）

（二）迎送礼仪

迎来送往是商务人员在工作中重要的社交活动之一。迎送礼仪主要包括迎客礼仪、待客礼仪和送客礼仪，良好的迎送礼仪有利于商务伙伴关系的建立和发展。

1. 迎客礼仪

若接待对象（以下称“客人”）就在本地，接待方可按时到单位门口、住所门外或楼下迎接。若客人远道而来，接待方应确认其到达的具体时间，提前前往车站、码头或机场迎接。

见到客人后，接待方应主动上前与之握手、做自我介绍，并致以诚挚的问候，如“您好！我是××，代表××公司前来迎接您！”“您好！路上辛苦了！”“欢迎您的到来！”等。若对方携带有大件行李，则应主动帮其提携，但对其手提包或其他贴身物品就不用代劳了。

2. 待客礼仪

对于远道而来的客人，接待方应考虑其住宿安排问题。接待方应根据客人的人数和生活习惯等情况预先安排好食宿，为其预订宾馆房间。待客人到达后，通常只需稍加寒暄，即陪客人前往宾馆，在行车途中或在宾馆简单介绍一下行程安排，征询一下对方意见，即可告辞。

3. 送客礼仪

当客人辞行时，接待方应与之握别，对其来访表示感谢，请其多多包涵接待的不妥之处，道惜别之语（如“慢走”“常联系”“欢迎再来”等）并礼貌相送。对于本地的客人，一般应将其送到门口、电梯口、楼下或其乘坐车辆的驶离之处，目送客人离去。对于远道而来的客人，则应将其送至车站、码头或机场等处，待对方离开后再返回。

互动空间

A国某政府机构为一项庞大的建筑工程向B国工程公司招标。经过筛选，最后剩下4家候选公司。A国派遣代表团到B国去各家公司进行商谈。

A国代表团到达B国时，位于C市的工程公司由于忙乱中出了差错，又没有仔细复核飞机到达时间，未去机场迎接A国代表团。A国代表团打电话给这家公司的经理，在听了他的道歉后，同意第二天上午10时在经理办公室会面。

第二天，B国工程公司的经理准时在办公室等候A国代表团。然而，直到下午三点才接到A国代表团的电话说：“我们一直在酒店等候，但始终没有人前来接我们。我们初来乍到，对这样的接待实在不习惯。我们已订了下午的机票赶赴下一个目的地，再见！”

思考：请指出案例中不符合商务礼仪的地方。

七、礼品馈赠和受赠礼仪

礼品馈赠是商务活动的重要组成部分。人们往往通过馈赠礼品来表达尊重、敬佩、感谢等情感，得体的馈赠能够起到联络感情、促进交际的作用。需要注意的是，无论是向他人馈赠礼品，还是接受他人礼品，都应当尊重他人喜好，顾忌民俗禁忌，遵守一定的惯例或规范。

（一）馈赠礼仪

商务人员在馈赠礼品时，应当讲究相关礼仪，否则将难以发挥馈赠的作用，甚至可能适得其反。

1. 礼品的选择

选择礼品时，一般要注意以下几个方面：

（1）价格适宜。一般而言，所选礼品的价格不可过低，也不可过高。若过低，则无法较好地表达情谊或发挥馈赠的作用；若过高，则会使受赠者有受贿之感。

（2）注重效用。首先，礼品本身应具有实用价值；其次，不同的人对于礼品实用性的偏好有所不同。因此，商务人员应根据受赠者的实际情况选择不同效用的礼品。

（3）投好避讳。由于生活经历、生活习惯、性格及爱好等的不同，不同的人对同一礼品可能表现出不同的态度。因而，商务人员选择礼品时一定要投其所好、避其禁忌，以免引起受赠者的不快或误解。

2. 礼品的馈赠

在馈赠礼品时，要把握好以下两方面：

（1）馈赠时机的选择。一般来说，馈赠礼品通常有以下两种情况，一是维持良好的商务关系，此类馈赠礼品的最佳时机是节假日、节庆日等。二是商务会面。一般而言，当作为客人拜访他人时，最好在双方见面之初向对方送上礼品，即所谓的“见面礼”；当作为主人接待来访人员时，则应该在来访人员离去的前夜或者告别宴会上将礼品赠予对方。

（2）馈赠的方式。赠送礼品最好当着受赠者的面进行，以便向其传达自己选择礼品时独具匠心的考虑，并观察受赠者对礼品的感受或态度。赠送礼品时，商务人员还应说明送礼的原因，以免使受赠者产生心理负担。

（二）受赠礼仪

当他人赠送礼品时，作为受赠人的商务人员应当根据具体情况礼貌地接受或者拒绝。

1. 接受礼品

在受赠礼品时，商务人员应当立即起身站立，面带微笑，大方地伸出双手接过礼品，向对方点头致意，或者双手接过礼品后用左手托住礼品（大件礼品可先放下），抽出右手

与对方握手，以示感谢。

2. 拒收礼品

一般情况下，不宜拒收他人的礼品。如果不能接受礼品，要礼貌、委婉地向赠送人解释不能接受的原因（如公司规定等）。若在事后拆封时发现礼品过于贵重，则可以尽快（一般在 24 小时内）将礼品退还给赠送者。退还时，要向赠送者说明退回礼品的理由，同时表达对其的谢意。

项目实训——会面情景模拟活动

1. 任务概述

晖普公司想要与华阳公司洽谈代理业务，经过一番商量，双方决定分别派出代表团进行见面洽谈。

请同学们以小组为单位，分角色扮演晖普公司和华阳公司的工作人员，模拟两公司代表团会面的场景，熟悉商务礼仪的运用。

2. 任务分组

全班同学自由分组，每组 7～9 人，各组选出组长并进行任务分工，然后将小组成员及分工情况填入表 2-1 中。

表 2-1　小组成员及分工情况

<table>
<tr><td>班级</td><td></td><td>组号</td><td></td><td>指导教师</td><td></td></tr>
<tr><td>小组成员</td><td>姓名</td><td>学号</td><td colspan="3">任务分工</td></tr>
<tr><td>组长</td><td></td><td></td><td colspan="3"></td></tr>
<tr><td rowspan="8">组员</td><td></td><td></td><td colspan="3"></td></tr>
<tr><td></td><td></td><td colspan="3"></td></tr>
<tr><td></td><td></td><td colspan="3"></td></tr>
<tr><td></td><td></td><td colspan="3"></td></tr>
<tr><td></td><td></td><td colspan="3"></td></tr>
<tr><td></td><td></td><td colspan="3"></td></tr>
<tr><td></td><td></td><td colspan="3"></td></tr>
<tr><td></td><td></td><td colspan="3"></td></tr>
</table>

3. 任务实施

按照小组分工情况开展模拟活动，并将具体的实施情况记录在表 2-2 中。

表 2-2 实施情况记录表

时间安排	实施步骤
	1．小组讨论，确定情景模拟中可能涉及的角色类型，然后分配角色
	2．按照小组分工，由专人负责编写情景模拟脚本
	3．个人形象塑造（仪容修饰、服饰搭配） （1）小组成员间相互交流或观看面部修饰相关视频，学习化妆技巧并进行练习 （2）观看服饰搭配相关视频，并为此次模拟活动搭配合适的服饰
	4．各角色扮演者熟悉脚本、背诵台词，然后进行排练
	5．排练成熟，正式进行情景模拟（以视频的形式记录模拟的过程） （1）称呼（注意对上级、女士的称呼） （2）介绍（注意介绍的顺序、方式） （3）握手（注意握手的顺序、时间、禁忌） （4）交换名片（注意名片的递接、保存） （5）交谈（注意交谈的话题、语言规范和礼仪距离） （6）礼品馈赠和受赠（注意礼品的选择、馈赠和受赠） 此外，整个过程中都应注意仪态礼仪的运用
	6．组内讨论实践活动的收获与不足
	7．活动总结 （1）各组展示模拟视频，并派代表在全班同学面前做总结陈述 （2）全班讨论，交流想法

4．评价反馈

各组配合指导教师完成如表 2-3 所示的考核评价表。

表 2-3　考核评价表

项目名称	评价内容	分值	评价分数		
			自评	互评	师评
成果评价（30%）	情景模拟生动形象、真实流畅	10			
	视频剪辑镜头连贯、内容详尽	10			
	陈述口齿清晰、仪态大方	10			
技能评价（50%）	能够掌握仪容礼仪，对头发、面部和手部等进行了适当的修饰	10			
	能够进行合理的服饰搭配，着装得体	10			
	能够掌握仪态礼仪，具备良好的站姿、坐姿、走姿、表情和手势	10			
	能够根据商务礼仪的规范和要求，进行称呼、介绍、握手、交换名片、交谈、礼品馈赠和受赠等活动	20			
素养评价（20%）	具备良好的沟通能力与应变能力	10			
	按时完成实践任务	10			
合计		100			
总评	自评（20%）+互评（20%）+师评（60%）=	教师（签名）：			

项目综合测试

一、不定项选择题

1．商务人员必须掌握的商务形象礼仪包括（　　）。

A．仪容礼仪　　B．着装礼仪

C．仪态礼仪　　D．交谈礼仪

2．坐姿礼仪的基本要领包括（　　）。

A．上身平直　　B．四肢摆好

C．椅面不满　　D．侧坐交谈

3．介绍他人礼仪的规则包括（　　）。

A．先将晚辈介绍给长辈

B．先将职务、身份较低的介绍给较高的

C．先将男性介绍给女性

D．先将个人介绍给团体

4．递送名片的顺序一般为（　　）。

A．男士先女士后　　B．女士先男士后

C．身份低者先身份高者后　　D．客先主后

5．下列话题可作为商务交谈话题的有（　　）。

A．拟定的话题　　B．对方感兴趣或擅长的话题

C．高雅的话题　　D．轻松愉快的话题

二、判断题

1．商务人员用目光注视他人时，目光注视的部位一般为对方的额头和眼睛之间的区域。（　　）

2．在商务活动中，男士要注意保持面部的整洁，不可留胡须。（　　）

3．握手的力度过小，会让对方感觉自己被敷衍，而力度过大则会显得粗鲁。（　　）

4．接过他人的名片后，可以将名片放入裤子口袋里，或直接放在桌子上。（　　）

5．在商务交谈中，商务人员不要随意打断对方的讲话，更不要自言自语、自说自话。（　　）

三、简答题

1．商务人员应遵守哪些着装礼仪？

2．在商务交谈中，语言规范主要体现在哪几个方面？

3．简述礼品馈赠和受赠礼仪。

推销实战篇

项目三

寻找与识别客户

项目导读

潜在客户无处不在，潜在商机比比皆是。推销人员要想在激烈的市场竞争中发现目标客户，不断发展和壮大自己的客户群体，提高推销业绩，就要树立强烈的客户寻找与识别意识，并灵活运用各种方法去寻找与识别客户。

知识目标

（1）熟悉客户类型。

（2）理解并掌握寻找客户的方法。

（3）掌握客户评估的内容和要点。

（4）掌握客户管理的方法。

能力目标

（1）能够判断客户类型，明确各类客户的主要特征。

（2）能够运用不同的方法寻找客户。

（3）能够对客户的购买需求、购买能力和购买权力进行评估。

（4）能够建立客户档案，对客户进行分类管理。

素质目标

（1）培养善于观察和独立思考的能力，注重工作方法和工作效率。

（2）加强实践练习，注重学思结合、知行统一。

模块一　积极寻找客户

情景案例

小陈大学毕业后应聘到了一家公司做推销员，同他一起进公司的还有小李和小马，他们三个人关系很好，经常结伴同行。

这天，公司交给他们三个人一项新的工作任务——带着公司新研发的产品去寻找目标客户。一想到在大学所学的推销知识终于可以派上用场了，大家都很兴奋。三个人一大早就来到了公司，开始商讨去哪里寻找客户。小陈想了想，说："现在是工作日，我们可以去办公大楼里推销我们的产品。"小李说："或许我们可以去大街上找那些闲逛的人，他们应该有足够的时间听我们讲解。"小马觉得小李说的有些道理，但对于如何寻找客户仍有些疑惑。正在这时，市场部总监王总走了过来，他们三个人赶忙追过去问道："王总，寻找客户有什么具体的方法吗？"王总微微一笑，开始给他们介绍起来……

思考：你认为小陈和小李谁的想法更有道理呢？为什么？推销人员应该如何寻找客户呢？

寻找客户是推销活动的起点，推销人员只有找到合适的客户，才有可能顺利地开展推销工作。可是，在茫茫人海中，究竟谁才是推销人员要找的客户？这就需要推销人员学会判断客户的类型，掌握寻找客户的基本方法，从而避免大海捞针般地盲目寻找。

一、判断客户类型

扫一扫

客户的类型

在实际的推销活动中，推销人员首先必须了解客户的种类，才能更加有针对性地寻找与发现客户。

（一）根据构成主体分类

根据构成主体的不同，客户可分为个人客户和组织客户。

1. 个人客户

个人客户是指为了满足个人或者家庭生活的需要而购买产品的各类消费者。他们通常购买的产品种类较多，且购买频率高，但是每次购买的数量较少。

2. 组织客户

组织客户是指为了满足自身生产经营需要而购买产品的各类组织机构（如政府机构、

事业单位和企业等）。

与个人客户不同的是，组织客户通常购买的产品种类较少，且购买频率较低，但每次购买的数量较多。

（二）根据购买目的分类

根据购买目的的不同，客户可分为政府型客户、企业型客户、中间商型客户和终端型客户。

1. 政府型客户

政府型客户是指为了满足自身工作和服务的需要而实施购买行为的群体，主要包括政府机构和事业单位。政府型客户多采用公开招标的形式进行采购，且采购金额较高。

2. 企业型客户

企业型客户是指为了满足自身生产经营的需要而实施购买行为的群体。其通常是派出企业代表进行采购，有时也以招标的形式进行采购。

3. 中间商型客户

中间商型客户是指以盈利为目的而实施购买行为的个人或组织。此类客户在购买产品时看重的并不是产品的使用价值，而是产品在经过买卖环节之后，最终能给他们带来多少利润，换句话说就是赚取差价。

由于中间商型客户是通过买卖差价来赚取利润的，所以他们往往会大批量采购，然后依靠多购多销获得更多的利润。

4. 终端型客户

终端型客户是指为了满足自身生活需要而实施购买行为的个人，也被称为“个人消费者”。这类客户在购买产品时看重的是产品的使用价值。

二、寻找客户的方法

寻找客户在整个推销活动中占有重要的地位，不仅需要推销人员付出巨大的努力，还需要推销人员掌握一定的方法。下面介绍几种寻找客户的基本方法。

（一）资料查询法

资料查询法是指推销人员通过搜集和查阅各种现有的资料来寻找客户的方法。

资料查询法的优点是成本较低，并且能够使推销人员较快地了解市场需求和潜在客户的情况。但其存在如下缺点：① 有些资料较为陈旧，时效性较差，导致推销人员可能获得错误的信息；② 有些资料的内容过于简略或碎片化，导致推销人员不能获取全面的信息。

知识之窗

可供查询的客户资料来源

（1）国家和地区公布的统计资料，如统计年鉴、工商企业名录等。

（2）税收名册，如纳税记录、纳税排行榜等。

（3）团体会员名册，如刊物订阅者的名册、协会会员名册、股份公司的股东名册、行业的公司名册等。

（4）公司或机构的官网、内刊等。

（5）报纸、杂志、电视和互联网等大众媒体发布的信息。

（资料来源：信用中国，有改动）

（二）地毯式访问法

地毯访问法又称“普遍寻找法”，是指推销人员根据产品的特点，在特定区域内逐一拜访有可能成为其客户的组织、家庭或者个人，以期找到更多潜在客户的方法。例如，推销人员去某居民区逐户推销厨房用品，去某地所有的学校和书店推销辅导教材等。

地毯式式访问法的优点如下：① 能够有效锻炼推销人员的职业素质，帮助其积累工作经验；② 有利于推销人员广泛地宣传产品和企业，提高产品与企业的知名度；③ 便于推销人员调查市场，以全面、客观地了解客户的需求。

地毯式访问法的缺点如下：① 成本较高，且效率较低，寻找客户的盲目性较大；② 由于缺乏访问前的沟通，容易使客户产生戒备心理，不利于后续推销活动的开展。

小贴士

一般来说，推销人员运用地毯式访问法成功开发的客户数量与走访的人数成正比。因此，要想开发更多的客户，推销人员就需要走访更多的人。

（三）链式引荐法

链式引荐法又称“连锁介绍法”或“客户引荐法”，是指推销人员通过现有客户直接或间接的介绍来寻找潜在客户的方法。

人与人之间有着普遍的交往和联系，购买需求与购买动机常常相互影响，处于同一个社交圈的人们可能具有某种共同的购买需求。因此，推销人员只要取得现有客户的信任，就可以通过现有客户的介绍，找到其他潜在客户。

链式引荐法的优点如下：① 可以避免推销人员寻找客户的盲目性；② 由于现有客户起着“中间人”的作用，能够有效减轻潜在客户的戒备心理，从而提高推销的成功率。

链式引荐法的缺点如下：① 由于现有客户没有介绍新客户的义务，所以客源并不稳定；② 如果潜在客户与现有客户关系十分密切，那么潜在客户可能对推销人员的推销策略、优惠条件等非常熟悉，从而导致推销人员可操作的空间非常小；③ 推销人员如果向潜在客户推销失利，那么可能也会失去现有客户的信任，反之亦然。

250 定律：不得罪每一位客户

著名推销员乔・吉拉德（Joe Gillard）根据自己的推销经验总结出了“250 定律”。

乔・吉拉德认为，每一位客户背后大概有 250 名亲朋好友，如果推销员赢得了一位客户的好感，就意味着赢得了其背后 250 位潜在客户的好感；反之，如果推销员得罪了一位客户，也就意味着得罪了其背后的 250 位潜在客户。敬重一个人，就像拨亮一盏灯，照亮一大片。由此，乔・吉拉德得出结论：在任何情况下，推销员都不要得罪任何一位客户。

在乔・吉拉德的推销生涯中，他每天都将“250 定律”牢记在心，时刻控制自己的情绪，不因客户的刁难或是自己心绪不佳等而怠慢客户。

（资料来源：东方财富网，有改动）

（四）中心开花法

中心开花法又称“权威介绍法”，是指推销人员在取得某一特定范围内的一些具有影响力的中心人物的信任之后，通过这些中心人物的支持和协助，将该范围内的个人或组织发展成为客户的方法。

通常情况下，这些中心人物的主张、见解、购买倾向或消费行为等能够对其他人起到一定的示范作用。因此，从本质上讲，中心开花法是链式引荐法的延伸。

中心开花法的优点如下：① 推销人员只需集中精力做好中心人物的推销工作，可以节省大量的时间和精力；② 如果推销人员能够成功地取得中心人物的信任，那么借助中心人物的影响力，推销人员就能在短时间内迅速发展起一大批客户；③ 能够借助中心人物的名望和影响力来提高产品和企业的知名度。

中心开花法的缺点如下：① 中心人物通常难以确定和接近，而且其合作的意愿较小；② 推销人员如果把希望全部寄托在中心人物身上，则会面临较大的失败风险。

机智的推销员

某推销员到某城市去推销企业生产的动物饲料添加剂，但他遇到一个难题：该城市共有大小养殖场 400 多家，虽然数量不少，但位置非常分散，若采用传统的地毯式访问法，他每天只能上门拜访 1～2 家，算下来要几个月时间才能完成拜访工作。

所以，这名推销员并没有那样做。在经过一番考察后，推销员找到了当地规模最大、最富声望的一家养殖生产企业。在多次拜访之后，推销员终于见到了该企业的总经理。推销员向这位总经理详细介绍了动物饲料添加剂的功能、特点和优势，最终获得了总经理的认可，成功推销出了一批货。

随后不久，该地区养殖行业组织了一次养殖技术交流会。在会上，那位总经理向其他养殖场的负责人大力推荐了这款动物饲料添加剂，并说使用效果很不错。这些负责人听了之后纷纷向推销员订了货，很快，推销员就完成了公司交给他的推销任务。

（五）广告开拓法

广告开拓法又称“广告吸引法”，是指推销人员或企业利用各种广告媒体的宣传、推广来寻找客户的方法。

广告开拓法的优点如下：① 广告的形式多样，信息传播速度快，涉及面广，能够广泛地影响客户的消费观念，引导客户的消费行为；② 能够节约推销时间，提高推销效率；③ 能够提高客户对产品和企业的认知度。

广告开拓法的缺点如下：① 如果广告定位和广告设计不当，那么不仅会造成较大的损失，还可能对产品形象产生不良的影响；② 针对性不强，不能根据客户的特点进行有针对性的宣传和说服；③ 广告属于单向性传播，推销人员很难及时获得客户的反馈信息，从而无法评估推销效果。

小贴士

常见的广告形式包括电视广告、广播广告、网络广告、报刊广告、手机短信广告、路牌广告、信函广告和招贴广告等。

（六）人际关系网寻找法

人际关系网寻找法是指推销人员利用自己的社交网络来寻找客户的方法。每一个人都有自己的人际关系网，如亲人圈、同学圈、朋友圈和同事圈等，这些人都可以作为推销人员拓展客户的对象。

人际关系网寻找法的优点如下：① 客源较为集中、稳定；② 客户的戒备心理较轻，推销成功率较高。

人际关系网寻找法的缺点如下：① 若推销人员与熟人客户之间产生利益纠纷，则会影响原有的人际关系，反之亦然；② 熟人客户可能会凭借与推销人员之间的私人交情，将利润空间压缩至最低，从而影响推销人员及企业的收益。

（七）竞争对手抢夺法

竞争对手抢夺法是指推销人员通过分析，找到竞争对手的薄弱点，然后运用各种正当

的竞争手段（如创新产品、免费培训和降低价格等），将竞争对手的客户发展成为自己客户的方法。

竞争对手抢夺法的优点如下：① 目标明确，竞争对手的客户必然是己方的潜在客户；② 如果方法应用得当，那么不仅能够获得新的客源，还能有力地打击竞争对手，抢占市场份额。

竞争对手抢夺法的缺点如下：① 风险较大，如果抢夺不成功，推销人员则可能会被竞争对手反击；② 难度较大，成本较高，推销人员需要对竞争对手进行全面、细致的调查和研究；③ 如果方法使用不当，则容易造成恶性竞争的局面，导致频繁发生价格战、资源战、广告战等现象。

（八）电话寻找法

电话寻找法是指推销人员通过打电话或发短信的方式寻找客户的方法。

电话寻找法的优点如下：① 成本较低，信息反馈速度快，推销效率较高；② 通过运用此法，推销人员能够从众多客户中寻找到可以进一步沟通的客户，以便有针对性地进行推销。

电话寻找法的缺点如下：① 电话沟通不易获得客户的信任，容易遭到拒绝；② 无法形象地展示产品，这在一定程度上影响了推销效果；③ 沟通难度较大，对推销人员的临场反应能力要求较高。

（九）委托助手法

委托助手法是指推销人员通过有偿的方式，聘请一些推销助手或信息员，让其在发现潜在客户后立即通知推销人员，然后再由推销人员自己去发展这些客户的方法。例如，有的汽车推销人员会雇请汽车修理站的工作人员作为信息员，当这些工作人员发现有哪些车主打算弃旧换新时，就立即将他们介绍给汽车推销人员。

委托助手法的优点如下：① 通过推销助手或信息员，推销人员能够掌握更多及时而适用的信息，从而开展有针对性的推销；② 可以借助推销助手或信息员的影响力，提高产品和企业的知名度。

委托助手法的缺点如下：① 推销助手或信息员的人选难以确定；② 推销人员的绩效依赖于与推销助手的合作，因此，推销人员常常会处于被动地位；③ 如果推销人员与推销助手合作得不好，或者推销助手同时兼任几家同类公司的信息员，则可能会对己方的产品推销活动产生不利的影响。

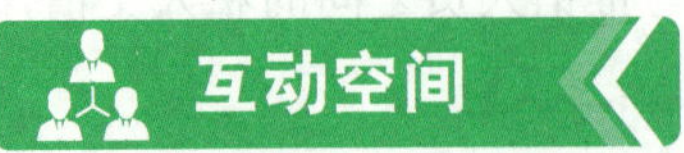

假如你是一名化妆品推销员，你会在哪些人群中发展你的推销助手或信息员？为什么？

（十）网络寻找法

网络寻找法是指推销人员通过互联网来寻找客户的方法。近些年来，随着互联网技术的不断发展与完善，各种形式的电子商务和网络推销也开始盛行起来，许多企业都在利用互联网寻找客户。

网络寻找法的优点如下：① 不受时间和空间的限制，推销人员可以在更广的范围内找到更多潜在客户；② 可根据需要及时、灵活地变更在互联网上发布的产品信息，以节约推销成本；③ 互联网提供了双向性信息交流平台，推销人员在广泛发布信息的同时，也能及时获取客户的反馈信息。

网络寻找法的缺点如下：① 网络信息更新速度较快，这在一定程度上会影响所获客户资料的准确性；② 基于信息安全或其他原因，有关客户的一些重要资料并不会在网络上公开，因此推销人员可能无法获取较为全面的客户信息；③ 推销人员在运用互联网查找资料时，容易受到假情报的干扰，从而导致获取的信息有误。

明德修业

公益直播助力湖北省经济复苏

湖北省是我国的农业大省，物产丰富，盛产莲藕、小龙虾、淡水活鱼等农副产品，但受2020年年初新冠肺炎疫情的影响，湖北省农副产品的销售遇到了不少障碍和干扰，面临着滞销困境。

为助推湖北省优质的农副产品“走出去”，2020年4月6日晚，由中央广播电视总台推出的“谢谢你为湖北拼单”公益“带货”直播在各大平台开播。这场直播由央视新闻主播朱广权和淘宝主播搭档，共同向网友推荐香菇、莲藕、茶叶等湖北省知名农副产品。朱广权素有“央视段子手”之称，直播期间他更是妙语连珠，“金句”频出，如“烟笼寒水月笼沙，不止东湖与樱花。门前风景雨来佳，还有莲藕鱼糕玉露茶。凤爪藕带热干面，米酒香菇小龙虾。守住金莲不自夸，赶紧下单买回家。买它买它就买它，热干面和小龙虾！”。这化用诗句、诙谐幽默的“带货”推销语引来无数网友参与互动、下单，许多产品一上架就被网友迅速抢光。

该场直播持续了两个小时，累计观看人次达到了1亿2 000万以上，共售出了总价值约4 014万元的农副产品。网友们纷纷表示：“没机会为湖北拼命，现在就为湖北拼个单。”大家用这样的方式为湖北省经济复苏贡献自己的一分力量，帮助湖北省相关产业尽快复工复产。

（资料来源：中国网，有改动）

模块二 有效识别客户

 情景案例

小陈、小李和小马三个人通过前两天的学习，已经知道如何去寻找客户了。可是奔波了几天下来，他们虽然找到了一些客户，但还是一无所获，一件产品都没推销出去。心情低落的他们找到了刚接待完客户的王总，王总简要地问了问他们这几天所做的工作，很快便知道他们的问题出在哪里了。王总笑着对他们说："你们呀，主要是没有学会仔细甄别客户，也就是说，没有对客户进行详细的评估。没有评估，就没有办法找到真正的目标客户，那么也就推销不出去产品。"三人迫不及待地追问道："那该如何对客户进行评估呢？"王总表示这里面的学问可大着呢……

思考：小陈、小李和小马三个人为什么推销失败？你认同王总的说法吗？你知道推销人员应该从哪些方面对客户进行评估吗？

在产品推销实践中，并非每一位潜在客户都能成为推销人员的目标客户。推销人员只有对客户进行分析、甄别，才能找到真正的目标客户。

一、客户评估

客户评估是指推销人员按照一定的标准对初步选定的客户进行评估，以确定目标客户的过程。

客户评估过程中常用的 MAN 法则指出，客户是由金钱（money）、权力（authority）和需要（need）这三个要素构成的。因此，客户评估的内容主要包括对客户购买需求、客户购买能力和客户购买权力的评估。

（一）客户购买需求评估

客户只有对产品有购买需求，才会为满足这种需求而实施购买行为。如果客户根本不需要推销人员所推销的产品，那么推销就是无意义的。因此，推销人员必须认真了解客户是否有购买需求，以及有何种购买需求。

一般来说，推销人员可以从以下几个方面入手来评估客户的购买需求。

1. 现有需求

现有需求是指客户已经存在但尚未被满足的需求。此时客户清楚地知道自己对何种产

品有需求，并且已经对这种产品有所认识和了解，但是由于种种原因，尚未购买产品，所以需求并未被满足。例如，一对乔迁新居的夫妇需要添置新家具，但是由于市场上家具种类繁多、价格不一，他们一时难以决定购买哪一款家具。

这类客户较为容易产生购买行为，因此，推销人员要善于观察和思考，认真地分析在自己找到的众多客户中，有哪些是对自己所推销的产品有现实需求的，对于这些客户，推销人员要牢牢抓住，并运用恰当的推销策略与技巧促成交易。

2. 潜在需求

在某些情况下，由于对产品不够了解，或者是对自身认知不足，一些客户尚未形成明确的需求意识，从而不确定自己是否有购买产品的必要。这时，推销人员可以采用一定的方法启发这类客户认知自身的需求，并进一步引导客户对所推销的产品产生需求，进而促使其实施购买行为。

小贴士

著名营销学专家菲利普·科特勒（Philip Kotler）将市场营销分为三个层次：最低的层次是反应式营销，即推销人员对客户表达出来的需求做出反应；中间层次是预见性营销，即推销人员根据环境变化推测客户将会产生哪些需求，并对此做出反应；最高层次是创造性营销，即推销人员通过创造客户未曾要求甚至未曾想象的产品来创造市场。

3. 需求量

推销人员不仅要挖掘客户的购买需求，还要对客户的实际需求量进行评估。推销人员可以根据客户的生产量、销售量或消费量等来推算其需求量，以做到“有的放矢”。

一般来说，对于需求量大、购买频次多且稳定的客户，推销人员可以考虑将其列为重点维护对象，以求与其建立长期而稳定的交易关系；对于需求量小但经常购买的客户，推销人员应给予一定的重视和维护，与其保持良好的联系；对于需求量小且为一次性购买的客户，推销人员则无须耗费过多的精力去维护，只需保持适当的联系即可。

（二）客户购买能力评估

只有在具备一定的支付能力的情况下，客户的购买需求才能转化为实际的购买行为。因此，推销人员需要评估客户是否具有支付能力，即是否有购买能力。

一般来说，推销人员可以从以下两个方面入手来评估客户的购买能力。

1. 现有支付能力

现有支付能力是指客户在购买产品后能够立即支付相应款项的能力。对于个人客户，推销人员可以通过了解和分析其个人或家庭的收入水平及预期收入状况，个人或家庭的主要支出及预期支出状况，以及个人或家庭的储蓄状况等来评估其现有支付能力。对于组织客户，推销人员可以通过了解和分析其经营状况与财务状况来评估其现有支付能力。

2．潜在支付能力

所谓潜在支付能力，是指客户虽然没有立即支付的能力，但通过拆借、贷款或过一段时间后将具有支付能力。当推销人员确定客户值得信任并具有潜在支付能力时，应主动协助其解决支付能力问题，可建议客户采用延期付款或分期付款等方法，或与客户保持联系，待其具有支付能力后再进行推销。

推销人员在评估客户购买能力时要注意以下两点：一是绝不能盲目地“以貌取人”。二是当客户采取信贷方式购买产品时，一定要做好信用审核，调查客户有无违约记录、拖欠货款行为，以及诈骗等违法行为，谨防上当受骗。

（三）客户购买权力评估

推销能否成功，还要看客户是否具有购买决策权（又称“购买决定权”）。推销人员只有向购买决策者推销，才有可能取得理想的推销效果，否则不论付出多少努力，都是徒劳的。

1．对个人客户购买权力的评估

对个人客户购买权力的评估比较容易，推销人员可以通过与个人及其家庭成员进行现场谈话就能确定决策者。

一般来说，一个家庭的购买权力类型可分为以下四种：① 丈夫做主型，即丈夫独揽大权，掌握购买权力；② 妻子做主型，即妻子独揽大权，掌握购买权力；③ 共同做主型，即购买决策由家庭成员共同协商决定；④ 各自做主型，即家庭成员有各自相对独立的购买权力。

2．对组织客户购买权力的评估

相对于个人客户来说，组织客户购买权力的评估要复杂和困难许多。组织机构往往权力层次较多，决策权力分散，推销人员需要充分了解组织机构的运行机制，明确各级主管部门人员之间的相对权限，这样才能保证推销效果。

拿企业客户来说，按照购买权力的大小，其购买决策者可分为以下三个等级：A 级决策者——具有独立购买权力的人，如总经理、主管采购的负责人等；B 级决策者——经授权后具有独立购买权力的人，如经授权的采购部经理或采购员等；C 级决策者——没有独立购买权力，但是对有独立购买权力者有较大影响的人，如管理层中的其他董事、副总等。

推销人员如果能够直接找到 A 级决策者，则毫无疑问是最好不过的了。推销人员如果难以找到或接近 A 级决策者，则可以退而求其次，找到 B 级决策者，他们也有部分的购买权。如果这些有直接购买权的人都无法找到或难以接近，推销人员则可以先接近 C 级决策者，再设法通过 C 级决策者对 A、B 级决策者施加影响，从而达到推销的目的。

经典案例

一场徒劳的推销

小郑是一名设备配件推销员，其主要工作是面向工业企业推销密封阀。小郑打算去某家工业企业推销，他事先了解了该企业在日常生产和维修中都会使用到密封阀，并且用不用他的产品是由生产部决定的。随后，小郑找到了该企业生产部的主管，并向他推

荐了自己公司的产品。

生产部主管在对密封阀样品进行了检测之后，觉得产品不仅质量好，还能够有效地减少工作量，就对小郑许诺道："只要采购部同意购买，我就可以写购买计划。"

于是，小郑又设法联系到了采购部负责人。多次沟通之后，采购部负责人表示只要生产部提交购买计划，他就可以确认通过。小郑听了很开心，心想又做成了一笔交易。

随后，生产部如期提交了购买计划，采购部确认后报给总经理审批。然而，总经理发现小郑公司的产品价格超出同类产品价格 50%，他认为这样的采购计划不符合公司的战略规划，便直接取消了购买计划。就这样，小郑辛辛苦苦跑了这么久的单子"泡汤"了。

二、客户管理

通过对客户的评估，推销人员可以初步识别出目标客户。为了能够与目标客户建立良好而长久的合作关系，推销人员需要学会科学地管理客户。

（一）建立客户档案

科学管理目标客户的第一步就是建立客户档案。客户档案记录了有关目标客户的详细资料（如姓名、年龄、地址等），可以表格的形式建立，如表 3-1 和表 3-2 所示。

表 3-1　个人客户档案

个人客户档案表					
1	姓名		13	联系方式	
2	年龄		14	个性特征	
3	民族		15	兴趣爱好	
4	籍贯		16	预购品种	
5	学历		17	预购数量	
6	职业		18	期望价格	
7	职务		19	品牌倾向	
8	个人收入		20	使用要求	
9	工作单位		21	资金来源	
10	工作地址		22	付款方式	
11	家庭住址		23	信用评价	
12	家庭成员				
备注					

表 3-2　组织客户档案

组织客户档案表					
1	企业名称		14	采购主管	
2	地址		15	采购员	
3	负责人		16	预购品种	
4	联系电话		17	预购数量	
5	所有制性质		18	期望价格	
6	行业类别		19	品牌倾向	
7	企业规模		20	使用要求	
8	注册资本		21	计划购买时间	
9	成立日期		22	信用评价	
10	经营状况		23	业内信用	
11	财务状况		24	业内声誉	
12	组织结构		25	市场地位	
13	各级主管人员		26	合作企业	
备注					

客户档案就像推销人员的“侦察记录”，通过对客户档案进行分析和研究，推销人员不仅可以快速掌握客户信息，还能挖掘客户深层次的购买需求，从而制订出针对性较强的推销方案。

扫一扫

客户分类管理的意义

（二）客户分类管理

在整理、归档好客户资料之后，推销人员需要统揽全局，按照一定的标准对客户进行分类，然后对不同类别的客户采取不同的分类管理机制，以求实现客户价值和推销投入回报的同步最大化。

在客户分类管理方法中，最常用的是 ABC 客户分类管理法（又称“主次分析法”），是指推销人员以客户的购买概率、购买量或持续时间等指标为分类标准，将客户分为 A 类客户（核心客户）、B 类客户（主要客户）、C 类客户（普通客户）三个类别，然后据此开展有针对性的推销活动的一种分类管理方法。

1. A 类客户

A 类客户是位于客户“金字塔”最上层的“金牌客户”，这类客户的购买概率最大，购买意愿较强，且购买量较大，持续时间较长，是推销人员的核心客户。他们通常做事规矩，信誉良好，资金来源稳定，能给推销人员和企业带来较高、较稳定的收益。

推销人员在管理这类客户时应做到以下几点。

（1）经常联络，定期走访，提供快捷、周到的服务。

（2）密切关注这类客户的动向。

（3）优先处理这类客户的异议与投诉。

2. B 类客户

B 类客户是客户“金字塔”的“中间力量”，这类客户的购买概率、购买量和持续时间均处于中间水平，但具有较大的潜力，是推销人员的主要客户，但不属于核心客户。

推销人员在管理这类客户时应做到以下几点。

（1）做好客户跟踪工作，定期走访，提供服务的同时给予一定的关注。

（2）关注这类客户的购买需求、购买能力、购买权力等的变化。

3. C 类客户

C 类客户的购买概率、购买量和持续时间均处于较低水平，这类客户对推销业绩的贡献较小，但是他们通常人数较多，具有“点滴汇集成大海”的增长潜力，所以他们的价值也不容小觑。

推销人员在管理这类客户时应做到以下几点。

（1）控制时间与精力的投入，提供基础性的服务。

（2）重点发掘有潜力的客户，使其早日升级为 B 类客户甚至 A 类客户。

推销人员在运用 ABC 客户分类管理法时，应注意以下几个问题：① 分类标准并不唯一，推销人员可根据推销工作的特定需要来制订具体的分类标准；② 所分类别可多可少，推销人员可根据实际需要进行分类；③ 要根据客户情况的变化，及时调整客户的类别。

124 与 57

小张从事推销工作三年了，经验丰富，并且结识了许多老客户，他的推销业绩在公司里始终名列前茅。然而，公司里一名新推销员小刘在参加新员工培训回来之后，不到半年，业绩就直线上升，甚至超过了小张。小张对此百思不得其解，便找到了小刘，想一探究竟。

小张问小刘：“我看你平时出门时间没我长，老客户也比我少，可为什么你的销售额反而比我多呢？”小刘拿出一些资料说道：“我主要是在拜访客户前先分析这些资料，然后有重点地进行拜访。例如，我对 124 位客户进行分析后认为，可能下单的只有 94 人，而根据以往的记录，这 94 人中有 21 人的订货量并不大，因此，我选择拜访剩余的 73 人，结果，他们中有 57 人都订货了，订货率还挺高的。不仅如此，我还节约出了一些时间去拜访新客户。当然，这些新客户也是经过我评估的，尽管订货率不高，但是我同他们建立了联系，这还是值得的。我相信，未来有一天，他们一定会从我这订货的。”

听了小刘这一席话，小张明白了，小刘的成功之处就在于重视对目标客户的分析和管理。

（资料来源：李光明. 现代推销实务 [M]. 北京：清华大学出版社，2009. 有改动）

项目实训——采访推销员活动

1. 任务概述

请全班同学以小组为单位，采访不同行业的推销员（最少采访两位推销员，可以是同行业的），询问他们是如何寻找客户的，分别采用了哪些方法，有无对客户进行评估与管理，以及是如何评估与管理客户的等。

采访完毕，各组整理所获得的信息和资料，然后讨论总结本次活动的主要内容及本组的心得，最后制作成 PPT，并派出代表在班级内分享。

2. 任务分组

全班同学自由分组，每组 5～7 人，各组选出组长并进行任务分工，然后将小组成员及分工情况填入表 3-3 中。

表 3-3　小组成员及分工情况

班级		组号		指导教师	
小组成员	姓名	学号	任务分工		
组长					
组员					

3. 任务实施

按照小组分工情况开展实践活动，并将具体的实施情况记录在表 3-4 中。

表 3-4　实施情况记录表

时间安排	实施步骤
	1．小组讨论，设计采访问题
	2．确定接受采访的推销员，并与其商定采访时间
	3．根据事先设计好的采访问题，采访推销员（在征得推销员同意的情况下，以视频或录音等方式记录采访过程）
	4．整理通过采访所获得的信息和资料，然后做出以下分析与评价： （1）被采访推销员寻找客户所采用的方法及其优缺点： （2）被采访推销员是如何评估客户的： （3）被采访推销员是如何管理客户的：
	5．小组讨论，总结心得
	6．制作 PPT
	7．派代表在全班同学面前进行讲解与分享，并回答老师和其他同学的提问

4. 评价反馈

各组配合指导教师完成如表 3-5 所示的考核评价表。

表 3-5 考核评价表

项目名称	评价内容	分值	评价分数		
			自评	互评	师评
成果评价（30%）	所设计的采访问题围绕中心、紧扣主题	10			
	采访时能够有的放矢、灵活应对，且记录完整	10			
	PPT 制作精美、图文并茂	5			
	讲解口齿清晰、仪态大方	5			
技能评价（50%）	能够挖掘和辨别被采访推销员寻找客户的方法，并分析其优缺点	25			
	能够明确被采访推销员是如何评估与管理客户的，并对其做出正确的分析与评价	25			
素养评价（20%）	积极参与活动，态度端正	10			
	具备团队合作精神，小组成员配合默契	10			
合计		100			
总评	自评（20%）+互评（20%）+师评（60%）=	教师（签名）:			

项目综合测试

一、不定项选择题

1. 根据构成主体的不同，客户可以分为（　　）。

A. 中间商型客户　　B. 个人客户

C. 组织客户　　D. 终端型客户

2. 小晶是一家健身中心的年卡推销人员，她向同学小唐介绍健身的好处，小唐很想尝试一下，便通过小晶办了一张年卡。由于小唐的健身效果很好，小唐的同事小丽也想尝试一下，于是通过小唐介绍找小晶办了一张年卡。小晶寻找客户所采用的方法有（　　）。

A. 人际关系网寻找法　　B. 链式引荐法

C. 中心开花法　　D. 委托助手法

3. 客户购买需求评估的内容包括（　　）。

A. 现有需求　　B. 潜在需求

C. 稳定需求　　D. 需求量

4．处于客户“金字塔”最上层的“金牌客户”是（　　）。

A．A类客户　　B．B类客户

C．C类客户　　D．D类客户

5．对推销人员的推销业绩贡献较小，但具有“点滴汇集成大海”的增长潜力的是（　　）。

A．A类客户　　B．B类客户

C．C类客户　　D．D类客户

二、判断题

1．为了满足自身生产经营的需要而实施购买行为的客户群体称为中间商型客户。（　　）

2．推销人员利用自己的社交网络来寻找客户的方法为链式引荐法。（　　）

3．对于需求量小但经常购买的客户，推销人员应给予一定的重视和维护，与其保持良好的联系。（　　）

4．当客户不具备现有支付能力时，推销人员可让客户采用延期付款或分期付款等方法来购买产品。（　　）

5．在评估个人客户的购买权力时，推销人员可以通过与个人及其家庭成员进行现场谈话来确定决策者。（　　）

三、简答题

1．根据购买目的的不同，客户可以分为哪几类？

2．简述寻找客户的方法。

3．如何对客户进行评估？

4．简述ABC客户分类管理法。

项目四

约见与接近客户

项目导读

约见与接近客户是两个不同的步骤，推销人员在接近客户之前，需要事先约见客户，以便客户做好心理准备，切不可盲目拜访、唐突接近客户。

知识目标

（1）熟悉约见客户的内容。
（2）掌握约见客户的方法。
（3）掌握接近客户的方法与技巧。

能力目标

（1）能够根据客观条件确定约见的对象、事由、时间和地点，并选择合适的约见方法，成功约见客户。
（2）能够灵活运用接近客户的方法与技巧，加强与客户的联系。

素质目标

（1）培养变通能力，提高思维灵活性。
（2）培养乐观热情、积极向上的工作态度。

模块一　有效约见客户

情景案例

小周是一名保险业务推销员，经过努力寻找与识别客户之后，他整理了一份目标客户名单，于是开始兴致勃勃地给目标客户打电话，约见客户。

小周先给赵总打了电话，接电话的是赵总的助理小李，小李说赵总正在开会，让小周有什么事先和他说，随后他转达给赵总。小周心想，与其跟小李说还不如随后直接跟赵总沟通，便对小李说没什么事情，就挂断了电话。接着，小周给之前向他咨询过家庭保险的刘女士打了电话。在刘女士接通电话、小周讲明打电话的缘由后，刘女士表示可以面谈，于是小周提出明天（周三）下午四点半见面，刘女士说恐怕不行，因为自己明天下午四点半得去幼儿园接孩子。小周又问上午十点呢，刘女士表示自己明天上午需要参加公司会议。小周一时不知道该怎么安排见面时间，刘女士听他支支吾吾的，就说等空闲了再说吧，便挂断了电话。……就这样，小周打了一整天电话，客户们不是推脱说没有时间，就是说见面的地点不合适，都拒绝与他见面。客户们为什么总是有各种各样的理由拒绝见面？到底是哪里出了问题呢？看着身边的同事们每天都能按计划去拜访客户，小周既羡慕又焦虑。他准备请教一下同事们，请他们指点一下如何才能成功地约见客户。

思考：小周约见客户失败的原因可能是什么？除了电话约见客户之外，还有哪些约见客户的方法？

约见客户是指推销人员设法使客户同意与自己见面的过程。它是推销人员接近客户并顺利开展后续推销洽谈活动的前提。

一、约见客户的内容

约见客户是接近客户的前期准备工作，其工作内容主要包括确定约见对象、明确约见事由、安排约见时间和选择约见地点。

（一）确定约见对象

推销人员约见客户的目的是接近客户，继而与客户达成交易。因此，推销人员约见的对象应当是对达成交易具有决策权的人，或者是对决策具有较大影响的人。

对于个人客户来说，通常客户自己就是购买决策者，所以推销人员较容易确定约见对象。而对于组织客户来说，由于购买者与决策者可能并不相同，所以，推销人员在确定约见对象时可以采取以下两种策略：一是直接约见。为了提高推销效率及推销成功率，推销人员最好直接约见购买决策者，如董事长、总经理、采购主管等。二是间接约见。推销人员如果很难约见决策者，则可以先约见负责购买事宜的经办人员，在取得经办人员的认可之后，再由其引导约见决策者。

互动空间

小李是某教育软件公司的推销员。一天，他得知当地某所高校计划升级该校的图书馆信息管理系统。尽管该高校之前使用的一直都是××公司的信息管理系统，但小李还是决定约见一下客户，并向客户推销自己公司的软件产品。

摆在小李面前的有两种约见方法：一是对图书馆的一般工作人员、图书馆信息中心的管理人员、图书馆的领导和学校领导进行逐级约见。二是直接约见图书馆的领导或学校领导，然后说服他们购买自己公司的产品。

思考：假如你是小李，你会选择哪一种方法？为什么？

（二）明确约见事由

推销人员在约见客户时要向客户说明约见事由，即让客户明白为什么要面谈。常见的约见事由包括以下几种。

1. 建立业务联系

对于一些初创企业的负责人或企业新上任的管理者来说，当前最重要的工作是建立和拓展一定的业务关系，因此，当推销人员以建立业务联系为由约见这些客户时，通常容易为他们所接受。

2. 提供信息

当推销人员发现一些与业务相关的新闻资讯或行业动态，并相信其足以引起客户的兴趣时，可以交流、分享或探讨为由，与客户相约见面。

3. 进行市场调查

推销人员以进行市场调查为由约见客户，通常比较容易为客户所接受，因为不会使客户产生购买压力。推销人员可以通过请客户填写调查问卷或回访老客户等方式来收集客户对产品和企业的意见和看法，从而为进一步推销做好准备。

4. 推销产品

推销人员的核心任务是推销产品，因此推销产品是推销人员最常用的约见事由之一。在运用这一约见事由时，推销人员要着重介绍产品的特点，以及能够给客户带来的实质性利益，以引起客户的注意。

5. 提供服务

推销人员以提供服务为约见事由，往往比较受客户欢迎。例如，为客户提供技术咨询、解答客户在购买产品中的疑问等。通过运用这一约见事由，推销人员不仅能够赢得客户的信任，与客户建立良好的关系，还能树立企业及推销人员自身良好的形象，进而为日后的推销活动铺路搭桥。

6. 举行促销活动

促销活动往往能够吸引客户的注意，激发客户的购买欲望。例如，许多超市经常会推出满减、折扣或消费送积分等活动，以吸引大量客户前来购物。因此，当企业举行促销活动时，推销人员可以此为由约见客户。

在实际的推销活动中，约见客户的事由还有很多，推销人员可以根据实际情况灵活选择和运用，但需要坚持以下两个基本原则：一是保证能够触动客户的敏感点，引起客户的兴趣，使其愿意接受约见邀请。二是以诚待人，具备良好的服务态度，以使客户建立对推销人员的信任感，进而同意见面。

小贴士

有效的约见事由要有目的、过程和收益，即推销人员要向客户说清楚为什么要见面，见面的目的是什么；会面将如何进行，就哪些问题展开；见面能给客户带来什么价值，有什么好处。

（三）安排约见时间

合理安排约见时间是约见客户的重要一环。推销人员应本着为客户着想的原则，提前与客户商定好见面时间。推销人员可以先向客户提出建议，然后由客户决定具体的约见时间。约见时间一旦确定，推销人员就要做到言而有信，准时赴约。

一般来说，最理想的约见时间应当是客户的空闲时间，这样推销人员才能与客户进行充分的交流与沟通，从而取得较好的推销效果。推销人员可以根据客户的工作时间、休息时间、活动规律、身体状况和心理状态等来推测客户可能空闲的时间。此外，推销人员还应结合交通条件、天气状况等因素来综合考虑安排约见时间，以提高约见成功率。

小贴士

许多客户在周一和周五会比较忙，因为公司的例会一般会安排在这两天，所以推销人员应该尽量避免将约见时间选定在这两天。

（四）选择约见地点

在选择约见地点时，推销人员应当遵循方便客户和利于推销的原则。一般来说，约见地点的选择应当以距离远近合适、环境安静、便于谈话为宜。常见的约见地点包括工作地点、居住地点、社交场所和公共场所等。

1. 工作地点

推销人员可根据产品的特点和交谈的内容，将见面地点选在客户或推销人员工作的地方。选择在客户的工作单位见面，不仅能够节省客户的时间，还能让客户在熟悉的环境中洽谈，以消除客户的紧张感。选择在推销人员的公司见面，则便于推销人员更为直观地向客户展示公司的实力与产品特色，使客户增强对推销人员所在公司和团队的了解，从而赢得客户的信任。

2. 居住地点

如果推销的产品为日常消费品，推销人员则可选择以客户的居住地为约见地点，这样既方便客户，又显得亲切、自然。

3. 社交场所

为了提高约见成效，推销人员所在的企业往往会组织一些社交活动，如商务宴会、商品展销会、订货会等，并邀请客户参加。推销人员应珍惜和利用这样的机会，充分施展自己的社交能力，以增进与客户之间的联系。

4. 公共场所

对于那些在工作地点和居住地点都不方便与推销人员见面，自己也不便出席社交活动的客户来说，推销人员可以选择在环境较好的公共场所与其见面，如咖啡厅、餐厅和茶馆等（见图 4-1 和图 4-2）。这些场所一般会使客户感到轻松、随意，有利于拉近推销人员与客户之间的距离。

图 4-1　餐　厅

图 4-2　茶　馆

二、约见客户的方法

为了实现成功约见客户的目标，推销人员不仅要明确约见的对象、事由、时间和地点，还应选择合适的约见方法。常见的约见方法包括以下几种。

（一）当面约见

当面约见的技巧

当面约见是指推销人员直接与客户面对面商定见面事宜的一种方法。推销人员可以利用一切与客户处于同一场所的机会进行当面约见。

当面约见的优点如下：① 简便易行，及时有效，信息传达清楚；② 便于推销人员当面观察客户的态度，及时得到客户的反馈，从而进一步做好见面准备。

当面约见的缺点如下：① 容易受时间和空间的限制；② 一旦遭到客户拒绝，推销人员便容易陷入被动局面，从而不利于开展后续的推销活动；③ 有些客户可能会当面应允而事后拒绝，从而浪费推销人员的时间和精力。

（二）信函约见

信函约见是指推销人员利用个人信函、单位公函、会议通知、电子邮件、传真、手机短信和请柬等来约见客户的一种方法。

信函约见的优点如下：① 适用面广，成本较低，可以将约见信息直接传达给客户；② 能够避免推销人员被当面拒绝的尴尬。信函约见的缺点如下：① 耗时较长，反馈率较低；② 一些客户可能根本不会理会收到的约见信函，这使推销人员付出的努力和辛苦变得毫无意义。

约见信函的设计要点

推销人员利用信函约见客户时，应该把握以下三大要点。

第一，依据客户职位及其关注点的不同，恰当设计约见信函的内容。

第二，突出己方产品的竞争优势。

第三，说明客户同行业内其他企业使用本产品的情况。

下面针对客户不同的职位及关注点，分别举例说明约见信函内容的侧重点。

（1）企业销售总监——关注点是推销效率和销售目标

张总您好，冒昧打扰您。我是××公司的小王，有幸与您在互联网营销会议上结识。我们公司是一家利用互联网技术来提高企业推销管理水平的高科技公司。我们服务过××公司、××公司和××公司等多家公司，这些公司在使用我们的××系统之后，在销售人员的管理和企业年度销售目标的达成上都取得了不错的成绩。不知您是否有兴趣，我想当面向您介绍一下，您在下周三的下午两点左右是否方便呢？

（2）企业技术总监——关注点是技术

李总您好，我是××公司的小王，上次我去拜访××公司的张总，他对您企业的信息化管理十分赞赏，建议我们学习一下。我们是一家互联网公司，公司的产品主要是基于A架构下的销售管理系统，而目前A架构也是管理系统发展的一个新方向。像××公司、××公司和××公司与我们都有合作，这些企业的管理系统应用都是在满足业务需求的基础上，同时具有大并发、大数据量的特点。我有一些技术层面的问题，想向您当面请教一下，不知您在下周三的下午两点左右是否方便呢？

（3）企业总经理——关注点是公司整体战略布局

刘总您好，我是××公司的小王，上次在互联网企业家论坛上听过您的演讲（或在××网站上看过您关于××的新观点）。我们公司的经营理念和您的观点有一定的匹配度。我们公司是一家致力于帮助传统企业进行互联网转型的公司。公司的产品对销售管理效率提升、多维度的矩阵管理、产销协调及企业文化建设等都能提供一些帮助。××公司、××公司、××公司等国内著名企业在采用我们的系统后，企业管理水平都得到了很大提升。您看您下周什么时候方便，能让我和您当面详细沟通一下？

（4）企业财务总监——关注点是经济效益

赵总您好，我是××公司的小王，最近在和您公司的刘总沟通销售管理系统的事情，刘总建议我听听您的意见。您公司使用的B系统是管理企业内部流程，为企业节约成本的，而我们这款销售管理系统是通过强化渠道和终端的管理，为企业赚钱的，所以我们的系统可称为B系统的眼睛。××公司自从使用了我们的系统后，10个月就实现了同比2倍销量的增长，24个月实现了同比3倍销量的增长。不仅如此，我们的销售管理系统还和财务系统设有接口，能够实现系统之间的无缝集成。您看您下周什么时候方便，我为您当面讲解、演示一下可以吗？

（资料来源：品才网，有改动）

（三）电话约见

电话约见是指推销人员通过电话来约见客户的一种方法。在通信技术发达的现代社会，电话约见是最常用的约见方法之一。

电话约见的优点是灵活方便，迅速及时，成本较低，并且能够使推销人员免受奔波劳累之苦。其缺点是由于不能见面，推销人员难以获得客户的信任，容易遭到客户的拒绝。此外，电话约见对推销人员沟通技巧和应变能力的要求较高，因此，电话约见的成功率受推销人员自身水平的影响较大。

电话约见客户的技巧

推销人员通过电话约见客户时，可采用以下几个技巧。

（1）语速要慢。语速慢有以下三个好处：一是能够让客户听清推销人员的讲话内

容。二是能够给予客户随时搭话和提问的机会。三是能够给人信任感，语速过快会让客户产生被动接受的感觉。

（2）简洁清晰。讲话不要啰唆，要挑重点讲，争取在接通客户电话的 15 秒内吸引到对方的注意力。

（3）争取谈话主动权。要多提问，尽量引导客户多说话。客户说得越多，推销人员就越容易明确其需求。

（4）寻找客户的关注点。找准客户当前最关心的问题，并以此来吸引客户的注意力。

（5）展示专业性。表明可以为客户提供一定的解决方案或带来一定的好处，从而让客户感觉与推销人员谈话是有价值的。

（6）告之所花时间。为了让客户愿意继续接听这通电话，推销人员可以提前表明自己不会占用客户太长的时间，例如，“耽误您两分钟好吗？”。在电话中，推销人员也可以告知客户见面谈话可能需要的时间，例如，“大概需要占用您一个小时的时间”。

（7）有所保留。当推销人员遇到不方便在电话中说明的事情或者难以回答的问题时，可以将问题留到见面时解决。例如，当客户要求推销人员在电话中说明具体成本时，推销人员可以告诉客户“这个问题我会在我们见面时当面讲给您听，这样您会了解得更加清楚”。

（资料来源：付佳．每天学点电话销售技巧［M］．北京：中国纺织出版社，2013．有改动）

（四）委托约见

委托约见是指推销人员委托中间人来约见客户的一种方法。中间人一般是与目标客户存在一定的社会关系，或在一定程度上能够影响其做出决策的人。中间人可以是目标客户的同事、同学、老师、家人、朋友和亲戚等，也可以是各种中介机构。

委托约见的优点如下：① 有利于消除客户对推销人员的戒备心理；② 能够利用中间人的影响力，提高约见成功率；③ 推销人员能够通过中间人获取目标客户的真实信息和最新动态，以便有效开展后续的推销活动。

委托约见的缺点如下：① 会受到推销人员自身人际关系的限制；② 约见成功与否受中间人影响较大，若选择的中间人不合适，易导致约见失败；③ 委托过程较为烦琐，且花费时间较长，可能会贻误最佳推销时机。

（五）广告约见

广告约见是指推销人员利用各种广告媒体（如广播、电视、报纸、杂志等）来约见客户的一种方法。

在约见的对象不具体或数量较多的情况下，推销人员可以采用广告约见的方法，将约见的事由、时间和地点等准确地传达给约见对象。例如，推销人员可以在报纸、杂志的广告版面上刊登新产品上市、公司周年庆等广告信息，借此来约见客户。

广告约见的优点如下：① 覆盖面广，传播性强；② 节省时间，约见效率高；③ 有利于树立企业形象，扩大产品影响力，增强客户认知度。广告约见的缺点如下：① 成本较高，且针对性较弱；② 在广告数量较多的情况下，难以引起目标客户的注意。

（六）网络约见

网络约见是指推销人员利用互联网来约见客户的一种方法。互联网的迅猛发展为推销人员与客户进行网上交流、约见等活动提供了便利的条件。推销人员可以通过各大网络社交平台（如微信、微博等）向客户发出约见邀请，与客户商定约见事宜。

网络约见的优点是不受地域限制，方便快捷，成本低，应用范围广。其缺点在于，如果推销人员对相关网络技术的掌握程度不高，则可能导致约见效果不佳。因此，推销人员平时应该注重学习和积累相关的网络知识和技术，以提高网络约见的成效。

模块二 成功接近客户

情景案例

自从听了同事们的建议，小周成功约见了不少客户，但是在与客户接触的过程中，他发现有些客户并没有想象中的那么好打动。小周问了问身边几位同事，发现大家都遇到了同样的问题。于是，他们就如何接近客户这一问题展开了讨论。

正当他们几个人激烈讨论时，销售部总监郭总过来了，小周急忙上前问道："郭总，我们在接近客户的过程中遇到了一些困难，很多客户对我们爱答不理的。尤其是一些高层管理者，他们很多时候只给我们两三分钟的见面时间，我们根本说不了几句话，也问不了几个问题。面对这样的客户，我们应该如何接近呢？"听了小周提出的问题，郭总首先表扬了他们善于学习、爱动脑子，接着告诉他们，接近客户要讲究方式方法，并且针对不同的客户，要运用不同的接近方法，这样才能成功接近客户。

思考：你知道接近客户的方法有哪些吗？在接近客户的过程中，推销人员需要注意哪些问题？

成功约见客户之后，推销活动就进入了接近客户的阶段。接近客户是指推销人员对目标客户进行初步接触或再次访问的过程，其目的是引起客户的关注，激发客户的购买兴趣，进而获得与客户进行推销洽谈的机会。

一、接近客户的方法

（一）介绍接近法

介绍接近法是指推销人员通过自我介绍或者由他人介绍来接近客户的方法。这是推销人员常用的接近客户的方法之一，其目的是使客户能够对推销人员有初步的认识。

1. 自我介绍

推销人员在运用自我介绍的方法接近客户时，可以先口头介绍自己的姓名、职务及拜访目的，让客户认识和了解自己，然后出示身份证、工作证、名片和公司营业执照等来进一步证明自己的身份，从而消除客户对自己身份的疑虑，并建立初步的信任。

2. 他人介绍

推销人员如果与客户不够熟悉，但认识那些与客户关系密切的人，则可以请这些人向客户引荐自己。引荐的方式通常包括写介绍信、打电话、发邮件或当面介绍等。这种接近方法能够使客户因为中间人的关系而对推销人员产生一定的信任感，从而愿意给予推销人员接近的机会。

推销员的信

某推销员在做保险业务时，探索出了一种推销保险的新方法。他为自己制作了一封介绍信，信的内容都是提前写好的，但收信人的称呼和发信人的签名处都是空着的。这位推销员无论走到哪里，都会随身携带一些这样的介绍信。介绍信的内容如下。

亲爱的××：

我觉得您应该认识一下××（该推销员的名字）。在我看来，他是这里最好的保险推销员之一。我非常信任他，他的任何建议我都会毫不犹豫地接受。可能您现在还没有买保险的打算，但我觉得您应该和他见上一面，听听他给您提出的一些非常有价值的建议。我相信，这对您和您的家人都会有很大的帮助。

您的朋友：××

有一次，该推销员从报纸上看到一位从事建筑行业的朋友竞标成功，接到了一个很大的工程项目。他来到朋友的办公室，高兴地说："祝贺你呀！我刚从报纸上得知你接手了××工程。你是如何拿到这个项目的呢？"于是，朋友便对他讲述了得到这个工程的全过程。听完之后，推销员说："为了竞标成功，你肯定找了一些工程分包商吧，而且你应该已经把工程的某些部分交给他们来施工了，对吗？"

在听到朋友肯定的回答之后，该推销员拿出了提前写好的介绍信对他说：“我想拿着这些信去拜访那些分包商，你能在上面签名吗？”朋友愉快地答应了，毫不犹豫地在信的开头处填上了那些分包商的名字，并签上了自己的名字。

然后，该推销员拿着签过名的介绍信分别去拜访那些负责水管安装、暖气安装、油漆涂刷等工程的分包商。

在这位推销员的推销生涯中，他通过这种方法成功地找到了许多客户，而且在接近客户时很少被拒绝。

（资料来源：邹华英. 世界上最伟大的推销员经典推销故事全集［M］. 北京：电子工业出版社，2009. 有改动）

（二）产品接近法

产品接近法是指推销人员直接利用产品来吸引客户的注意力，从而接近客户的方法。这种方法是利用产品本身的特质来吸引客户，使客户能够对产品的价值产生比较清晰的认知，进而激发客户的购买兴趣。

产品接近法是以产品为接近媒介，因而通常适用于实物产品推销。在使用产品接近法时，推销人员应着重向客户介绍产品的独特之处，并加以生动、准确的演示，也可以请客户亲自试用产品，让客户全方位地感受产品的与众不同之处。如果产品不易携带，推销人员则可在登门拜访客户时携带产品模型，并结合一些文字、图片和影像等资料来达到相似的效果。

互动空间

小张最近在推销一款专门用来清洗地毯污渍的清洁剂。一天，她来到了一个居民区，打算挨家挨户上门推销。小张敲开了一户人家的门，礼貌地介绍自己并道明来意。然而，这户人家的女主人表示自己很忙，并且对清洁剂不感兴趣，让小张到别家问问。

这时，小张说：“女士，您别急，您不买没有关系的，我只是想告诉您，现在市场上已经有了这种专门用来清洗地毯污渍的清洁剂，您家地毯如果有难以清除的污渍，我可以免费帮您清洗。”

女主人思考了一番，想到了书房的地毯上有孩子画画时不小心弄上的墨渍，就说：“那块墨渍很久了，我试过很多种清洁剂都没有用，你看看能不能帮我清洗掉吧。”小张高兴地说：“好的，非常感谢您给我这个机会，我马上为您解决问题。”

来到书房后，小张拿出自己随身携带的清洁剂，先往墨渍上倒了一些，等待了十几秒钟后再用毛巾一抹，地毯上的墨渍就不见了。女主人很吃惊，当下就向小张买了10瓶清洁剂，并且表示要向自己的亲朋好友推荐这款神奇的清洁剂。

思考：小张采用了哪种推销接近方法？这种方法有什么好处？

（三）利益接近法

利益接近法是指推销人员通过强调产品能为客户带来的实际利益与好处来引起客户的关注，从而接近客户的方法。

客户购买产品最直接的目的是从中获取一定的利益，而利益接近法正好迎合了客户的这种求利心理，因而能够激发客户产生进一步了解产品的兴趣。有时客户可能认识不到产品给自己带来的利益，因此，推销人员要针对客户的利益需求点来加以引导。需要注意的是，推销人员要坚守诚信原则，实事求是，用真实的利益来吸引并打动客户，而不能弄虚作假，随意许诺。

（四）问题接近法

问题接近法是指推销人员通过向客户提问或与客户讨论问题来接近客户的方法。一名推销高手应该是一个很好的提问者，这样才能真正地抓住客户的需求。

在实际的推销活动中，问题接近法可以单独使用，也可以和其他方法搭配使用。推销人员可以先提出一个问题，然后根据客户回答的内容再进一步提出一些其他问题，也可以通过向客户提出事先设计好的一组问题来引起客户的注意，并逐步引导客户思考，直至达到成功接近客户的目的。

知识之窗

学会向客户提问

按照客户表达方式的不同，客户的需求可以分为有声需求和无声需求。有声需求是指客户能够准确或相对准确地表达出来的需求；无声需求是指客户的默认需求，或者是受个人认知能力和表达能力的限制而表达不出来的需求。

了解客户无声需求最好的方法就是提问。一般来说，用来了解客户无声需求的问题可以分为两种类型，一种是封闭式问题，另一种是开放式问题，具体如表 4-1 所示。

表 4-1　提问的问题类型

问题类型	定义	优点	例句
封闭式问题	推销人员提出的问题中包含备选答案，且答案通常是互斥的，客户一般只需用“是”或“不是”，“对”或“错”，“买”或“不买”等来回答	可以有意识地将客户引导至自己期望的方向，并有效控制问题的讨论时间	（1）“对于产品的使用效果，您还满意吗？”； （2）“这是我为您制订的保险计划书，您看看合适吗？”； （3）“您难道不希望有一份可靠的生活保障吗？”； （4）“您是否考虑过子女今后的教育问题？”

（续表）

问题类型	定义	优点	例句
开放式问题	推销人员提出的问题不设置任何参考答案或提示，要求客户给出自己的答案	给客户提供了自由发挥的余地，让客户尽情地表达自己的需求，以便从中提取有效信息，了解客户真正的兴趣和需求所在	（1）关键词“怎么样”或者“如何”，如“您是怎样应付这些问题的？”“我们怎样做，才能满足您的要求？”； （2）关键词“为什么”，如“能不能告诉我，您为什么拒绝我们的产品？”； （3）关键词“什么”，如“您还有什么建议吗？”； （4）关键词“哪些”，例如，“您对我们的服务还有哪些看法？”

值得注意的是，倾听与提问同样重要。因此，除了要善于提问，推销人员还要善于倾听，这样才能真正接近客户。

（资料来源：凤凰网，有改动）

（五）赞美接近法

赞美接近法是指推销人员利用客户喜欢被赞扬与被认可的心理，通过赞美来接近客户的方法。

喜欢受到赞美是人们的共性。适当的赞美能够满足客户内心潜在的受尊重需求，有助于拉近推销人员与客户之间的距离。当然，赞美绝不是简单的奉承，推销人员对客户的赞美一定要出自真心，并且要把握好分寸。推销人员在赞美客户时要态度诚恳，语气真挚，并且要尊重事实，点到为止，切忌夸大其词，虚情假意，以免引起客户的反感。

互动空间

吴先生刚购置了一套新房，需要采购一批地砖。一天，他来到一家地砖店内，在一款地砖面前驻足了很久。推销员小李见状走过来对吴先生说：“您的眼光真好，这款地砖是我们公司的主打产品，也是近几个月卖得最好的一款产品。”

吴先生听了暗自窃喜，马上问道：“多少钱一块啊？”

小李说：“折后价格是 150 元一块。”

吴先生说：“有点贵，还能再便宜点吗？”

小李说：“您家是在哪个小区？”

吴先生说：“丽景溪城。”

小李说：“这是一个很不错的楼盘啊，听说小区的绿化面积很大，而且室内的格局也非常好。买这么好的房子，也肯定得搭配高品质的地砖呀，我们近期正在对丽景溪城和丽景蓝湾这两个小区做促销活动，您现在买还能享受团购价。”

吴先生说："可是我现在不能提货，因为还没拿到房子的钥匙。"

小李说："您要是现在提货还无法享受优惠呢，我们公司规定，20 户以上才能享受优惠价，今天加上您这一单才 16 户，还差 4 户。您可以先交定金，我给您标注上团购，等您能提货了，我再安排人给您送货，您看行吗？"

吴先生听了觉得很满意，便交了定金。

思考：小李采用了哪种推销接近方法？这种方法有什么优点？

（六）馈赠接近法

馈赠接近法是指推销人员通过向客户馈赠一些小礼品来引起客户的注意，从而接近客户的方法。

推销人员在运用馈赠接近法接近客户时，需要注意以下几个问题：① 在选择礼品时，要了解客户的爱好和需求，尽量择其所爱，送其所需；② 最好向客户馈赠产品的样品或试用装，若因价格、大小和保密等因素而无法馈赠时，则尽量馈赠与产品相关的礼品；③ 确保礼品具有优良的品质，但价格不宜过高；④ 确保礼品符合国家有关规定，绝不能假借馈赠之名向客户行贿。

（七）求教接近法

求教接近法是指推销人员通过虚心向客户请教问题与知识来接近客户的方法。这种方法体现了尊重客户、满足客户受尊重的心理需求的推销思想，在实际应用中的效果较好。尤其是对一些资历尚浅、经验不丰富的推销人员而言，这种方法更为奏效。

推销人员向客户求教的问题可以是与产品相关的问题，也可以是与产品无关的问题。例如，推销人员向客户求教，"××教授，您是电子产品方面的专家，您看看我们公司研制的这个电子设备与其他同类产品相比，有哪些竞争优势呢？"或"我是这方面的新手，所以想请您在这方面给些指导意见"。

需要注意的是，不论请教哪种问题，推销人员都应事先认真策划，将问题与推销活动有机结合起来。在求教的过程中，推销人员要做到态度诚恳，语言谦虚，并且要多听少说，注意分析客户的讲话内容，以便从中寻找推销机会。

摆正心态，虚心求教

某企业需要购买几万平方米地毯，这是一笔价值几百万的生意，全国几十家地毯厂商都盯上了这笔生意，纷纷派人前去推销。

许多推销员特意带着精美的高档礼品去拜访该企业的总经理王老先生。然而，当王老先生开门看到他们手中拿着的东西时，就"砰"地把门关上了，很多人就这样吃了"闭门羹"。大家都说，这是个倔强的怪老头。

推销员小林通过各种途径打听到，这位“倔强”的王老先生是一位“老革命”，一身正气，两袖清风，他经常教导公司里的年轻人要“堂堂正正做人，规规矩矩做事”。

在了解到这些情况后，小林便前去拜访王老先生。在见到王老先生后，小林诚恳地说道：“王老先生您好，我是××公司的小林，作为一名刚参加工作的年轻人，我在工作和生活中遇到了许多困难，一时不知该怎么处理，您是老前辈，有着丰富的阅历，希望您能不吝赐教，为我指点迷津，晚辈不胜感激。”

小林的一席话令王老先生十分高兴，他请小林坐下，然后“痛说革命家史”。老人侃侃而谈，小林洗耳恭听。说话投机情便深，小林在接下来的一周内经常和王老先生一起喝茶、下棋、聊人生，两个人成了忘年交。

王老先生非常欣赏小林，他认为年轻人就应该像小林一样脚踏实地，努力奋斗。王老先生认为小林非常值得信赖，他决定将这笔地毯生意交给小林去做，他相信小林一定能做好。

（资料来源：邹华英．世界上最伟大的推销员经典推销故事全集［M］．北京：电子工业出版社，2009．有改动）

（八）反复接近法

反复接近法是指推销人员在接近一两次后仍不能引起客户的关注或激发客户购买兴趣的情况下，依然坚持反复拜访客户，最终成功接近客户的方法。这种方法在交易量较大的推销活动中经常被采用，推销人员可以利用第一次接近客户时所掌握的有效信息，实施第二次或更多次的接近，直至达到成功接近客户的目的。

实践证明，许多推销活动都是在推销人员反复多次接近客户之后，才引起了客户对产品的关注，进而转入推销洽谈的。所以推销人员在运用该方法时，一方面要有恒心、有信心；另一方面要注意与客户建立良好的人际关系，在每一次接近客户的过程中，都要给客户留下良好的印象，进而获得客户的信任与关注。

小贴士

接近客户小口诀

介绍取信任，产品亮优点。
利益博关注，问题引共鸣。
赞美勿虚伪，馈赠应适宜。
求教要真诚，反复不心急。

二、接近客户的技巧

接近客户的技巧

（一）多肯定客户的想法

人都渴望能够被他人肯定。推销人员多多肯定客户的想法，不仅可以使沟通更加顺畅，还能使双方产生情感共鸣，从而拉近双方之间的距离。

当客户对产品的认识有误时，推销人员不要急于否定客户，而是应该先从客户的言辞当中找到一些值得肯定的地方，如客户的眼光、态度和感受等，然后再做出解释，想办法扭转客户的看法。例如，客户说："你们这个产品就是没有××产品好。"此时，推销人员可以说："您对产品的观察真是细致入微。关于这两个产品，我想说一下它们之间的区别……"接下来推销人员就可以转而介绍产品的优点，这样更容易为客户所接受。

（二）减轻客户的心理压力

当推销人员接近客户时，很多客户都会因购买意愿不够强烈而产生一定的心理压力，具体表现为客户表现冷漠，故意岔开话题，有意或无意地干扰和破坏谈话过程等。

为了减轻客户的心理压力，使会面顺利进行下去，推销人员在接近客户的过程中，不要开展强迫性推销，更不要急于向客户提出成交请求，而可以采取迂回的推销策略，巧妙地将客户所提话题转变为接近客户的理由，或者向客户提出一些他们比较关心而又易于回答的问题，从而消除客户内心的抵触情绪。

（三）真心为客户着想

推销人员只有站在客户的角度，真心实意为客户着想，才能获得客户的信任与好感，从而成功接近客户。在接近客户的过程中，推销人员要根据客户的需求，为客户提供切实有限的建议和帮助，这样才能提高客户的购买意愿，并且与客户建立良好的合作关系。

明德修业

真心实意地为客户着想

"兰兰，最近发售的那套邮票还有没有？我想买一套。""有的，我这就给您拿。"2020 年 6 月 10 日，在中国邮政集团公司光泽县分公司文昌支局，客户一进门便亲热地喊着支局局长官兰兰的名字，让她帮忙找最新发售的邮票。官兰兰赶忙放下手中的活，接待起了这位客户。

在邮政部门工作的 27 年时间里，不论官兰兰是窗口营业员还是支局局长，许多客户还是亲切称呼她为"兰兰"。预定邮票、收寄包裹、缴纳电费、订阅报纸……她总是

笑呵呵地帮客户解决各种各样的问题。“真心实意地为客户着想。”在工作中，官兰兰始终坚持这个准则，将每位客户当成亲人、朋友看待，“将心比心”也成了她最常挂在嘴边的词。

回想起两年前，官兰兰所在的营业厅第一次遇到客户往国外寄包裹的事情时，她感慨不已。“由于县城小，我们接触的业务知识有限，之前也没有遇过要办理国际快递业务的客户，大家一时乱了手脚。”她回忆道，面对客户准备邮寄的衣服和各种药品，他们一边向海关打电话咨询有哪些物品是不能寄送的，一边向兄弟局询问寄国际包裹的具体流程。

“当时，由于我们对国际业务不熟悉，让客户足足多等了20分钟才将快递寄出。”官兰兰说，虽然客户没有抱怨什么，但是她却心存愧疚。

那次之后，官兰兰充分利用下班时间学习各类业务，并向先进同行学习，以弥补自己业务上的不足。在通过工作中的成功实践后，官兰兰还将自己所学的业务技能传授给班组的每个营业员，以避免再次发生类似情况。

在邮务类业务受市场冲击业绩下滑时，官兰兰主动带领班组在窗口增办了代缴电费、代售汽车票、代开税票等业务，并利用下班时间带着大家前往各个企业联系业务。在她的努力下，班组不仅超额完成报刊、封片等任务，还在快递包裹、特快业务等方面取得了较好的成绩，并且获得了“南平市邮政系统优秀班组先进集体”荣誉称号。

市邮政先进个人、市三八红旗手、市优秀共产党员、市五一劳动奖章……工作至今，官兰兰获得了多项荣誉，但她总是很谦逊：“我做的一切都是本职工作。真心实意地为客户着想，尽自己所能去服务好每一位客户，是我应该做的事情。”

（资料来源：中工网，有改动）

（四）控制好时间

推销人员接近客户的目的不仅在于引起客户的关注和兴趣，更重要的是及时引导客户转入下一步的推销洽谈。因此，推销人员必须控制好接近客户的时间。

一般来说，推销人员每一次接近客户的时间都不宜过长，而具体的时间长短则应因人、因事、因地而异。例如，对于老客户，接近的时间可以短一些，而对于从未谋面的新客户，接近的时间则应延长，以便客户充分认识产品、企业及推销人员。

（五）综合运用多种接近方法

推销人员应当在推销实践中总结经验，将接近客户的方法融会贯通，灵活运用，而不要刻意、呆板地复制。

很多情况下，推销人员可以综合运用多种接近方法，这样会取得更好的效果。例如，推销人员在运用赞美接近法获得客户信任，并通过向客户提问而发现客户的需求与购买意向后，还可以向客户强调产品能为其带来的利益，以达到接近客户的目的。

项目实训——推销情景表演活动

1. 任务概述

小方是一家健身器材公司的推销员，他听说公司附近准备新开一家健身房，觉得这是一个好机会，便想约见这家健身房的采购相关负责人，向其推销自己公司的健身器材。

请全班同学以上述资料为背景，分小组进行推销约见与接近情景表演。各组讨论情景表演中可能涉及的角色类型、表演道具等，以及可能用到的推销约见与接近方法，写好表演脚本，自行排练成熟后在班级内轮流进行表演。

2. 任务分组

全班同学自由分组，每组 5～7 人，各组选出组长并进行任务分工，然后将小组成员及分工情况填入表 4-2 中。

表 4-2　小组成员及分工情况

班级		组号		指导教师	
小组成员	姓名	学号	任务分工		
组长					

3. 任务实施

按照小组分工情况开展实践活动，并将具体的实施情况记录在表 4-3 中。

表 4-3　实施情况记录表

时间安排	实施步骤
	1. 小组讨论，确定情景表演中可能涉及的角色类型、表演道具等，然后分配角色、准备道具 （1）角色类型及分配情况： （2）表演道具及准备情况：

（续表）

时间安排	实施步骤
	2．小组讨论，确定合适的约见对象、约见事由、约见时间和约见地点，并选择恰当的推销约见与接近方法（均可多选） （1）约见对象： （2）约见事由： （3）约见时间： （4）约见地点： （5）约见客户的方法： （6）接近客户的方法：
	3．按照小组分工，由专人编写表演脚本
	4．各角色扮演者熟悉脚本、背诵台词，并针对脚本提出合理的意见和建议
	5．根据表演脚本进行排练，然后总结排练中遇到的问题，并据此修改表演脚本，使其更加合理
	6．排练成熟，在班级内进行表演
	7．表演结束，派出一名代表回答老师和其他同学提出的问题

4．评价反馈

各组配合指导教师完成如表 4-4 所示的考核评价表。

表 4-4　考核评价表

项目名称	评价内容	分值	评价分数		
			自评	互评	师评
成果评价（30%）	表演脚本具体、真实、合理	10			
	情景表演生动、形象、有趣	10			
	角色表演到位，口齿清晰、仪态大方	10			
技能评价（50%）	能够选择合适的约见对象、约见事由、约见时间和约见地点	10			
	能够灵活运用约见客户的方法，成功约见客户	20			
	能够采用有效的接近客户的方法与技巧，引起客户的关注，激发客户的购买兴趣	20			
素养评价（20%）	态度端正，做事认真	10			
	能够与小组成员团结协作，共同完成任务	10			
合计		100			
总评	自评（20%）+互评（20%）+师评（60%）=	教师（签名）：			

项目综合测试

一、不定项选择题

1．对于组织客户，推销人员在确定约见对象时可以采取的策略有（　　）。

A．直接约见　　B．当面约见

C．间接约见　　D．电话约见

2．常见的约见事由包括（　　）。

A．推销产品　　B．提供信息

C．提供服务　　D．进行市场调查

3．在约见的对象不具体或数量较多的情况下，推销人员可以采用的约见方法是（　　）。

A．广告约见　　B．函件约见

C．当面约见　　D．委托约见

4．推销人员如果与客户不够熟悉，但认识那些与客户关系密切的人，则可以请这些人向客户引荐自己。引荐的方式通常包括（　　）。

A．写介绍信　　B．打电话

C．发邮件　　D．当面介绍

5．推销员对客户说："××工程师，您是电脑方面的专家，您看看与同类产品相比，我们的产品有哪些优势？"该推销员采用的接近方法是（　）。

A．介绍接近法　　B．馈赠接近法

C．产品接近法　　D．求教接近法

二、判断题

1．如果推销的产品为日常消费品，推销人员则可选择以客户的居住地为约见地点。（　　）

2．当面约见客户便于推销人员当面观察客户的态度，及时得到客户的反馈，从而进一步做好见面准备。（　　）

3．在运用赞美接近法时，推销人员对客户的赞美一定要出自真心，并且要把握好分寸。（　　）

4．推销人员在接近一两次后仍不能引起客户的关注或激发客户购买兴趣的情况下，应果断放弃接近客户。（　　）

5．当客户对产品的认识有误时，推销人员应立刻纠正客户的错误。（　　）

三、简答题

1．推销人员在安排约见时间时应注意哪些问题？

2．约见客户的常用方法有哪些？各有什么优点和缺点？

3．简述接近客户的技巧。

项目五

开展推销洽谈

项目导读

推销洽谈是推销约见与接近的后续阶段，这一阶段是整个推销工作的关键环节，能否说服客户、达成交易，关键在于推销洽谈能否取得成功。在推销洽谈之前，推销人员应明确目标，并做好充足的准备；在推销洽谈的过程中，推销人员应把握分寸，灵活机动，使用各种方法、策略和技巧来促成交易。

知识目标

（1）了解推销洽谈的目标。

（2）熟悉推销洽谈的内容和步骤。

（3）掌握推销洽谈的方法、策略和技巧。

能力目标

（1）能够明确推销洽谈的目标和内容，把握洽谈的方向与节奏。

（2）能够按照推销洽谈的步骤，有序开展推销洽谈活动。

（3）能够根据实践灵活运用各种推销洽谈的方法、策略和技巧，取得良好的洽谈效果。

素质目标

（1）培养精湛的专业技能，提升灵活应变能力。

（2）增强服务意识，提高表达能力与沟通能力。

模块一　做好洽谈准备

情景案例

张超是A市华美酒店的客房部经理。一天，张超接到了一个电话，对方自称是思捷集团A市分公司的行政主管程力，想找他了解一下客房长租的收费标准。

程力："我们集团总部最近要派12位专家过来指导工作，时间大概是两个月。我想问一下你们酒店客房长租的费用是怎么算的？"

张超："程总，我们酒店为满足客户的不同需求，设计了不同种类的客房，每种客房的价格也都不一样。刚才听您说过来住的都是专家，那么客房的品质一定非常重要，您说对吗？"

程力："对，我们申请了好久，总部才答应派专家过来指导项目，而且有的专家年纪比较大了，必须得休息好。"

张超："我明白您的意思了，就是专家一定得住得舒适、安心。如果专家休息得不好，那么不仅会影响他们的身体健康，还会影响你们这次项目的开展，是这样吗？"

程力："是的，你说得对。"

张超："是这样，程总，我觉得'百闻不如一见'，您不妨过来看看我们的客房，然后咱们再详谈一下长租方案。您实地看看，这样心里也踏实，您说对吧？您看您哪天方便，我去接您。"

程力："那就明天下午三点半左右吧。"

张超："好的，明天我一定准时到您公司楼下，咱们明天见！"

思考：张超是如何赢得与程力见面洽谈的机会的？在洽谈之前，张超需要做哪些准备？

推销洽谈是指买卖双方为达成交易，就共同关注的问题进行沟通与磋商的活动过程。推销洽谈是一个复杂的、循序渐进的过程，需要推销人员将有关产品的信息全面地传递给客户，并运用各种方法、策略和技巧去说服和引导客户实施购买行为。

一、推销洽谈的目标

推销人员只有在明确了推销洽谈的目标之后，才能在洽谈中把握方向，从而确保洽谈能够顺利进行。具体来说，推销洽谈的目标主要包括以下几种。

（一）全面传递产品信息

推销洽谈的原则

与客户洽谈，最重要的是介绍产品，告诉客户有关产品的性能、用途、质量、价格、服务及生产情况等方面的信息。客户只有在充分了解产品的基础上，才能做出购买决策。有效的产品信息传递，不仅能够帮助客户迅速了解产品的特点，还能加深客户对产品及企业的印象，从而促进交易达成。

（二）激发客户的购买欲望

客户之所以会购买产品，是因为该产品能够给客户带来某一方面的利益或好处，满足其物质上或精神上的需求。因此，在推销洽谈中，推销人员应当在说明产品特性的基础上，强调产品的特性能够满足客户某种需求的利益点，使客户能够充分认识到产品的价值，从而有效激发客户的购买欲望，促成购买行为的实现。

（三）妥善处理客户异议

在推销洽谈的过程中，客户难免会提出一些问题，如对产品、服务和交易条件等存在异议。推销人员如果能够妥善处理或消除客户的异议，那么将会提高推销成功的概率。因此，推销人员要学会运用各种方法和技巧，打消客户的疑虑，取得客户的信任，以使客户尽快做出购买决策。有关客户异议的具体处理方法将会在本书项目六中做详细介绍。

（四）促使客户实施购买行为

推销洽谈的最终目的是说服客户实施购买行为。由于可供选择的产品较多，客户难免会犹豫不决，出现反复行为，甚至会产生复杂的心理冲突。因此，在推销洽谈的过程中，推销人员必须准确把握客户的心理，站在客户的角度，有理有据地为他们分析利弊，以强化客户的购买动机，促使客户实施购买行为。

二、推销洽谈的内容

推销洽谈不可“打无准备之仗”，推销人员一定要事先做好准备，对将要洽谈的内容做到心中有数。一般来说，推销洽谈的内容主要包括以下几个方面。

（一）产品

在推销洽谈中，产品本身（如其规格、性能、款式等）是客户最关心的内容。对于终端型客户来说，购买产品的目的是要取得一定的使用价值，从而满足其生活或生产的需要；对于中间商型客户来说，购买产品的目的是为了转售，满足其盈利的需要。因此，对于终端型客户，推销人员应以产品的适用性为介绍重点；对于中间商型客户，推销人员应着重介绍产品的市场前景。

（二）质量

产品质量是影响客户购买的重要因素。在推销洽谈中，推销人员应客观、全面、准确地向客户介绍产品的质量，并且表明所推销的产品符合相关的质量要求。必要时，推销人员也可以将产品获得的各类认证，如 ISO 9001、ISO 9002、安全认证、绿色认证等介绍给客户，以加强客户对产品质量的信任感。

（三）价格

产品价格涉及买卖双方的经济利益，是推销洽谈中最敏感的问题。客户对产品价格的敏感度通常取决于客户的需求层次、支付能力和消费心理等多种因素。在推销洽谈中，推销人员可以在不违反公司既定价格政策的基础上，针对客户的不同要求，灵活调整产品价格，以使其符合双方的意愿。

（四）售后服务

对售后服务的承诺是推销活动中不可或缺的一个重要环节，它对交易的成败有着一定的影响。在推销洽谈中，推销人员要将己方公司所承诺的售后服务的范围、内容、时间等准确、真实地传递给客户，并尽可能满足客户提出的其他合理的售后服务要求，以解除客户的后顾之忧。

售后服务的内容一般包括以下几点：① 根据客户要求的时间、地点和方式送货；② 免费安装、维修、退换和保养等；③ 提供零配件、工具、技术咨询和培训等。

（五）结算条件

为确保交易能够顺利达成，推销人员需要在推销洽谈中与客户明确结算条件，具体包括结算方式和结算时间。其中，结算方式包括现金、支票、本票、汇票等，其具体的支付方式包括一次付清、延期一次付清和分期付清（若采用分期付清，则须明确每次付款的时间和数额）等。结算时间包括预付和货到即付等。对于这些结算问题，买卖双方应本着互惠互利、互相谅解、讲求诚信的原则进行磋商。

（六）保证条款

保证条款是指在交易过程中，买卖双方对买进、售出的产品要承担某种义务和责任，以保证双方利益的一种担保手段。这种协议实质上是为了进一步明确双方在交易中的权利和义务，它是一种担保措施，也是解决纠纷的办法。通常情况下，为了确保交易的顺利进行，买卖双方必须严格、谨慎地签订并履行保证条款。

互动空间

结合自己的购买经历，说一说在推销洽谈中你最关心的内容是什么，以及推销人员是如何向你介绍的。

三、推销洽谈的步骤

推销洽谈一般可分为准备、开局、摸底、磋商和成交这五个阶段。

（一）准备阶段

推销人员将准备工作做得越充分，在推销洽谈中就越能灵活应变，从而取得良好的洽谈效果。在推销洽谈的准备阶段，推销人员应做好以下几个方面的工作。

1. 制订洽谈计划

为了确保洽谈活动能够顺利进行，并最终实现推销目标，推销人员需要在洽谈开始前制订详细而明确的洽谈计划。洽谈计划是推销人员在对客户的相关信息进行全面分析、研究的基础上，根据推销产品及企业的特点，为即将开展的推销洽谈制订的总体设想和实施步骤。其主要内容包括明确洽谈目标、确定洽谈的时间和地点、提出洽谈要点和安排洽谈人员等。

制订好洽谈计划之后，推销人员可就计划进行模拟洽谈，预演洽谈过程，以便及时发现计划存在的问题并加以修正和完善，从而使计划更为实用和有效。

推销洽谈的类型

按照推销洽谈的组织方式划分，推销洽谈可分为以下四种类型。

（1）一对一洽谈。一对一洽谈是指单个推销人员与一个客户进行洽谈的方式。这种洽谈方式为推销人员提供了充分施展个人才能的机会，但是，若在洽谈中个人缺点不慎暴露或出现疏漏，则补救起来较为困难。这种洽谈方式适合以下几种情况：① 推销人员具有丰富的经验；② 小宗交易；③ 大宗交易的准备阶段。

（2）一对多洽谈。一对多洽谈是指单个推销人员与多个客户或一个采购小组进行洽谈的方式，多见于订货会、展销会等。这种洽谈方式对推销人员的综合素质要求较高，要求推销人员掌握产品研发、生产、销售和推广等多个方面的知识。

（3）多对一洽谈。多对一洽谈是指一个推销小组与一个客户进行洽谈的方式。这种洽谈方式常见于新产品的推销，需要产品开发、生产和其他相关人员共同参与洽谈，以便向客户详细介绍新产品的相关信息。

（4）多对多洽谈。多对多洽谈是指一个推销小组与多个客户或一个采购小组进行洽谈的方式。在进行多对多洽谈时，推销小组应做好组内分工，将多对多转化为一对一的方式，即每名推销人员负责一位客户，以便展开有针对性的洽谈。

2．准备好洽谈需要的物品、资料

在洽谈之前，推销人员要准备好可能会用到的各类物品、资料，主要包括产品介绍书、样品（或模型）、相关的资质证明、企业推销方案、价格表、合同书、订货单、竞争产品分析资料，以及其他相关的音像和文字资料等，力求做到有备无患。

除此之外，推销人员还应在推销洽谈开始前仔细检查所准备的物品、资料，以免错拿或漏拿，并将这些物品、资料分类整理好，以便查找和取用。

3．做好个人准备

除了要准备好洽谈需要的物品、资料之外，推销人员还要做好充分的个人准备，包括知识准备、仪表准备和心理准备。例如，提前熟悉本次洽谈的主要内容，设想与客户洽谈时的场景和交谈话题，整理个人仪容仪表，调整个人心态等，以确保与客户见面交谈时能够信心十足、大方得体、对答如流，从而给客户留下良好的印象。

（二）开局阶段

开局阶段是指买卖双方从见面开始，到进入具体的交易磋商之前，通过相互介绍、寒暄等以实现“破冰”的阶段。在这一阶段，推销人员最好不要直奔主题，可由一些非业务性、轻松的话题开头，营造出一种轻松、友好、愉快、和谐的洽谈气氛，以使客户放下戒备心理，从而获得客户的初步认可和信任。

良好的开局是成功的基础

小赵是一名建筑材料推销员。一次，他听说本地的建筑商刘先生需要一大批建筑材料，便前去推销。谁知，前来推销的人员快把刘先生公司的门槛踩破了，也没有任何一个人见到刘先生本人。但是，小赵并不死心，他想尽各种办法请求与刘先生见面。最终，刘先生被小赵的坚持给打动了，答应给他一次见面洽谈的机会，但时间只有五分钟。

小赵做好了充足的准备，并且下定决心要和刘先生搞好关系，好为以后的长期合作打下基础。当小赵走进刘先生的办公室时，首先映入眼帘的是挂在墙上的一幅巨大的油画。小赵认出这幅油画是一次画展上展出的精品，于是他判断刘先生一定是一名绘画艺术爱好者，便试着与刘先生谈起了那次画展。

果然，刘先生兴致勃勃地与小赵谈论起绘画艺术，双方热情交流了将近一个小时。最后，刘先生表示愿意订购小赵所在公司的建筑材料，并亲自将小赵送出了门外。

（三）摸底阶段

摸底阶段是指推销人员以开局阶段营造出的良好气氛为基础，进行开场陈述、产品介绍和报价等，以增进买卖双方相互了解的阶段。

1. 开场陈述

开场陈述是指推销人员对自己的推销诚意、意图及推销内容等做出的简要陈述。推销人员陈述的时间不宜过长，点到为止，并且要注意倾听客户在此时提出的问题和要求，以便展开有针对性的沟通和交流。

2. 产品介绍

产品介绍是指推销人员向客户介绍、推荐产品的过程。在这一过程中，推销人员可以对客户进行试探性提问，以挖掘客户的深层需求，了解客户的关注点和疑惑点。

3. 报价

当客户对产品没有其他方面的疑问时，价格就成为双方洽谈的焦点。一般而言，客户询问价格的时点是推销人员报价的最好时机。推销人员在报价时要做到表达清楚、准确，态度坚定、果断，并且要留有一定的磋商余地，以便客户讨价还价。

（四）磋商阶段

磋商阶段又称“讨价还价阶段”，是指买卖双方为了维护各自的利益，就交易的内容和条件进行商讨、辩论，以达成共识的过程。这一阶段是推销洽谈最关键的阶段，是洽谈成功的重中之重。

在磋商阶段，买卖双方都会极力阐述自身立场与利益的合理性，并且企图说服对方接受己方的主张或做出一定程度的让步。因此，在这一阶段中，客户容易对洽谈的内容产生异议。本书将在项目六中详细介绍如何处理客户异议。

小贴士

在磋商阶段，推销人员可以制作一个备忘录，用以记录买卖双方暂时商定的一些事项，从而为成交阶段形成正式协议做好准备。

（五）成交阶段

成交阶段是推销洽谈的最后阶段。当买卖双方经过磋商，就有关交易条款达成共识，并且达到了各自预期的目标时，推销洽谈即进入了成交阶段。

在成交阶段，买卖双方的重大分歧已基本消除，意见也趋于一致。此时，推销人员应把握好时机，及时向客户发出成交的信号。当客户明确表示愿意成交时，推销人员应对洽谈的内容进行归纳和总结，并用准确、规范的条文进行表述，然后据此拟定买卖合同。

知识之窗

买卖合同的主要条款

买卖合同主要包括以下几项条款。

（1）标的。标的是指合同当事人的权利和义务共同指向的对象，主要表现为商品或服务。

（2）数量和质量。标的的数量和质量是标的的具体特征。在合同中，标的的数量要确切，应采用国家规定的计量单位和计量方法；标的的质量要详细具体，如标的的品种、型号和技术指标等都要清楚、明确，并且符合国家有关规定和标准的要求。

（3）价款。价款是指取得标的的一方向交付标的的一方支付的货币。在订立合同时，合同当事人要明确价款的数额，并说明价款的计算标准、结算方式和结算程序等。

（4）履行期限、地点和方式。履行期限是指合同当事人实现权利和履行义务的时间，是确定合同是否按时履行或延期履行的时间标准；履行地点是指合同当事人履行义务的地方，即交付或提取标的的地方；履行方式是指合同当事人履行义务的具体方法，即交付标的的方式，例如，是一次交清还是分期分批交付，是自提还是代办托运，等等。

（5）违约责任。违约责任是指合同当事人一方不履行合同义务，或者不按照合同规定履行合同义务应当承担的责任，包括继续履行、采取补救措施或者赔偿损失等。违约责任属于法律责任，即使合同中没有违约责任条款，只要未依法免除违约责任，违约方仍需承担责任。

（6）解决争议的方法。在我国，解决合同争议的方法有以下四种：一是当事人自行协商解决。二是请求有关部门主持调解。三是请求仲裁机关仲裁。四是向人民法院提起诉讼。为了能够在争议发生后正确、有效地解决问题，合同双方当事人须在合同中明确约定采取何种方法来解决争议。

除了以上条款，买卖合同还应包括根据法律、法规规定或合同性质要求必须具备的条款，以及当事人要求合同中必须规定的条款。

模块二 进行推销洽谈

情景案例

第二天下午三点一刻，张超提前来到了约定地点，在接到程力后，他们便出发前去华美酒店。

到酒店后，张超先着重向程力推荐了符合其需求的几种客房，然后带他实地参观了一下。程力对其中一种客房比较满意，想听张超介绍一下具体的长租方案。

张超（拿出长租方案给程力）：“首先，能为贵公司提供服务是我们的荣幸。我们总经理为了表示对入住专家的敬重，不仅愿意将房价的优惠幅度调整至 8 折，还增加了免费洗衣、24 小时送餐等多项优质服务，请程总您看一下方案上的详细介绍。”

程力：“你们的报价确实比较合理，而且提供的服务也比较多。我之前也给达乐酒店打过电话，他们提供的服务虽然比你们要少一些，但是他们酒店距离我们公司比较近，我感觉这样会更方便一些。”

张超：“我懂您的意思，专家出行方便也很重要。其实我早就考虑到这个问题了，并提前向总经理申请了一项服务，我们酒店将为贵公司提供班车，专门负责接送专家们，这样就方便了不少，您说对吧？”

看到程力还有一丝犹豫，张超马上又说：“除了提供班车，我们还会提供‘爱心早餐’。如果有专家来不及去餐厅吃早餐，我们可以把早餐打包好送上班车，那么他们可以在路上吃或者到公司吃，省时又省力。”

程力听罢满意地点了点头，与张超签订了长租协议。

思考：张超取得成功的原因是什么？在推销洽谈中，推销人员应该注意哪些问题？

推销洽谈是一项复杂的工作，它既需要推销人员具备丰富的专业知识，又需要推销人员掌握一定的洽谈方法，并灵活运用各种洽谈策略和技巧，这样才能有效、顺利、成功地达到推销目标。

一、推销洽谈的方法

（一）提示法

提示法是指推销人员通过语言和行动，启发客户产生购买动机，促使其购买产品的一种洽谈方法。根据提示方式的不同，提示法还可细分为以下几种方法。

1. 直接提示法

直接提示法是指推销人员直接向客户展示产品的优点及其能够为客户带来的利益，劝说客户购买产品的方法。例如，推销人员对客户说，“在 8 月底前购买这款电脑，可享受一年的免费宽带上网服务”。这种方法直接、迅速，可以节省时间，加快洽谈速度，并且比较符合现代人的生活节奏，因此是一种被广泛运用的推销洽谈方法。

推销人员在运用直接提示法时，需要注意以下几点：① 突出重点，推销人员应重点向客户介绍产品的闪光点和独特之处，或者直接提示该产品可以满足客户的哪些需求；② 易于理解，推销人员的提示语要言简意赅、通俗易懂，可以适当地使用专业语言，以增强客户对产品的信任感；③ 真实可靠，推销人员的提示语要有理有据，真实地介绍产品特征，诚实地叙述产品效果，决不可夸大、虚构和欺骗客户。

2．间接提示法

间接提示法是指推销人员不直接向客户推销产品，或者不直接向客户指明购买产品将获得的利益，而是以委婉、间接的方式劝说客户购买产品的方法。例如，推销人员对客户说，“今年冬天来得早，如果没有电暖气，那么供暖之前的日子将会很难熬”。这种方法可以有效缓解洽谈的压力，营造良好的洽谈气氛，使客户感到轻松，从而更容易接受推销人员的购买建议。

推销人员在运用间接提示法时，需要注意以下几点：① 选准客户，间接提示法一般适用于情感细腻、自尊心强、保守的客户，这类客户需要有一个相对轻松的洽谈环境去思考推销人员的提示；② 暗示到位，推销人员的提示语言要含蓄、委婉，但不可过于晦涩和深奥，以能深深地打动客户为标准；③ 抓准时机，推销人员要学会审时度势，当客户左右摇摆、举棋不定时，应抓住时机，及时劝说和引导客户购买产品。

3．积极提示法

积极提示法是指推销人员运用积极、肯定和正面的提示语言或其他积极的方式劝说客户购买产品的方法。例如，推销人员对客户说，“参加我们社的旅游团，又安全又实惠，所看景点又多又好”。这种方法可以从正面调动客户的购买积极性，营造融洽的气氛，从而促使客户购买产品。

推销人员在运用积极提示法时，需要注意以下几点：① 为了防止过多的正面语言带给客户的不信任感，推销人员可以先用提示的方式引起客户注意，与客户一起讨论，再给予正面、肯定的答复，从而增强客户的购买信心；② 推销人员不可为了扩大积极效应而进行虚假提示，这样会挫伤客户的积极性，失去客户的信任。

4．鼓动提示法

鼓动提示法是指推销人员通过传递推销信息、刺激客户产生购买欲望的方式，促使客户立即实施购买行为的方法。例如，推销人员对客户说，“今天是优惠期的最后一天”或“只剩这最后一批产品了”。

推销人员在运用鼓动提示法时，需要注意以下几点：① 要有针对性地使用这种提示方法，避免大范围使用，否则会给客户留下虚伪的印象；② 所传递的信息必须真实、准确；③ 应考虑客户的个性特征，通常情况下，对于那些个性强、偏内向、沉稳、理智的客户，不宜采用鼓动提示法。

5．明星提示法

明星提示法是指推销人员针对客户对名人、明星的崇拜心理，借助名人、明星的影响力来说服客户购买产品的方法。例如，推销人员对客户说，“这款面膜由××（某名人或

明星的姓名）极力推荐，美白效果特别好”。

推销人员在运用明星提示法时，需要注意以下几点：① 用于提示的明星、名人要有一定的知名度，为客户所了解；② 用于提示的明星、名人必须是客户所接受的、认可的和喜爱的；③ 用于提示的明星、名人要与产品有关系，且这种关系是真实的，并非虚构的。

6. 联想提示法

联想提示法是指推销人员通过向客户提示或描述与所推销产品有关的情景、事实等，使客户产生某种联想，进而激发客户产生购买欲望的方法。例如，推销人员对客户说，“想象一下，当您风尘仆仆、满身疲惫地回到家，打开我们的热水器就能马上洗个热水澡，多舒服呀”。这种方法能够有效强化客户对产品的认知，使客户对产品留下较为深刻的印象。

推销人员在运用联想提示法时，需要注意以下几点：① 要善于运用贴切且具有感染力的语言，以及恰当且具有画面感的行为去引导客户产生联想；② 提示的语言和行为要与产品有联系；③ 提示的语言和行为必须是真实的、可信的。

7. 逻辑提示法

逻辑提示法是指推销人员利用逻辑推理的方式，向客户摆事实、讲道理，来劝说其购买产品的方法。例如，推销人员对客户说，“目前市场竞争激烈，各个企业都在努力提升知名度，找一家有实力的广告公司协助宣传是大有好处的”。这种方法运用逻辑推理的力量，促使客户进行理性思考，进而明确购买产品的利益与好处，并最终做出理智的购买决策。

推销人员在运用逻辑提示法时，需要注意以下几点：① 精确定位，逻辑提示法通常适用于文化水平较高、意志力强、理智的客户；② 以理服人，推销人员首先要了解产品的科学原理，然后再运用严密的逻辑进行推理，做到有凭有据、以理服人，避免强词夺理，让客户找出漏洞；③ 情理并重，干巴巴的说教缺乏感染力，因此，推销人员应该将逻辑推理与语言艺术结合起来，对客户晓之以理，动之以情，这样才能使客户较快地做出购买决策。

互动空间

请分析以下推销内容分别属于哪种提示法。

（1）如果您在五月底之前购买我们的产品，那么不仅能够得到 15%的价格优惠，还能享受免费的样品试用和产品升级服务。

（2）每到周末，您就开着我们这款新车，带着家人到郊外游玩、野炊，那该是多么开心啊！

（3）中国国家队运动员的全套训练服都是由我们公司赞助的。

（4）9:00～12:00 限时 5 折优惠，过时将恢复原价。

（5）购买我们银行的××理财产品，能让您存钱、赚钱两不误。

（二）演示法

演示法又称“直观示范法”，是指推销人员利用样品、模型、图片、文字、录音和录像等非语言手段，让客户通过视觉、听觉、嗅觉、味觉和触觉等直接感受产品信息，从而激发客户的购买欲望，促使客户实施购买行为的一种洽谈方法。演示法又可细分为以下几种方法。

1．产品演示法

产品演示法是指推销人员通过演示产品来说服客户购买产品的方法。它既可以展示产品的外观、结构，又可以演示产品内在的特点、性能和使用方法等。

产品演示法适用于外观别致、造型优美、结构新颖和具有独特功能的产品推销。它的优点是不仅可以弥补某些产品（特别是技术复杂的产品）不能用语言完全讲解清楚的缺陷，还可以制造真实可信的产品应用情景，增强洽谈的说服力与感染力。

推销人员在运用产品演示法时，需要注意以下几点：① 操作熟练、规范，避免出现差错而引起客户质疑；② 要根据产品的特点选择恰当的演示内容、方法和时间等；③ 要根据客户的关注点有主有次、详略得当地进行演示；④ 要鼓励客户参与其中，让客户亲身体验产品。

一枚硬币的演示作用

生产电制冷中央空调的A企业参加了一个项目的议标（谈判性采购）。几轮谈判下来，参加投标的企业只剩下A企业和B企业。B企业的产品使用的是招标文件中规定的双螺杆压缩机，而A企业的产品使用的却是单螺杆压缩机。尽管A企业的推销员反复向评委们解释单螺杆压缩机的综合性能要优于双螺杆压缩机，可评委们还是倾向于向B企业订货。形势对A企业非常不利。

就在这时，A企业的推销员提出请评委们参观他们公司在附近的一个样板工程，就算是给他最后一次机会。评委们被他的执着感动了，便同意了他的请求。

当评委们来到工程现场后，A企业的推销员为他们再次详细讲解了单螺杆压缩机的优点，并与双螺杆压缩机进行了全面的对比。之后，他把一枚一元硬币立在中央空调的主机上，并启动了机器，硬币竟然纹丝不动，这令在场的所有评委都惊呆了。

最终，A企业的产品以低噪音、低震动、平稳可靠运行6万小时的事实征服了现场的所有评委。评委们经慎重考虑后改变了招标文件中的相关规定，A企业一举中标。

2．图文演示法

图文演示法是指推销人员通过展示有关推销产品的图文资料等来说服客户购买产品的方法。

在不能或不方便直接展示产品，或者用语言难以说明产品信息的情况下，推销人员可通过展示产品相关的文字、图片、图表等资料，形象、真实、准确地向客户介绍产品。例如，银行和保险公司的理财产品是一种无形产品，无法进行实体展示，推销人员可以使用文字、图表等手段向客户展示理财产品的收益（见图 5-1），以获得较好的推销效果。

图 5-1　某银行的工作人员正在向客户介绍理财产品

推销人员在运用图文演示法时，需要注意以下几点：① 选用的文字、图片等资料要与推销洽谈的目标保持一致；② 坚持诚实性原则，演示真实、可靠的文字和图片等资料，不可欺骗客户。

3．音响、影视演示法

音响、影视演示法是指推销人员通过播放录音、录像等来介绍产品，进而劝说客户购买产品的方法。

音响、影视演示法可以将推销信息、推销情景和推销气氛融为一体，使客户仿佛置身其中，因而具有较强的说服力与感染力。例如，某旅行社的推销人员在向客户介绍旅游线路时，可以播放旅游线路介绍短片，使客户产生身临其境的感觉，从而提高说服的成功率。

4．证明演示法

证明演示法是指推销人员通过展示有关产品的证明材料或进行破坏性的表演，来说服客户购买产品的方法。

证明演示法是现代推销洽谈中必不可少的应用手段，也是推销人员经常用到的产品演示方法之一。例如，向客户出示产品的生产许可证、质量鉴定书、安全评价表、获奖证书及客户的表扬信等，或者将产品用力抛出，产品落地时完好如初，以此向客户证明产品的质量等。

推销人员在运用证明演示法时，需要注意以下几点：① 要将证明资料和表演用具准备充分；② 向客户出示的证明资料和针对产品设计的表演必须真实、可靠；③ 要选择合适的时机向客户力证和演示，通常，先引发客户的好奇心再进行演示，往往会取得较好的推销效果。

明德修业

广西卖鞋哥“铁铲卖鞋法”走红网络

广西南宁的曾桂生曾就读于某艺术类中专院校，毕业后他摆地摊卖起了鞋子。曾桂生独创的“铁铲卖鞋法”不仅使他的生意火爆，而且使他成了网络红人。

曾桂生表示，“铁铲卖鞋法”的灵感来自他在某展销会上的所见所闻。在那次展销会上，曾桂生看到推销员们为了证明产品的质量优异，有的用火烧，有的用锤子砸，折腾一番后，产品依然完好无损。这些手法引来众多的顾客驻足观看，有的推销员还邀请顾客亲自上手体验。于是，曾桂生就想用同样的方法来卖鞋。

为了证明鞋子有着过硬的质量，曾桂生将鞋面用力砸向铁铲的铲口，并反复敲打，然后向路边驻足观看的顾客展示依然完好无损的鞋子。不仅如此，曾桂生还编了一套顺口溜，一边敲打，一边喊顺口溜。这种独特的推销方式十分引人注目，他的鞋子也因此卖得非常快，生意好的时候一天能卖出 2 000 多双。

曾桂生说，不是所有的鞋子都能经得住铁铲敲打，他所售卖的鞋子都是经过他反复试验后精挑细选出来的，而且均价在 30 元左右。前来购买鞋子的顾客大多是老年人，曾桂生说能让他们买到物美价廉的产品是一件很开心的事。

如今，曾桂生不仅有了自己的品牌，还帮助其摆摊团队的 100 多人实现了就业。曾桂生说，他的梦想是成为地摊界的佼佼者，未来能够通过自己的力量去帮助更多的人。

（资料来源：中国新闻网，有改动）

二、推销洽谈的策略

推销洽谈的策略

推销洽谈需要讲究一定的策略，只有策略对路才能促使洽谈成功。但是，任何策略都不可能是“万灵药”，所以，推销人员要根据实际情况灵活运用洽谈策略，“对症下药”。

（一）自我发难策略

自我发难策略是指在推销洽谈中，推销人员主动提出客户可能会产生的疑问，再加以解释并阐明立场的策略。

推销人员通过自我发难，并主动解疑释惑，可以使客户感到推销人员是坦诚以待的，从而能够有效消除客户的疑虑，提高洽谈成功的可能性。但是，推销人员使用这种策略必须建立在深入调查、知己知彼的基础上，并且所预设的问题必须恰当，给出的解释必须令人信服，否则不仅达不到预期的目标，还会使自己陷入被动的局面。

自我发难，解疑释惑

建设公司有意购买东方仪表公司生产的C系列仪表，便主动邀约与其进行洽谈。在接受邀约后，东方仪表公司立即组建了推销洽谈小组，开始为洽谈做准备。

在准备的过程中，推销洽谈小组的成员意识到自家企业的C系列仪表的报价比其他企业的同类产品高出20%，他们估计建设公司一定会对这个问题心存疑虑，甚至会怀疑他们的诚意。假如事实真如他们所料，那么将会影响这次洽谈的结果，进而影响公司的销售业绩。

为了解决这一问题，洽谈小组决定采用自我发难策略，在洽谈之初就主动对该问题做出了以下解释：第一，本企业采用的是进口优质原料，虽然成本较其他同类产品高出10%，但是产品质量绝对可靠。第二，由于本企业严格按照ISO 9000标准进行生产和管理，所以，产品的合格率比其他同类产品高出30%。第三，该产品因其独特的性能已获得国家专利。第四，本企业可以保证，在一年之内对不合格的产品一律给予退换。第五，本企业是行业最大的供应商，货源充足，能够保证产品的长期稳定供应。总之，与其他同类产品的报价相比，虽然本企业产品的价格要高20%，但确实物有所值，性价比很高。

听了东方仪表公司洽谈小组的解释，建设公司的洽谈代表很是信服，并且认为他们的态度十分诚恳，于是立即决定与他们合作。

（二）步步为营策略

步步为营策略是指在推销洽谈中，推销人员不是一次性地提出所有目标，而是先从某一个具体的目标入手，步步为营，直至最后达成所有目标的策略。

在推销洽谈中，推销人员如果将己方的目标一下子全说出来，则可能会使客户难以接受。相反，推销人员如果能够分层次提出问题，然后逐一与客户进行协商、解决，则会大大减少客户的反感情绪，从而一步一步地达成目标。例如，推销人员可以先就订货数量、产品规格、型号、质量标准等与客户进行洽谈，待达成一致意见后再就产品价格进行洽谈，然后就付款方式、交货时间等进行洽谈，这样在每个具体的问题上都能取得明确的结果，也就完成了总的洽谈目标。

（三）折中调和策略

折中调和策略是指在推销洽谈中，为化解分歧、达成合作，推销人员和客户相互让步，共同向对方的条件和要求进行靠拢的策略。这是一种相互妥协的洽谈策略，有利于形成和谐友好的洽谈局面，从而实现“双赢”。

折中调和策略常见的形式包括：① 价格折中，例如，客户的心理价位为 100 元，而推销人员的报价为 150 元，中间有 50 元的差价，为了达成合作，双方各让 25 元，最后以 125 元成交；② 条件折中，即一方用自身在某个条件上的退让来换取对方在其他方面的补偿，例如，推销人员承诺提前交货，以换取客户承诺自取货物；③ 条件与价格同时折中，是指一方在降低条件的同时，要求对方在价格方面给予补偿，例如，客户承诺自取货物，但要求推销人员做出让价。

（四）适度让步策略

适度让步策略是指在推销洽谈中，推销人员通过适度的让步和妥协来说服客户购买产品的策略。这种策略有利于消除客户的顾虑，促使客户尽快做出购买决策。

推销人员在运用适度让步策略时，需要注意以下几点：① 选择好让步时机，在没有真正掌握客户的意图和想法时，不可轻易做出妥协、让步；② 明确让步的目标，清楚每一步的妥协将会获得何种回报及多少回报，不做无利益的让步；③ 控制让步的幅度和节奏，以免过早和过快的让步造成损失。

（五）扬长避短策略

扬长避短策略是指在推销洽谈中，推销人员着重介绍产品的优点和长处，而对某些并不重要的缺点进行巧妙的弱化和回避，进而将客户的思维引向积极的方面，从而说服客户购买产品的策略。

扬长避短策略可以起到“以优遮丑”的作用，弥补推销人员在推销洽谈中的不利因素。但是，这并不意味着推销人员可以弄虚作假、欺骗客户，而是要在实事求是的基础上着重突出产品的优点与特点，使客户明晰购买产品所能获得的好处，从而坚定客户的购买信心，提高交易成功的可能性。

三、推销洽谈的技巧

在推销洽谈的过程中，推销人员运用一些灵活、机动的洽谈技巧，可以较好地推进洽谈工作的开展。

（一）推销阐述技巧

在推销洽谈中，推销人员应适时、恰当地介绍己方情况，阐述自己对某一问题的具体看法，准确地表达自己的观点。

在进行阐述时，推销人员应注意以下几点：① 阐述要紧扣主题、条理清晰、简明扼要、语意准确；② 尽量避免使用“大概”“可能”“也许”之类的词语，对不清楚的信息、资料或问题，切勿随口乱讲；③ 当洽谈局面对自己不利时，推销人员可以使用表示转折的词语，如“虽然如此”“然而”“不过”“可是”等，将局面朝着对自己有利的方向转化。

此外，为了清楚客户的意图，以便有针对性地进行阐述，推销人员可以先请客户阐述自己的观点和想法，然后再做阐述。

（二）推销提问技巧

在推销洽谈中，推销人员应掌握一定的提问技巧，以便了解客户的需求，摸清客户的意图，进而引导客户做出购买决策。常用的提问技巧有以下几种。

1. 限制性提问法

限制性提问法是指推销人员所提出的问题比较具体，并将问题的答案限制在一定的范围内，无论客户做出怎样的回答，都对自己有利。例如，推销人员问客户，“您是付现金还是刷卡？”或“您要白色还是蓝色？”。这种提问方式可以缩小谈话范围，将话题逐渐引到购买决策上来，通常能收到客户明确的回答。但这类提问往往具有一定的强迫性，会使客户产生不舒服的感觉。

2. 建议式提问法

建议式提问法是指推销人员用商量的口吻向客户提问。例如，推销人员问客户，“您采购的电脑主要用于办公，我建议您最好选择运作效率高、可靠性好的电脑，‘××’牌就不错，您认为呢？”。这种提问方式能够使洽谈气氛保持融洽，让客户觉得推销人员是在为自己着想，进而接受推销人员的建议。

3. 探求式提问法

探求式提问法是指推销人员通过一些简单的提问，从侧面进行打探，进而达到摸清客户意图的目的。例如，推销人员问客户，“我可以请教您几个问题吗？”或“我可不可以这样理解您的意思？”。这种提问方式不仅能够避免因客户拒绝回答或不愿意正面回答而出现尴尬的场面，还能发掘出更多的信息。

4. 肯定式提问法

肯定式提问法是指推销人员采用肯定的语气和句式向客户提问。例如，推销人员问客户，“您一定认为健康与美丽同等重要，是吧？”。这种提问方式往往能够有效促使客户做出正面回答，或者让客户按照推销人员引导的方向做出回答。

此外，在推销洽谈中，推销人员应当避免提出有敌意、令人难堪或使人不快的问题，以免使洽谈陷入僵局。推销人员在提问时，应做到态度谦和、友好，用词恰当；不要随意打断客户的讲话，而应耐心听完对方的讲话后再提问。

假如你是一名笔记本电脑推销员。现在，有位顾客走到了你所在的柜台前面。这位顾客是某公司的业务人员，他对A品牌电脑有偏好，但对电脑的型号没有具体的要求。请设计一些想要客户回答的问题，以便更好地了解其需求，并激发其购买欲望。设计好问题之后，可与周围的同学进行模拟洽谈。

（三）推销应答技巧

应答既是回答对方的提问，又是阐明自己的见解。在推销洽谈中，对于客户的提问，推销人员应做到不卑不亢，实事求是；语言表述要有条有理、言简意赅、通俗易懂。

1. 无须完全回答

对于客户提出的一些较为宽泛的问题，推销人员不必做出全面的回答。例如，当客户询问产品的质量如何时，推销人员不必尽述产品质量过硬的所有力证，只需向客户展示其中最有代表性、最具说服力的几项证据，让客户形成该产品质量优良的印象即可。

2. 含糊回答

对于客户提出的一些难以回答的问题，推销人员可以借助模糊、宽泛和富有弹性的语言，或者转换话题去回应客户。例如，当客户再次询问是否还有降价空间时，推销人员可以回答“价钱确实是大家都非常关心的问题，我们也给予了您一定的优惠，不过我们的产品质量和售后服务在业内都是一流的……”。

3. 顺应客户心理回答

客户有时会提出带有特殊目的的问题，甚至还会有意识地含糊其词而使问题模棱两可、不好回答。此时，推销人员应仔细揣摩客户的心理，分析客户提问的真实意图，以便有针对性地进行回答。

4. 延缓回答

在推销洽谈中，推销人员如果遇到一时难以回答，或者需要请示才能答复客户的问题，则不必为了迎合客户而勉强回答。推销人员可以“有待请示”“需要领导定夺”等作为理由延缓回复。这并不是无礼或无能的表现，而是为了对客户更加负责。

（四）推销倾听技巧

事实证明，善于倾听的推销人员不仅更易获得客户的好感，赢得客户的信任，还能在推销洽谈中更加准确地把握客户心理，判断客户意图，从而顺利完成推销洽谈任务。推销人员在倾听客户讲话时应做到以下几点。

1. 端正心态

推销人员在倾听客户讲话之前，应该摒弃那些先入为主的观念，这样才能正确领悟客户所传递的信息，准确把握其讲话的核心内容。同时，也只有心胸开阔、毫无成见地去倾听，推销人员才能更好地接受客户的意见和建议。

2. 聚精会神

集中精力、专心致志是倾听艺术里最基本也是最重要的方面。在客户讲话时，推销人员要做到身心投入、目光专注、面露微笑，时刻把注意力放在客户身上，千万不可心不在焉、左顾右盼、摆弄他物或随意插话。

3. 善于思考

对于客户的讲话内容，推销人员不但要听得详细、完整，还要加以思索和分析，牢牢

抓住客户表达的核心内容，仔细揣摩客户讲话的弦外之音，从而把握其真实意图。

4．积极回应

在倾听客户讲话时，推销人员要做出积极的回应，如可以根据实际情况适当地提出一两个问题，或者重复和肯定客户所说的话等。这样可以让客户知道推销人员确实在认真地听他讲话，同时还可以鼓励客户表达出更多、更真实的想法。需要注意的是，推销人员在回应时不要滔滔不绝、长篇大论，以免喧宾夺主。

互动空间

小丽是个爱美的女孩，最近由于工作忙、睡眠少，她感觉自己的气色变差了，所以想找家美容院好好做一次皮肤护理。

小丽来到第一家美容院。她一进门，就有一名美容顾问热情地迎了上来，还未等小丽开口，那名美容顾问就先说道："小姐，我看您皮肤暗黄，整个人都很疲惫，不如您试一下我们最新推出的护理套餐吧，我们不仅会为您做皮肤护理，还会……"。美容顾问喋喋不休地介绍着，小丽都插不上嘴，很快便失去了耐心，急忙表示拒绝并离开了那家店。

小丽来到第二家美容院。一名面带微笑的美容顾问招呼小丽坐下，并为她倒了一杯热茶。接着，这名美容顾问询问了小丽想做什么美容项目，在听过小丽的讲述之后，便推荐小丽可以做一下店里免费提供的皮肤测试，这样好对她的皮肤状态有一个全面的了解。同时，美容顾问再三强调皮肤测试是免费的，并且在测试之后不会强行要求小丽做其他美容项目。小丽听了觉得不错，便决定体验一下皮肤测试。测试期间，美容顾问和小丽闲聊起来。小丽对美容顾问说自己最近工作很忙，感觉皮肤状态变差了，又讲了自己对皮肤护理的一些想法。美容顾问不仅认真地听小丽说话，还为她提供了一些有针对性的建议。最后，小丽决定就在这家美容院做皮肤护理。

思考：这两名美容顾问之间最大的差别在哪里？小丽为什么选择在第二家美容院做皮肤护理？谈谈你从中得到的启示。

（五）推销报价技巧

报价是推销洽谈的重要内容和关键环节，掌握一定的报价技巧对推销人员来说是至关重要的。

1．先行报价法

先行报价法是指推销人员在洽谈开始时主动报价，并且划定一个价格范围，然后在此范围内达成最终定价的报价方法。这种报价方法可以争取主动，为议价过程打下较好的基础，其不足之处在于如果先行报价的价格过高，则可能会使客户拒绝继续洽谈。

2．对比报价法

对比报价法是指推销人员同时列出两种及两种以上同类产品的价格，通过对比，来突出自家产品定价的合理性的报价方法。这种报价方法可以消除客户对产品价格的顾忌，有利于客户进一步接受推销的产品。但其缺点是有可能会引起客户的反感，并对推销产品产生抵触心理。

小贴士

运用对比报价法时，推销人员用作对比的产品可以包括以下几种：① 客户熟悉或购买过的同类产品；② 当前市场上流行的同类产品；③ 客户的朋友、亲戚或同事购买过的同类产品；④ 当地比较知名的人物购买过的同类产品。

3. 奇数报价法

奇数报价法是保留价格尾数的报价方法。例如，报价 499 元，而不是 500 元；报价 59.99 元，而不是 60 元。这种报价方法可以使客户认为报价是经过精密计算得出的，而不是胡乱报价，同时也为客户留有一定的议价空间。

4. 均摊报价法

均摊报价法又称“拆细报价法”，是指以产品的数量或使用时间等为除数，以产品价格为被除数，计算得出较小单位的产品价格的报价方法。这种报价方法会让客户产生一种产品物美价廉的感觉。

用均摊报价法推销手表

一位男士看中了一块价格为 2 400 元的进口手表，但嫌其价格太高，正在犹豫买还是不买。

这时，推销员对他说：“虽然这块表要 2 400 元，但它可以使用 20 年。也就是说，每年只需要 120 元，每月只需要 10 元，每天只需要 0.33 元。每天 3 毛多钱算什么呢？它能在 7 300 天的时光中为您增光添彩！”听推销员这么一算，这位男士立即付款买下了这块手表。

5. 高价报价法

高价报价法是指推销人员有意抬高产品价格的报价方法。这是一种虚报价格的方法，中间留有较大的议价空间，可用以应对那些喜欢讨价还价的客户。推销人员把价格报得很高，客户就会将精力集中在与推销人员的讨价还价上。在这一过程中，推销人员可针对客户的要求，每次降低一点产品的价格。在多次降价之后，客户会感到不好意思，并且会感到满足。

项目实训——洽谈情景模拟活动

1. 任务概述

天成公司欲采购一批台式计算机，经过层层筛选，初步选定了捷达电脑公司的产品。为达成此次交易，双方决定分别派出代表进行一场洽谈。

请全班同学以小组为单位，分角色扮演天成公司和捷达电脑公司的工作人员，模拟两公司代表见面洽谈的场景。

2. 任务分组

全班同学自由分组，每组 7～9 人，各组选出组长并进行任务分工，然后将小组成员及分工情况填入表 5-1 中。

表 5-1　小组成员及分工情况

班级		组号		指导教师	
小组成员	姓名	学号	任务分工		
组长					
组员					

3. 任务实施

各组按照小组分工情况开展实践活动，并将具体的实施情况记录在表 5-2 中。

表 5-2　实施情况记录表

时间安排	实施步骤
	1. 小组讨论，分配角色，由 4（或 3）名同学扮演天成公司的工作人员，另外 4（或 3）名同学扮演捷达电脑公司的工作人员，剩余 1 名同学负责视频拍摄工作

（续表）

时间安排	实施步骤
	2．扮演天成公司工作人员的同学们设计公司的购买需求、购买偏好，以及对产品的相关要求等 （1）购买需求 （2）购买偏好 （3）对产品的相关要求（包括质量、价格、售后服务和结算条件等）
	3．扮演捷达电脑公司工作人员的同学们制订一份推销洽谈计划，准备好洽谈需要的物品、资料，并设想推销洽谈可能会用到的方法、策略和技巧 （1）推销洽谈计划（列出具体的洽谈条件，如产品最低成交价格、售后服务内容和结算条件等） （2）洽谈需要的物品、资料 （3）洽谈可能会用到的方法、策略和技巧

（续表）

时间安排	实施步骤
	4．双方派出代表进行模拟洽谈（以视频的形式记录模拟过程） （1）开局阶段 （2）摸底阶段 （3）磋商阶段 （4）成交阶段
	5．剪辑视频
	6．组内讨论实践活动的收获与不足，并对推销洽谈计划和推销洽谈方法等做出修正和完善
	7．活动总结 （1）各组展示模拟视频，并派 1 名代表在全班同学面前做总结陈述 （2）一组展示时，其他各组注意观察并记录。全部小组展示完毕，全班同学根据各组购买方和推销方在洽谈模拟中的表现，评选出最佳购买方和最佳推销方 （3）全班讨论，交流想法

4．评价反馈

各组配合指导教师完成如表 5-3 所示的考核评价表。

表 5-3　考核评价表

项目名称	评价内容	分值	评价分数		
			自评	互评	师评
成果评价（30%）	情景模拟生动形象、真实自然	15			
	视频镜头衔接流畅、内容详尽	10			
	陈述口齿清晰、仪态大方	5			

（续表）

项目名称	评价内容	分值	评价分数		
			自评	互评	师评
技能评价（50%）	能够明确推销洽谈的目标和内容，制订出符合实践要求的推销洽谈计划	15			
	能够掌握推销洽谈的步骤，有序开展洽谈活动	15			
	能够灵活运用各种推销洽谈方法、策略和技巧	20			
素养评价（20%）	积极参与活动，按时完成任务	10			
	具备团队精神，能够与他人团结合作	10			
合计		100			
总评	自评（20%）+互评（20%）+师评（60%）=	教师（签名）:			

项目综合测试

一、不定项选择题

1．推销洽谈的目标是（　　）。

A．发放产品资料　　B．建立人际关系

C．达成交易　　D．锻炼口才

2．推销洽谈的内容主要包括（　　）。

A．产品　　B．售后服务

C．结算条件　　D．保证条款

3．在洽谈之前，推销人员应做的个人准备包括（　　）。

A．知识准备　　B．仪表准备

C．物质准备　　D．心理准备

4．在推销洽谈中，常用的演示方法有（　　）。

A．产品演示法　　B．证明演示法

C．图文演示法　　D．音响、影视演示法

5．常用的推销应答技巧有（　　）。

A．无须完全回答　　B．含糊回答

C．正面回答　　D．延缓回答

二、判断题

1．在推销洽谈中，推销人员可以根据客户的要求随意调整产品的价格。（　　）

2．在推销洽谈的过程中，推销人员必须准确把握客户的心理，站在客户的角度，有理有据地为他们分析利弊。（　　）

3．在洽谈的开局阶段，推销人员最好直奔主题。（　　）

4．客户讲话时认真听即可，无须回应。（　　）

5．推销人员在做出让步时，应控制好让步的幅度和节奏，以免过早和过快的让步造成损失。（　　）

三、简答题

1．简述推销洽谈的步骤。

2．推销洽谈常用的方法有哪些？需要注意哪些问题？

3．推销洽谈的策略有哪些？分别有什么作用？

4．请结合实例介绍推销报价的技巧。

项目六

促使交易成功

项目导读

对于整个推销工作来说，无论寻找与发现客户、约见与接近客户、与客户洽谈等推销过程有多么艰辛或完美，如果最后没有达成交易，那么推销都是失败的。由此可知，成交是整个推销工作的终极目标。推销人员应妥善处理客户异议，准确把握成交机会，促使交易成功。

知识目标

（1）熟悉客户异议的类型及产生的原因。
（2）掌握处理客户异议的原则和方法。
（3）掌握促成交易的基本策略和方法。

能力目标

（1）能够正确判断和区分客户异议的类型。
（2）能够深入了解和分析客户异议产生的原因。
（3）能够遵循客户异议的处理原则，运用恰当的方法妥善处理不同的客户异议。
（4）能够根据实践灵活运用各种策略和方法，促使交易成功。

素质目标

（1）学会换位思考，懂得站在客户的角度考虑问题。
（2）懂得发挥主观能动性，学会主动争取。

模块一　处理客户异议

情景案例

刘强刚到乐达房地产公司做推销员，公司安排他跟在牛主管身边学习。

见到牛主管后，刘强迫不及待地向他请教应该如何促使客户购买房子。牛主管听了笑道："年轻人，做事情不要太着急，要一步一步慢慢来。这样吧，我先给你布置一个任务，今天你先不推销房子，先跟在客户旁边听听他们会说些什么，提出哪些问题，好不好？"听了牛主管的话，刘强虽有些不解，但心想牛主管这么做一定有他的道理，便按照牛主管的吩咐，准备了一个笔记本用来记录客户的问题。

上午九点半过后，售楼部的客户逐渐多了起来。刘强跟在一批又一批客户的旁边，认真听他们讲话，并且记录下了各种各样的问题。例如，"这儿的房子看着不错，就是价格有点高""真的是精装修吗，会不会是骗人的""房子的格局不是太好，没有餐厅""绿化面积太小了，也没有娱乐健身设施""这个物业公司我听说过，很不负责任""这么一对比，我还是想买绿湖集团的房子，毕竟是大开发商，有保障""我不喜欢这儿的推销员，服务态度不好""真的要买吗，我得和家里人再商量一下"等。

听了大半天，刘强觉得头昏脑涨。牛主管问他："小伙子，听了客户的问题，有什么想法吗？"刘强说："每一位客户提出的问题都不一样，但是这些问题也多多少少反映了他们的真实想法。所以我得认真听他们提问题，这样才能好好回答他们的问题。"牛主管听了说道："小伙子说得真不错，其实我们不仅要学会向客户推销房子，还要认真倾听客户提出的异议，学会从客户的异议中寻找成交的突破口。"于是，牛主管让刘强把记录的客户异议整理一下，并且尝试着分析一下这些客户异议产生的原因。

思考：为什么要认真倾听客户提出的异议？上述案例中，客户都提出了哪些方面的异议？试分析这些异议产生的原因。

客户异议是指客户对产品、企业、推销人员、售后服务或交易条件等提出的各种质疑、抱怨和否定。客户异议是推销活动中的一种正常现象，推销人员只有正确认识和理解客户异议，找出客户异议的根源所在，才能妥善处理客户异议，进而说服客户购买产品，顺利实现成交的目标。

一、客户异议的类型

（一）根据客户异议的性质分类

根据客户异议的性质，客户异议可以分为以下两种类型。

1．真实异议

真实异议又称“有效异议”，是指客户在接受推销的基础上，从自身利益出发，对产品或交易条件等提出的异议。真实异议是客户不愿意购买产品的真实原因。

2．虚假异议

虚假异议又称“无效异议”，是指客户并非对产品不满意，而是为了拒绝购买产品，有意提出的各种理由和借口。有时客户会用虚假异议来掩饰其内心真实的想法，因此，推销人员要学会辨别客户异议的真假，去伪存真，然后进一步发掘其拒绝购买的真实原因。

知识之窗

如何辨别客户异议的真假

推销人员应当用心辨别客户异议的真假，学会透过现象看本质，寻找异议背后的真实原因，这样才能有效化解异议。推销人员可以采用以下几个方法辨别客户异议的真假。

（1）反问法。反问法是指推销人员根据客户提出的异议来反问客户，让客户自己解答其提出的异议的方法。例如，客户说：“你们的售后服务不行，我不打算买你们的产品。”推销人员可以问客户：“那您觉得我们提供什么样的售后服务才能使您满意呢？”如果客户提出了具体的要求，那么这个异议就是真实异议。

（2）假设法。假设法是指假设推销人员能够圆满解决客户提出的异议，由此来看客户能否做出购买决定的方法。例如，客户说：“你们的产品太贵了！”推销人员可以问：“如果我能为您申请到八折优惠，您是不是就买了？”如果客户的回答是肯定的，那么这个异议就是真实异议。

（3）证明法。当客户对产品的性能和技术指标等提出异议时，推销人员可以采用证明法，如拿出国家权威机构的检测报告，或者邀请客户到工厂实地考察等。如果客户仍不满意，那么很可能还有其他隐情。

（4）引出客户的真心话。该方法的使用建立在推销人员对客户有一定了解的基础上。推销人员顺着客户的心理提出相关问题，尝试引导客户讲出真心话。例如，客户虽然提出了一大堆有关产品的异议，但其可能是为了掩饰自身存在的问题，此时，推销人员可以询问客户：“您提出异议是不是因为贵公司最近资金比较紧张，对于购买这些设备存在一定的压力呢？”如果客户能讲出真心话，那么推销人员便可顺势提出解决办法。

（二）根据客户异议的内容分类

根据客户异议的内容，客户异议可以分为以下几种类型。

1. 需求异议

需求异议是指客户向推销人员提出的对产品没有购买需求的异议。它往往是在推销人员向客户提出要介绍产品或者介绍完产品请求交易时，客户表示拒绝的反应。例如，“我不需要”“这个对我没用”“我已经有了”等。

2. 购买能力异议

购买能力异议是指客户向推销人员提出的无钱购买或钱款不足的异议。例如，“产品不错，但是我带的钱不够”“最近资金周转困难，不能进货了”等。

3. 购买权力异议

购买权力异议是指客户向推销人员提出的自身没有购买决策权的异议。例如，“这么大的进货量，我可做不了主”“我只有小额商品采购权，超过 3 万元的商品采购，我需要请示领导”等。

4. 购买时间异议

购买时间异议是指客户向推销人员提出的不能立即购买，需要延后购买的异议。例如，“我再逛逛，没有好的再过来”“让我考虑一下，回头答复你”等。

5. 产品异议

产品异议是指客户对产品的功能、质量、样式、规格、包装及品牌等提出的异议。例如，“这个洗衣机的质量有保障吗”“这件衣服的款式早过时了”等。产品异议通常表明客户有明确的需求，并且对产品有一定的了解，主要是担心产品不能满足自己的需求。

6. 价格异议

价格异议是指客户因产品价格与自己预估的价格不一致而提出的异议。例如，“为什么你这里卖得这么贵呢”“要是便宜点，我可能会考虑”“太贵了，我可买不起”等。产品价格与客户的切身利益息息相关，因此是客户常提出的异议之一。

如何应对价格异议

7. 服务异议

服务异议是指客户向推销人员提出的有关产品售后服务（如送货方式、安装调试、维修等）的异议。例如，“为什么不免费送货上门呢”“没人教使用方法，谁会用呢”“保修期内更换配件需要额外收费，这太不合理了”等。

8. 货源异议

货源异议是指客户对产品的来源（如原产地、生产厂家等）提出的异议。例如，“这辆车真的是从德国进口的吗”“这西瓜好像不是海南的吧”等。

9. 推销人员异议

推销人员异议是指客户针对推销人员提出的异议。其具体表现为客户抗拒某一个推销人员，或者抗拒所有的推销人员等。例如，“你这是什么态度，我不会买你们的产品”“你介绍得不全面，我想换个人给我介绍产品”等。

10. 企业异议

企业异议是指客户对推销人员所在企业的规模、信誉、知名度等提出的异议。例如，“我怎么没听说过你们公司”“你们公司在业内的信誉度可不高啊”等。

你在购物时提出过哪些异议？它们各属于什么类型？请与周围的同学交流一下。

二、客户异议产生的原因

客户异议产生的原因通常来自客户自身、产品、推销人员和企业四个方面。其中，来自客户自身的原因属于主观原因，而来自产品、推销人员和企业的原因则属于客观原因。

（一）客户自身方面的原因

从客户自身方面来看，异议产生的原因主要包括以下几点。

1. 客户不了解产品

当对产品了解甚少时，客户便容易提出各种异议。现代科技不断发展，新产品层出不穷。虽然一些新产品（尤其是高科技产品）优势突出，但是客户从未接触和使用过此类产品，因此容易产生异议。

2. 客户不了解自己的需求

在实际的推销活动中，很多客户可能根本不了解自己的需求是什么，进而无法明确自己的购买意愿，因此在面对推销人员及产品时容易提出各种异议，甚至拒绝购买。

3. 客户的自我保护

人有本能的自我保护意识，在面对陌生的人和事物时会自动设置防线。对于客户来说，推销人员和产品都是陌生的，在这种情况下，即使产品能够满足客户的需求，客户也会本能地表现出戒备，继而提出各种问题乃至反对意见。

4. 客户的购买偏见与成见

客户的购买偏见与成见通常来自其在日常生活中积累的购买经验，具有强烈的主观色彩。当推销人员介绍的内容与客户的购买经验不相符时，客户就会提出异议。此外，客户如果在以往的购买活动中蒙受过损失，就可能会对某类产品或推销人员形成无法轻易消除的成见。

经典案例

一次吃亏经历引发的偏见

小张是一名家电推销员。一天，店里来了一位顾客，说想看看空调，小张便热情地为他介绍起来。介绍完毕，该顾客表示对某一款空调比较感兴趣，想知道价格还有没有优惠空间。

小张说："先生您太有眼光了，您看中的这款空调性价比很高，而且现在买还能参加抽奖活动，抽中的抵扣券可以直接抵扣商品价款，这样算下来就更优惠了。"谁知这位顾客听完直摇头，说道："抽奖活动就是你们商家惯用的套路。去年我买车的时候也抽奖了，还抽中了一万元的抵扣券，结果商家并没有兑现，他们说那是推销员个人对我的承诺，公司并没有那样的规定，总之就是不肯给我抵扣那一万元的金额。我再也不相信你们这种所谓的抽奖活动了！"

5．客户的情绪欠佳

人的行为会受情绪影响。客户如果存在消极情绪，就可能会提出各种异议，甚至借机刁难推销人员，将不良情绪发泄到推销人员身上。

6．客户缺乏足够的购买能力

客户如果资金不足，缺乏足够的支付能力，就会拒绝购买，或者希望得到一定的优惠，从而就此提出异议。

7．客户的购买权力有限

当客户没有购买决策权，或者决策权有限，又或者有决策权但不想承担责任时，就会提出购买权力异议。

8．客户有比较固定的购买渠道

部分客户在长期的生产与经营活动中建立了较为固定的购买渠道。因此，在面对新的产品和推销人员时，这些客户必然会考虑以往的供货关系，从而提出各种异议，甚至拒绝合作。

（二）产品方面的原因

产品方面的原因主要体现在以下几个方面。

1．产品质量

产品质量不能满足客户的需求，就会引发客户异议。具体表现为：① 产品质量确实有问题，存在缺陷；② 产品质量没有问题，但是与其他同类产品相比，在某些方面存在不足。

2．产品价格

产品价格涉及客户的切身利益，如果商谈不妥，则极易引发客户异议。具体表现为：

① 定价过高，会使客户因超出支付能力而拒绝购买；② 定价过低，会使一些客户因存在“质次价低”的观念而质疑产品质量。

3. 售后服务

售后服务质量不高，不能使客户满意，就会导致客户异议。具体表现为：① 推销人员允诺的售后服务不能令客户满意；② 推销人员不能提供比其竞争对手更好的售后服务。

（三）推销人员方面的原因

推销活动不仅是产品买卖的过程，同时也是推销人员推销自己的过程，在这期间，客户很有可能会对推销人员的专业素养和推销方式等产生异议。

例如，推销人员不具备应有的推销知识与推销技能，不能为客户提供专业的服务；推销人员不懂礼仪，言谈举止不当；推销人员以自我为中心，不重视客户的需求与感受；推销人员不讲诚信，欺骗和坑害客户；等等。

没礼貌的推销员

李女士打算买一辆电动自行车，便来到某品牌电动自行车专卖店进行实地察看，一名推销员接待了她。

在看了多款电动自行车后，李女士指着其中一款电动自行车问道：“这款电动自行车充满电能跑几天？”推销员回答：“这个我说不准，得看您每天骑车跑多远。”李女士说：“我每天上下班大概……”李女士话还没说完，推销员的手机响了，他立刻接通电话开始聊了起来。打来电话的是一位客户，想要咨询电动自行车上牌的事情，推销员告诉那位客户店里不负责上牌，让其另行咨询，说完便挂断了电话。李女士听后感到很疑惑，她进来的时候，明明看到店外张贴的海报上说负责上牌，现在怎么又不管了呢？于是就问推销员，推销员说只负责部分款式电动自行车的上牌工作，其他的则不管。李女士看了看那些款式的电动自行车，发现它们大多价格昂贵，且没有优惠。

过了一会儿，李女士提出想试骑一下，然而推销员却说只有买了才能试骑，李女士反驳道：“买电动自行车不是都让试骑吗，我不试试怎么知道这车子行不行呢？”推销员冷漠地说：“不好意思，这是我们店里的规定。”听了推销员的话，李女士愤然离开了。

（四）企业方面的原因

在实际的推销活动中，有些客户异议源自企业。例如，企业经营管理水平低、不讲求信誉、缺乏知名度等，这些都会影响客户对企业及其产品的看法和评价，使客户产生各种疑虑，从而导致推销无法顺利进行。

三、客户异议的处理原则

客户异议虽然是推销过程中的障碍，但也是成交的信号。推销人员若想促成交易，就必须做好应对和消除客户异议的准备。处理客户异议时，推销人员应当遵循以下几个原则。

（一）尊重客户，认真倾听

推销人员要想取得客户的信任，顺利开展推销工作，就必须要尊重客户提出的各种异议。因此，当客户提出异议时，推销人员应认真倾听并表现出极大的兴趣，不要随意插话或者打断客户讲话，这是向客户表示尊重最简单也是最好的方式。同时，只有通过认真倾听，推销人员才能领会到客户话语中隐含的深层含义，从而更好地化解异议，说服客户购买产品。

明德修业

尊重客户，成就自己

娜娜是某黄金珠宝专卖店的推销员，她虽然工作还不到一年的时间，但是取得的推销业绩却非常出众，并且拥有许多忠诚客户。作为店里的销售冠军，娜娜到底是怎样赢得客户，并取得这么好的业绩的呢？

娜娜的一位客户赵女士是这样说的："我原本想买××家的黄金首饰，可那里的推销员看我独自一人，都不愿意搭理我，于是我就出来闲逛了一会儿。在我决定要离开商场的时候，一声热情的招呼让我停下了脚步，是娜娜，她问我是不是累了，要不要到店里坐会儿，喝点茶。于是，我跟着娜娜来到了店里，她为我端上了一杯热茶。看娜娜这么热心，我就主动跟她说今天是我的生日，我想买一套黄金首饰作为生日礼物送给自己。娜娜听了，立刻祝我生日快乐，还送给我一朵玫瑰花以示祝贺。她为我推荐了几款黄金首饰，并且耐心地听我说了自己的想法。我甚至还跟她抱怨了丈夫工作太忙，没时间陪我，孩子调皮捣蛋，每天都得接送上下学等一大堆鸡毛蒜皮的琐事。娜娜一直认真听着，还安慰我说丈夫工作忙是为了让全家人生活得更好，孩子是小天使，调皮捣蛋多可爱。听了娜娜的话，我心里暖暖的。娜娜还说一定要帮我挑到令我满意的首饰，这样我就能美美地过生日了。在娜娜的帮助下，我终于买到了称心如意的首饰，很感谢她听我说了那么多，她真的很贴心！"

不仅是赵女士，娜娜的许多客户都夸她热心、真诚、有耐心，他们也很信任娜娜，愿意把自己的想法都告诉她。这就是娜娜业绩好的主要原因，她始终将客户放在第一位，尊重客户，以礼相待，而这种方式也帮她收获了客户的尊重与青睐。

（二）正确对待，仔细分析

从某种意义上说，推销人员与客户之间是对立的关系，两者所站角度不同，谋求的利益也不同，因此自然会出现意见和看法上的分歧。由此可见，客户异议是推销活动中的正常现象，它既是障碍又是动力。因此，推销人员应该正确对待客户异议，并且应将异议看作是进一步了解客户的机会，鼓励客户多提宝贵意见。

另外，不同要求、不同性格及不同心理使得客户提出的异议类型多种多样。对此，推销人员不可盲目应答，而应先明确异议的内涵，再分清异议的类型，经过仔细分析和合理归纳之后，再有针对性地处理好这些异议，从而顺利完成推销任务。

（三）适时处理，巧妙回答

解决客户异议，需要把握时机。一般来说，当客户提出的异议易于回答时，推销人员可以当场答复以显示对客户的尊重；当客户提出的异议一时难以解释清楚或者需要请示上级才可以答复时，推销人员可以拖延一段时间再回答，以免误导客户；当遇到客户故意刁难或者开玩笑时，推销人员可以不予答复。

此外，推销人员在回答异议时应简明扼要、条理清晰，避免将个人思想强加于人，更不能与客户发生争吵，以免造成交谈僵局。

小贴士

在与客户交谈时，推销人员要做到“永不争辩”。永不争辩并不意味着只能顺应客户，不可以否定客户，而是指推销人员在任何情况下都要避免同客户发生争吵，即使对方故意挑刺、蛮不讲理，也要“以和为贵”。因为争吵并不能说服客户，推销人员即使争吵得胜，也会因此失去成交的机会。

四、客户异议的处理方法

客户异议千差万别，处理异议的方法也多种多样。推销人员要因人而异、因时而异、因事而异，灵活机动地选择合适的方法处理客户异议。

（一）直接否定处理法

直接否定处理法又称“反驳处理法”，是指推销人员应用较为明显的事实和理由直接否定客户异议的一种处理方法。

例如，当客户提出“大家都说你们的空调噪声大，我不想买”的异议时，推销人员可以立即打开空调并拿出产品质量鉴定书，向客户证明空调噪声并不大，并且其噪声指数绝对在国家规定的范围之内。

直接否定处理法适用于客户因不了解产品，或者存在偏见而提出异议等情况。其不仅能够给予客户一个明确的、不容置疑的答复，增强客户的购买信心，还能够节约洽谈时间，提高推销效率。但是，如果方法使用不当，则极易引发客户的抵触情绪，伤害客户的自尊心，甚至激怒客户，从而导致推销活动陷入僵局。

推销人员在运用直接否定处理法时，需要注意以下问题：① 用于反驳客户的话语必须有据可查、有理可依、有证可见，要做到以理服人，决不可靠强词夺理压制客户；② 态度要真诚，言辞要恳切，不可高声大嗓、情绪激动地对客户进行说教；③ 在说明情况时可适当给予客户更多的信息，使客户能够更好地了解产品、企业和推销人员；④ 可以适当使用一些幽默的话语，以缓和严肃或尴尬的气氛。

互动空间

情景一

顾客：“这房屋的公摊面积比例比一般的要高出不少。”

推销员：“您大概有所误解，我们这次推出的是花园房，其公摊面积占比为18.2%，而一般房屋的公摊面积平均占比达 19%，我们的比平均值还小 0.8%呢。”

情景二

顾客：“我听说你们这种产品是国外已经淘汰了的产品，你们怎么还在卖呢？”

推销员：“您说的不对，我们这款产品在今年 1 月份刚获得了国家专利和优质产品证书，怎么会是淘汰产品呢？这肯定是有人散布的谣言，您怎么就信了呢！”

思考：以上案例中，哪位推销员的说法更容易让客户接受？为什么？

（二）间接否定处理法

间接否定处理法又称“转折处理法”，是指推销人员根据相关事实间接否定客户异议的一种处理方法。例如：

客户：“木制家具很容易变形。”

推销员：“您说的不错，与钢制品相比，木制家具的确容易发生变形现象。不过，我们家品牌的家具使用的木板是经过特殊处理的，它的变形系数只有用精密仪器才能测得出，所以不会轻易变形。”

间接否定处理法适合自尊心强、理智、保守的客户，其要求推销人员在解答异议之前先对客户表示理解，以退为进，这样既能有效缓解客户的对抗心理，稳定客户情绪，又能使推销人员的观点更易于被客户接受。但是，如果方法使用不当，则会让客户觉得推销人员圆滑、世故，或者客户根本搞不清楚推销人员到底要表达什么意思。

推销人员在运用间接否定处理法时，需要注意以下问题：① 在阐明观点时，应尽量避免使用“但是”“然而”等转折意味较为明显的词语，多使用“我觉得”等较为委婉的

转折词，从而让客户更容易接受推销人员的观点；② 要向客户提供具有说服力的证据，以有效消除客户异议；③ 不能因为力求委婉而使解释不到位、不清楚，这样反而会使客户产生新的异议。

（三）补偿处理法

补偿处理法又称“抵销处理法”，是指推销人员在承认、肯定客户异议的同时，进一步说明客户可以从交易中获得的其他好处，从而使异议得到充分补偿的一种处理方法。例如：

客户：“这件衣服的样式已经过时了。”

推销员：“不错，这是上半年的样式，不过现在我们正在打折，打折幅度也比较大，而且衣服本身质量也相当不错，您买了肯定不会吃亏。”

补偿处理法适用于客户异议确实是无可辩驳的，或者推销产品确实存在某种缺陷与不足等情况。其优点是能够有效弥补产品的弱势，让客户发现产品在其他方面的优点，使客户认识到购买产品的利益所在，从而增强客户的购买信心。同时，推销人员充分肯定客户提出的异议，会使客户感觉受到了认可和尊重，从而在心理上得到满足。但是，如果过度使用补偿处理法，则可能会导致客户异议增多，甚至使客户形成讨价还价的思维定式，从而增加说服客户购买的难度。

推销人员在运用补偿处理法时，需要注意以下问题：① 要分清异议的性质，对客户提出的真实异议要欣然接受，而对客户提出的虚假异议切不可盲目迎合；② 不可因为客户提出了符合事实的异议而动摇对产品和企业的信心；③ 对客户承诺的补偿内容要真实，决不可欺骗、坑害客户。

（四）转化处理法

转化处理法又称“利用处理法”，是指推销人员将客户异议中有利于推销成功的因素转化为说服客户购买的理由的一种处理方法。例如：

客户：“你们的产品怎么又涨价了？”

推销员：“您说的对，价格确实涨了，不过产品的原材料还在涨，现在不买，可能过一段时间还会涨价。”

转化处理法具有“以子之矛，攻子之盾”的效果，适用于客户对产品有积极肯定或者对异议并不十分坚持等情况。其优点是以客户的观点作为说服其购买的理由，更容易被客户接受。但是，如果方法使用不当，则会使客户感到推销人员是在耍嘴皮子或者愚弄自己，从而使客户产生愤怒和抵触情绪，导致交易失败。

推销人员在运用转化处理法时，需要注意以下问题：① 转化的信息要正确，决不能不负责任地向客户传达错误信息；② 转化过程要自然，不能让客户感觉到推销人员是在指责或批评他的看法有问题。

互动空间

请尝试使用转化处理法解决以下五个客户异议。

异议一："我这个年纪不需要买这么高档的化妆品，我只想保护皮肤，可不像年轻人那样爱漂亮。"

异议二："我感觉自己很健康，没必要买保健品。"

异议三："这个房子离闹市区有点远，恐怕交通会不方便。"

异议四："你们的冰箱太大了，看起来很夸张。"

异议五："你们公司天天在电视上、地铁上做广告，如果少做几次广告，节约点费用，那么成本不就减少了吗，这样价格也能降低点，对吧？"

（五）询问处理法

询问处理法是指推销人员尚未完全理解客户的异议，想通过进一步询问来明确客户真实想法的一种处理方法。例如：

客户："你们的数码相机比其他品牌的少很多功能。"

推销员："您能给我列举出几个我们相机不具备的功能吗？"

询问处理法适用于推销人员无法确定客户为什么产生异议，同时客户愿意回答推销人员所提问题的情况。其优点是可以使推销人员进一步明确客户的要求，从而为交易成功创造条件。同时，善意的询问可以有效避免争执，使买卖双方的洽谈始终处于有问有答的友好气氛中。但是，在推销人员的不停追问下，客户可能会产生反感，或者产生新的异议，进而阻碍成交。此外，过多或者不够精准的询问容易造成时间延误，从而错过促成交易的最佳时机。

推销人员在运用询问处理法时，需要注意以下问题：① 要把握时机，及时询问，充分挖掘客户的真实想法；② 询问的问题要有针对性，要紧紧围绕异议展开；③ 追问要适可而止，千万不要对客户刨根问底，以免将客户逼到"山穷水尽"的地步。

（六）问题解决法

问题解决法是指推销人员通过回答客户提出的问题而直接化解客户异议的一种处理方法。例如：

客户："我们没有仓库，没办法储存货物，可是又不想放弃一次性大量购买的优惠政策，这该怎么办呢？"

推销员："您可以批发价全款购买货物，然后我们会按照您的运转周期为您送货，您只需负担小部分的运费就可以了。"

问题解决法适合说话比较直接、不喜欢拐弯抹角的客户，其优点是能够直接解决客户

的难题，打消客户的疑虑，从而极大地节省了推销时间，提高了工作效率。其不足之处在于可能会带给客户压抑感，使客户认为推销人员在强迫他购买。与此同时，如果推销人员没有分析清楚客户异议的实质就乱答一气，则极易引发客户的不满情绪，从而失去合作机会。

推销人员在运用问题解决法时，需要注意以下问题：① 要认真分析客户提出的问题，弄清异议的实质，确保能够做出正确的回答；② 所给出的解决方案要切实可行，所做出的承诺要及时兑现，这样才能获得客户的信任，从而实现长期合作。

（七）沉默处理法

沉默处理法又称“忽视法”，是指推销人员面对客户提出的无关、无效或故意刁难的异议采取沉默和忽视态度的一种处理方法。例如，当客户提出“你们产品的名字好奇怪啊”“你这店的装修有问题”等异议时，推销人员可以点头微笑表示“同意”，或者以“您真幽默”“高见”等轻松、幽默的话语来忽略客户的异议。

沉默处理法适用于爱表现自己或喜欢唱反调的客户，以及客户提出虚假异议等情况。其优点是可以避免与客户发生不必要的争论，有利于保持良好的洽谈气氛。但是，如果方法使用不当，则可能会使客户感到不受重视，进而产生不满情绪。同时，推销人员如果不慎忽略了客户提出的有效异议，则很有可能失去真正的成交机会。

推销人员在运用沉默处理法时，需要注意以下问题：① 要仔细辨别和分析客户异议，在确定是无效、无关或故意刁难的异议后才可以使用沉默处理法；② 要做到态度谦逊、神情专注、话语温和，让客户感受到真诚与尊重；③ 沉默处理异议之后要马上找出新的话题与客户交谈，以免客户产生被冷落的感觉。

互动空间

某商场中，一名羽绒被推销员正在向顾客介绍产品，以下是当时的对话摘录。

顾客：“这羽绒纯度 95%，该不会是骗人的吧？”

推销员：“您放心，我们会在给您充绒的被套上附带一个说明卡片，上面标明了材质、羽绒纯度和生产日期等，您可以拿着被子去检验，如果情况不符，我们则会给予您双倍赔偿。”

顾客：“这些羽绒被怎么折扣打得这么低，价格这么便宜，里面不会有什么猫腻吧？”

推销员：“价格这么低当然是为您好啊！我们店刚开业，为了快速打响知名度，获得消费者的青睐，才定这么低的价格，过一段时间就要恢复原价了，所以您现在买是最实惠的。”

顾客：“羽绒被要是拆洗的话会很麻烦，我看还是算了吧。”

推销员：“您说的对，羽绒被拆洗的时候是挺麻烦的。不过如果您有需要，可以把被子拿过来，我们这儿有专业人员会负责帮您拆洗，并且两年内不收取任何拆洗费用。”

顾客："我再考虑一下吧，再过两个钟头孩子就要放学了，我现在得赶紧去接孩子。"

推销员："买条好的羽绒被是得考虑一下，但是您看我们的优惠活动马上就结束了，现在的价格真的是最优惠的，您可以先买一条看看效果，我们负责送货上门，您不用在这里等待充绒。"

顾客："那我先来一条试试吧！"

思考：以上案例中的顾客提出了哪些类型的异议？推销员在处理客户异议时运用了哪些方法？

模块二　促成交易

情景案例

经过一段时间的磨炼之后，刘强终于可以独当一面了。今天，刘强要开始独立推销房子了，他感到既兴奋又紧张。等了一会儿，进来了一位女士，刘强热情地上前接待。

刘强："欢迎光临，女士，我是置业顾问小刘，请问有什么能帮您的？"

客户："我想看一下三居室的房子。"

刘强："好的，我先带您看一下三居室的户型图，为您介绍一下房子。"

刘强带领客户看了几套三居室的户型图，并向她一一做了介绍。在这期间，刘强发现客户对其中一套三居室比较感兴趣，因为客户在看户型图时，不仅拿这套三居室与其他三居室的户型做了详细的对比，还询问了该套三居室有没有样板间，想实地看一下。于是，刘强便带领客户来到了该套三居室的样板间。

刘强："女士，您真的太有眼光了，这套三居室是我们公司的'爆款户型'，已经卖出去一百多套了。您要是看中了，不如赶紧订下来，要不好一点楼层和朝向的房子就被卖光了。"

客户："我觉得也还行，就是觉得这个客厅有点大，感觉有点浪费空间，而且我看到主卫没有窗户。"

刘强："您说的没错，我也注意到了。不过我觉得客厅大一点挺好的，因为客厅不仅是一个家庭的公共活动区域，还是您会客的场所。您想想，如果全家人坐在一起看电视，或是您有客人到访，那么客厅小了，大家的活动就会受限，这样很不方便的，您说对吧？至于您说的主卫没有窗户，我想您一定是担心通风问题。这个您完全不用担心，我们房子的每一个卫生间都安装了通风效果很好的空气净化系统，保证您的屋子里不会有异味。"

客户："是吗，这个空气净化系统不会用一两年就坏了吧，维修和更换不仅麻烦，还得我们自己出钱。"

刘强："不会的，我们屋子里安装的所有配套设施都有产品质量鉴定书和保修卡（拿出给客户看），如果出现问题，我们的物业则会在第一时间为您维修。”

客户听了满意地点点头，继续说道：“桂龙的房子和你们挨着，但为啥你们的价格比他们要高出不少呢？”

刘强：“桂龙的房子品质也不错。我们之所以比他们的价格高，是因为我们的房子距离地铁口比较近，地价就比他们的贵。而且您看，离地铁口近的话，您和家人出行就方便多了。您看可以的话，我们现在签合同吧？”

客户听了，脸上露出了开心的笑容：“可以，我订了。”

思考：以上案例中，客户在选购房子时发出了哪些购买信号？刘强是如何说服客户购买房子的？谈谈案例对你的启发。

促成交易是指推销人员采取恰当的策略和方法，促使客户做出购买决策，实施购买行为，从而完成产品交易的过程。成交是整个推销工作的最终目标，推销人员在成交之前做的所有工作都是为了实现这一目标。为了避免前功尽弃，推销人员应当抓住成交时机，并运用一定的策略和方法促成交易。

扫一扫

如何运用购买信号

一、促成交易的基本策略

（一）识别购买信号，及时促成交易

购买信号是指客户在推销活动中用于传递购买意向的各种表情、语言和行为等。在推销活动中，客户为了维护自己的利益，并取得交易洽谈的主动权，一般不会主动、明确地提出成交，但是其购买意向会通过某些表情、语言和行为等表现出来。因此，推销人员要善于观察客户的言行，捕捉各种购买信号，以及时促成交易。通常，购买信号可以分为以下三种类型。

1. 表情信号

表情信号是指客户通过面部表情所表现出来的购买信号。一般来说，如果客户较长时间注视产品，或者听到推销人员介绍产品时眼睛发亮，则表明客户对产品具有一定的购买兴趣。当客户的表情由冷漠、怀疑、深沉变为轻松、自然、随和，并且对推销人员的介绍示以微笑或点头时，表示客户认可产品，并且产生了一定的购买意向。此时，推销人员可以礼貌地提出成交请求，促使客户购买产品。

2. 语言信号

语言信号是指客户通过语言表达出来的购买信号，这是推销人员最容易把握和发现的信号。在推销活动中，推销人员可以通过客户说话时的语气和说话的内容来判断客户是否发出了购买信号。

一般来说，以下几种情况都属于有购买意向的语言信号：① 从语气上对推销人员和

产品给予肯定和赞美；② 询问产品的价格和各种优惠条件；③ 询问产品的各项细节，如规格、颜色、质量、使用方法、注意事项等；④ 询问交货时间、付款方式和售后服务等；⑤ 讨价还价，或者故意挑毛病；⑥ 表示愿意向亲戚、同事及朋友等推荐该产品。

结合自己的购买经历，想一想当你产生购买意向时，通常会发出哪些购买信号，然后与周围的同学讨论一下。

3．行为信号

行为信号是指客户通过动作表现出来的购买信号。行为信号不如语言信号那么明确、容易辨认，所以推销人员需要在平时的工作中认真观察客户的行为，注重经验的积累。

一般来说，客户如果出现以下行为，则可能是在向推销人员发出购买信号：① 仔细阅读产品资料，认真倾听推销人员介绍产品；② 要求推销人员演示产品，并亲自试用产品；③ 在推销人员介绍产品或演示产品时频频点头，表示赞许；④ 征求同行者（如家人、朋友或同事）的看法和意见。

未捕时机，痛失大单

小徐是雄立配件厂的推销员，他非常勤奋，沟通能力也不错。前不久，工厂研发出了一种新型配件，其性能较过去的产品有很大提升，价格也很合理。小徐立刻联系了几位老客户并向他们推销。

其中一家企业的采购部经理表现得十分热情，反复向小徐咨询新型配件的详细情况，小徐也是一一耐心解答。双方聊了两个多小时，十分愉快，但小徐并没有向对方提出成交请求。他想，对方对产品了解得还不够透彻，应该再多接触几次。

几天之后，小徐再次和对方联系，补充了上次遗漏的一些产品优点，对方很是高兴，又就价格问题和小徐仔细商谈了一番，最后表示一定会购买。为了进一步巩固自己在客户心目中的好感，小徐这一次也没有提出成交请求。不过，小徐心想：“这笔单子十拿九稳了。”

过了一周，对方购买产品的热情突然降低了。再后来，对方还发现了新产品存在的几个小问题，再也没有表现出购买意向。这笔看似即将到手的订单竟然就这样“黄”了。

小徐为什么失败了？是缺乏毅力，沟通不当，还是新产品缺乏竞争力？都不是，主要原因在于小徐没有把握好成交的时机，没有及时向客户提出成交请求。

（二）保持积极心态，主动促成交易

在推销活动中，许多推销人员都对提出成交请求有着一定的恐惧感，总是担心提出成交请求后会遭到客户的拒绝，或者觉得难为情，不好意思向客户开口。持有这种心理的推销人员在与客户洽谈时始终处于被动地位，容易错失成交良机，故而难以顺利促成交易。

事实上，客户说“不”是非常正常的现象，推销人员即使在被客户拒绝成交请求后，还可以继续推销，争取再次成交。因此，推销人员应当努力克服恐惧心理，保持积极的心态，敢于不断提出成交请求，直至获得成功。

明德修业

树立自信，创造成功

自信是推销人员必备的职业素质之一，也是推销人员取得成功的基础。一名自信的推销人员，不仅能够获得客户的信任与青睐，还能取得良好的销售业绩与职业发展。要树立自信，推销人员可以从以下几个方面入手。

（1）要对推销职业有信心。

推销是一种有意义的工作。推销是国民经济发展的一个重要环节，能够为客户谋取利益、提供方便。正是广大推销人员的辛苦工作，才能使客户购买到想要的产品，进而在提高生产效率或生活质量的同时，有更多的时间去感受生活、享受生活。推销人员既然选择了从事推销工作，就要正确认识推销人员这个职业，对这一职业充满信心。

（2）要对产品有信心。

现实中，一些推销人员在听到客户质疑产品时，就马上对产品产生了怀疑，并且失去了继续推销下去的信心和动力。实际上，没有十全十美的产品，产品只要符合国家标准、行业标准和企业标准，那就是合格的产品，也是企业最好的产品。因此，推销人员要对自己推销的产品有信心，要相信自己推销的产品值得客户拥有。

（3）要对企业有信心。

企业是推销人员发展的平台与后盾。推销人员要对自己所在的企业有信心，要相信企业具有为客户提供优良产品的决心，也要相信在自己和同事的努力下，企业会发展得越来越好。

（4）要对自己有信心。

自信是成功的先决条件。一个对自己没有信心的人，干什么事都很难成功。推销人员只有对自己充满信心，才会在客户面前表现得落落大方、胸有成竹，才会感染和说服客户，让客户对自己及推销的产品青睐有加。

值得注意的是，自信不等于自傲。人一旦自傲，就会看不清自己，从而陷入骄傲自满中，不思进取。

（三）留有余地，适时促成交易

众所周知，大部分交易都不可能一蹴而就，往往都要经历一番讨价还价的过程。在这个过程中，推销人员要给自己留有一定的余地，最好不要将底价一次性和盘托出，而要在适当的时机提出利于成交的优惠条件，以促使客户下定购买决心。例如，当客户已产生购买意向，但仍心有疑虑、犹豫不决时，推销人员可以对客户说："如果咱们今天签订合同，那么我还可以向公司申请为您免除所有运费。"

（四）把握最后时机，努力促成交易

在推销活动似乎要以失败告终时，如果推销人员仍然没有放弃努力，那么很多时候反而能"峰回路转""柳暗花明"。因为此时客户的成交心理压力已经得到充分的释放，心情变得轻松、愉悦，甚至会对"失败"的推销人员心生怜悯，从而产生购买产品的念头。这时，推销人员要善于察言观色，捕捉客户心理松动的瞬间，把握最后的时机向客户提出成交请求，努力促成交易。

二、促成交易的方法

促成交易的方法有很多，不同的方法具有不同的效果，推销人员应针对不同客户和不同推销情景，灵活运用各种成交方法，以及时促成交易。

（一）请求成交法

请求成交法又称"直接成交法"，是指推销人员用明确的语言直接请求客户购买产品的一种促成交易的方法。它是最简单、最基本也是最常用的促成交易的方法。例如：

"女士，这条项链太配您了，您买了吧。"

"赵经理，我看咱们谈得也差不多了，要不就签合同吧。"

"王主管，我们又出了几款新口味的冰激凌，进点货吧，很好卖的。"

请求成交法的适用情况包括：① 对方是已经建立业务关系的老客户，彼此之间无须过多客套话；② 对方是初次购买的新客户，并且已经明确发出了购买信号；③ 对方是已经确定购买意向但仍犹豫不决的客户，需要推销人员坚定其购买信心；④ 对方是主动上门的客户，推销人员在其面前处于主动地位。

推销人员通过运用请求成交法可以快速、有效地促成交易，从而节约推销时间，提高工作效率。但是，如果推销人员在成交时机还未成熟时就急于向客户发出成交请求，则会使客户产生压迫感，引起客户的反感，从而不利于促成交易。

推销人员在运用请求成交法时，需要注意以下几点：① 在客户尚未发出购买信号时要耐心等待，切不可浮躁冒进；② 一旦洞察到客户发出了购买信号，应马上提出成交请求，以免贻误时机；③ 提出成交请求时，要做到泰然自若、不卑不亢、言简意赅，以免

引起客户怀疑或使其抓住机会讨价还价；④ 要做好被客户拒绝的思想准备，并保留一定的成交余地。

（二）假定成交法

假定成交法是指推销人员在假定客户已经同意购买的基础上，通过讨论一些具体问题来促成交易的一种方法。例如：

“女士，现在全场服装买二送一，您要哪几件？”

“先生，我们的空调质量绝对有保障，您看什么时间方便，我们安排工程师上门为您安装？”

“张总，不同的进货量可以享受不同的优惠折扣，您是要5吨还是10吨？”

假定成交法的适用情况和注意事项与请求成交法相同。其优点是可以引导客户快速进入商讨成交具体问题的阶段，从而促使其产生成交意向并实施购买行为。但是，如果方法使用不当，则容易给客户一种强行推销的感觉，使其产生抵触心理，从而不利于成交。

（三）选择成交法

选择成交法是指推销人员向客户提出几种有效的购买方案，让客户选择其中一种方案，以实现成交的一种方法。例如：

“女士，这件衣服的颜色很衬您的皮肤，那件衣服的款式新颖，符合您的审美，您看您要哪一件？”

“A车的配置丰富，能为您提供多项智能服务；B车的油耗较低，能为您省不少油钱。您是看中A还是喜欢B？”

选择成交法的适用情况包括：① 客户已经明确购买意向但还未下定决心；② 产品种类较多，客户难以做出选择，需要推销人员提供帮助；③ 客户购买意图不明朗，推销人员需要探明虚实。

选择成交法看似将成交的主动权交给了客户，实际上却是让客户在一定的范围内做选择。这样既调动了客户的积极性，又控制了客户的决策范围，从而大大提高了成交的概率。但是，如果推销人员在客户还未做好购买准备时就要客户做选择，则可能会引起客户的反感。同时，推销人员如果提出的备选方案都不能令客户满意，则可能会失去成交机会。另外，由于客户需要对比购买方案，所以可能会延长成交时间，或者产生新的异议，从而增加成交障碍。

推销人员在运用选择成交法时，需要注意以下几点：① 准确分析客户的购买需求，提出符合客户要求的购买方案；② 提出的购买方案不宜过多，以两项为宜，最多不要超过三项，过多的选择往往会使客户难以抉择；③ 提出的方案要以对客户有利为原则，不可因贪图眼前小利而失去长远利益。

经典案例

巧卖卤蛋

有两家卖粥的小店，虽然它们每天的客流量差不多，但到了晚上结账的时候，左边这家的收入总是比右边那家要高一些，天天如此。

走进右边那家粥店，服务员会微笑着迎上来，盛上一碗粥，问道：“加不加卤蛋？”若客人说加，服务员就会给客人加一个卤蛋。客人有说加的，也有说不加的，大概各占一半。

走进左边那家粥店，服务员也会微笑着迎上来，盛上一碗粥，问道：“加一个卤蛋还是加两个卤蛋？”通常客人会说“加一个”。再进来一位客人，服务员又会问一句：“加一个卤蛋还是加两个卤蛋？”爱吃卤蛋的客人就说加两个，不爱吃卤蛋的客人就说加一个。也有要求不加卤蛋的客人，但是这种情况比较少。

就这样，通过运用选择成交法，一天下来，左边这家小店要比右边那家小店多卖出很多个卤蛋。

（四）小点成交法

小点成交法又称“避重就轻成交法”，是指推销人员通过解决推销活动中的细节问题来促成交易的一种方法。例如：

“关于交货时间，我们会在合同上给您标明。”

“您不用担心包装问题，我们使用的是独立密封包装。”

“根据您的要求，我们可以额外给予您2%的优惠。”

小点成交法的适用情况包括：① 客户难以直接做出购买决策，只愿讨论细节问题；② 推销人员需要试探客户是否具有购买意向；③ 推销人员已经发现了购买信号，但还没完全解决客户异议；④ 推销洽谈的气氛紧张，客户的成交心理压力较大；⑤ 客户做出购买决策的依据仅为某一特定的细节问题。

小贴士

从心理学角度看，客户在做出重大决策时往往心理压力较大，因此做出购买决策的时间较长，但客户对一些细节问题的决策速度通常很快。也就是说，推销人员向客户提出的问题越大，客户解决问题的难度也就越大。推销人员如果能把大问题拆分为几个小的问题，一个一个向客户提出，一个一个让客户解决，那么在洽谈最后向客户提出成交请求时，客户就比较容易接受了。

小点成交法不仅能够避免直接提出成交请求导致客户产生的成交心理压力，还能通过一系列试探性的提问，逐步消除客户心中的顾虑，从而促使客户做出购买决策。但是，小点成交法容易分散客户的注意力。而且，如果推销人员滥用小点成交法，则会使“小点”集中在客户较为敏感或者不满意的地方，引发客户产生更多的异议，从而加大成交的难度。

推销人员在运用小点成交法时，需要注意以下几点：① 精心设计既能符合客户需求，又能顺利引导客户成交的细节问题；② 不可设计偏离主题和有争议的细节问题，以免浪费推销时间，导致洽谈陷入僵局；③ 一旦时机成熟，要及时将洽谈的焦点从细节问题转移到成交请求上来。

（五）从众成交法

从众成交法又称“排队成交法”，是指推销人员利用客户的从众心理来引导客户购买产品的一种方法。例如：

“王经理，你们的合作单位××公司一直从我们公司进货，是我们的老客户。”

“先生，您真有眼光，这个户型的房子很抢手，刚刚就有好几位客户交了定金。”

“女士，这个小区有 1 000 多户人家都办了我们的水卡，您不用有顾虑。”

从众成交法的适用情况包括：① 客户具有从众心理，喜欢“随大流”；② 客户没有主见或内心摇摆不定，需要推销人员帮助其下定决心。

从众成交法有效地利用了客户与客户之间的影响力，能够增强客户的购买信心。同时，推销人员通过造势，还能使客户产生紧迫感，从而加速成交进程。但是，从众成交法也有局限性。对于善于独立思考、理性的客户，这种方法通常不起作用；对于个性较强、喜欢与众不同、标新立异的客户，这种方法还会起到相反的效果。同时，如果推销人员所列举的“众”不恰当的话，那么不仅起不到好的说服效果，反而会引起客户的猜忌与反感，从而不利于成交。

推销人员在运用从众成交法时，需要注意以下几点：① 要针对客户的从众心理，选择对客户有影响力的人或企业；② 所举例子应真实有效，不能恶意欺骗客户；③ 所举例子在时间上和空间上要坚持“就近”原则，如果时间太久或距离太远，则难以使客户信服。

互动空间

你有从众心理吗？如果推销人员运用从众成交法向你提出成交请求，你会接受吗？请与周围的同学讨论一下。

（六）优惠成交法

优惠成交法是指推销人员通过提供优惠条件来促使客户购买产品的一种方法。例如：

“李总，我们公司有一个促销活动，如果您现在购买我们的产品，我们可以为您提供免费培训，还有三年免费维修。”

“为答谢新老客户的支持，现在全场买一送一，欲购从速。”

优惠成交法的适用情况包括：① 客户有明确的购买意向，但需要推销人员给予一定的优惠条件来坚定其购买信心；② 企业要在短期内大幅提高销售量；③ 企业要清理库存。

优惠成交法巧妙地利用了客户的求利心理，可以吸引大量客户。而且，如果推销人员采用批量成交的优惠条件，则还可以提高销售量，促成大笔买卖。但是，优惠成交法可能会让客户对产品的质量产生怀疑，进而丧失购买信心，从而不利于交易达成。同时，若优惠幅度较大，则会增加推销成本，从而影响推销人员的收入与企业的经济效益。

推销人员在运用优惠成交法时，需要注意以下几点：① 要在明确客户有购买意向之后再提出优惠条件；② 要把握好优惠幅度，既不能开“空头支票”，又不能损害自己的经济利益；③ 对于爱讨价还价的客户，不要一次性地把所有优惠条件全盘托出，要有所保留，以免陷入被动局面；④ 提出优惠条件时，态度要诚恳，语气要坚决，最好能达到“机不可失，失不再来”的效果，从而促使客户尽快确认成交。

（七）保证成交法

保证成交法是指推销人员通过向客户提供各种保证来促使客户购买产品的一种方法。例如：

“我这儿保证是全市最低价，如果您发现买贵了，我给您退五倍差价。”

“您放心，商品如果出现质量问题，10 天之内可以退换。”

“您放心，这批货我们一定按照您说的时间送到，如果出现问题，我们会为您免去所有运费。”

保证成交法的适用情况包括：① 客户已明确发出购买信号，但对某些交易条件还有顾虑；② 客户需要推销人员给出承诺；③ 推销人员能够在自己的权限范围内给出保证和承诺来促进成交。

保证成交法能够消除客户对成交的顾虑，增强其购买信心，同时可以增强推销人员的说服力及感染力，有利于推销人员妥善处理有关成交的异议。但是，如果推销人员的保证和承诺没有及时兑现，轻则使客户丧失再次购买产品的信心，重则会引发纠纷，甚至对簿公堂。

推销人员在运用保证成交法时，需要注意以下几点：① 要针对客户最关心、最重视的问题做出保证；② 对客户的保证和承诺要尊重事实，有凭有据，千万不可只图眼前利益而做出失信于客户的行为；③ 不要对超出权限或无绝对把握的客户要求做出保证。

项目实训——实地调研活动

1. 任务概述

请全班同学以小组为单位前往本地区的商品买卖场所（如商场、专卖店等）进行实地调研，观察客户提出了哪些方面的异议，以及推销人员是如何处理客户异议、进一步促成交易的，并做好相关记录。

调研完毕，各组整理所观察到的信息，然后根据所学知识对记录的客户异议进行分类和分析，尝试找出客户异议产生的原因，并对推销人员处理客户异议和促成交易所采取的方式与方法做出分析和评价。

最后，各组派出代表，以 PPT 的形式向全班同学分享本次调研活动的主要内容及本组的心得。

2. 任务分组

全班同学自由分组，每组 5～7 人，各组选出组长并进行任务分工，然后将小组成员及分工情况填入表 6-1 中。

表 6-1　小组成员及分工情况

<table>
<tr><td>班级</td><td></td><td>组号</td><td></td><td>指导教师</td><td></td></tr>
<tr><td>小组成员</td><td>姓名</td><td>学号</td><td colspan="3">任务分工</td></tr>
<tr><td>组长</td><td></td><td></td><td colspan="3"></td></tr>
<tr><td rowspan="6">组员</td><td></td><td></td><td colspan="3"></td></tr>
<tr><td></td><td></td><td colspan="3"></td></tr>
<tr><td></td><td></td><td colspan="3"></td></tr>
<tr><td></td><td></td><td colspan="3"></td></tr>
<tr><td></td><td></td><td colspan="3"></td></tr>
<tr><td></td><td></td><td colspan="3"></td></tr>
</table>

3. 任务实施

按照小组分工情况开展实践活动，并将具体的实施情况记录在表 6-2 中。

表 6-2　实施情况记录表

<table>
<tr><td>时间安排</td><td>实施步骤</td></tr>
<tr><td></td><td>1. 小组讨论，确定本组调研的场所和调研要点
（1）调研场所

（2）调研要点</td></tr>
<tr><td></td><td>2. 实地调研，观察并记录客户提出的异议，以及推销人员是如何处理客户异议、进一步促成交易的</td></tr>
</table>

（续表）

时间安排	实施步骤
	3．整理通过调研所获得的信息，对所记录的客户异议进行分类和分析，尝试找出客户异议产生的原因，然后撰写一份客户异议调查报告，报告的基本格式如表 6-3 所示
	4．分析和评价推销人员处理客户异议和促成交易所采取的方式与方法 （1）推销人员处理客户异议所采取的方式与方法： （2）推销人员促成交易所采取的方式与方法：
	5．小组讨论，总结心得
	6．制作 PPT
	7．派代表在全班同学面前进行讲解与分享，并回答老师和其他同学的提问

表 6-3　客户异议调查报告

客户异议调查报告			
异议类型	异议内容	异议产生的原因	解决异议的方法

4. 评价反馈

各组配合指导教师完成如表6-4所示的考核评价表。

表6-4　考核评价表

项目名称	评价内容	分值	评价分数		
			自评	互评	师评
成果评价（30%）	调研记录全面、详细	10			
	客户异议调查报告撰写规范、完整	10			
	PPT制作精美、图文并茂	5			
	讲解语言规范、逻辑清晰	5			
技能评价（50%）	能够对客户异议进行合理的分类和分析	25			
	能够辨识推销人员处理客户异议和促成交易所采取的方式与方法，并做出正确、合理的评价	25			
素养评价（20%）	态度端正，做事认真	10			
	能够与小组成员进行有效沟通与配合	10			
合计		100			
总评	自评（20%）+互评（20%）+师评（60%）=	教师（签名）：			

项目综合测试

一、不定项选择题

1．客户向推销人员提出的对产品没有购买需求的异议属于（　　）。

A．需求异议　　B．产品异议

C．价格异议　　D．服务异议

2．“对不起，我需要请示上级，所以目前还不能决定是否购买。”客户提出的该项异议属于（　　）。

A．购买时间异议　　B．购买权力异议

C．推销人员异议　　D．需求异议

3．客户异议产生的原因包括（　　）。

A．客户不了解产品

B．客户不信任推销人员，质疑产品的质量

C．客户存在消极情绪

D．客户具有极强的自我保护意识

4. 推销人员在处理客户异议时应遵循的原则包括（　　）。

A. 尊重客户，认真倾听　　　　B. 正确对待，仔细分析

C. 适时处理，巧妙回答　　　　D. 少言为贵，沉默是金

5. 推销人员通过解决推销活动中的细节问题来促成交易的方法为（　　）。

A. 请求成交法　　　　B. 优惠成交法

C. 小点成交法　　　　D. 选择成交法

二、判断题

1. 当推销人员介绍的内容与客户的购买经验不相符时，客户就会提出异议。（　　）

2. 当客户提出异议时，推销人员应认真倾听并表现出极大的兴趣，不要随意插话或者打断客户讲话。（　　）

3. 当客户提出的异议一时难以解释清楚或者需要请示上级才可以答复时，推销人员可以不予答复。（　　）

4. 推销人员在被客户拒绝一次成交请求后，应放弃继续向该客户推销，可以转向其他客户。（　　）

5. 在与客户讨价还价时，推销人员要给自己留有一定的余地，最好不要将底价一次性和盘托出。（　　）

三、简答题

1. 简述客户异议的类型及其产生的原因。

2. 处理客户异议的常用方法有哪些？需要注意哪些问题？

3. 客户发出的购买信号一般有哪些？简述其具体表现。

4. 请列举三种在推销活动中常用的促成交易的方法，并说出它们各自的适用情况与注意事项。

项目七

提供售后服务

项目导读

在现代消费活动中，客户往往希望自己的需求被全方位满足。而对客户而言，既能买到心仪的产品，又能享受到优质的售后服务，才能称得上需求被全方位满足。由此可见，售后服务已经成为产品整体的一部分，它直接影响着客户需求的满足程度，并对推销活动产生着重要而深远的影响。

知识目标

（1）了解售后服务的重要性。

（2）熟悉售后服务的内容。

（3）掌握售后服务工作的原则和方法。

能力目标

（1）能够针对客户的不同需求，提供相应的售后服务。

（2）能够遵循售后服务的原则，并采用有效的方法做好售后服务工作。

素质目标

（1）强化责任意识，树立“客户至上”的服务理念。

（2）培养热情真诚、包容奉献的服务精神。

模块一　了解售后服务工作

情景案例

郭女士想买一台抽油烟机，经推销员小丽推荐，她购买了一台新款智能抽油烟机。随后，小丽安排了售后服务人员为郭女士送货上门。在安装和调试好抽油烟机之后，售后服务人员还耐心地为郭女士讲解了如何使用和保养抽油烟机，并告诉她公司提供三次免费清洗抽油烟机的服务，只要打个电话，他们就会上门服务。

过了一周，小丽打电话询问郭女士抽油烟机使用得怎么样，有没有出现什么问题。郭女士回答说没有问题，并且感觉抽油烟机的抽吸效果挺好的，声音也比较小。小丽说："您觉得好我就放心了，如果您有什么需要可以随时联系我。"郭女士听了很欣慰，觉得小丽真是一个有责任心的推销员。

大概过了半年，小丽再次打电话询问郭女士抽油烟机的使用情况，还问她用不用安排售后服务人员上门清洗抽油烟机。郭女士想了想说可以，于是便和小丽约定周末上门清洗抽油烟机。挂了电话，郭女士心想，要不是小丽的提醒，她恐怕早就忘了还有免费清洗服务，看来自己的眼光和运气还真是不错，不仅挑到了好的产品，还遇到了贴心的推销员。

思考：上述案例中，小丽为郭女士提供了哪些售后服务？售后服务对于整个推销活动来说有着什么样的价值？

售后服务是指在产品卖出后，企业为客户提供的各种后续服务工作。售后服务既是本次推销活动的最后阶段，又是下一次推销活动的开始。通过售后服务，企业不仅能够满足客户的需求，博得客户的好感，还能获得客户对产品的反馈，从而进一步发掘客户的需求，为开展下一次推销活动奠定基础。

一、售后服务的重要性

在市场竞争日益激烈的今天，售后服务已经成为吸引客户购买产品的一个重要因素，它所起的作用甚至比产品本身还要重要。

（一）售后服务是保障客户权益的有力措施

售后服务最根本的目的是保障客户权益。客户在购买产品后，除了应当获得产品的使用价值之外，还应享受相应的售后服务，如送货到家、安装调试、使用指导、上门维修和产品退换等。完善的售后服务能够及时、有效地帮助客户解决遇到的问题和麻烦，从而有力保障了客户权益。

（二）售后服务是提高客户满意度与忠诚度的有效举措

客户的满意度主要受两方面内容的影响，即产品的功能性价值与非功能性价值。前者是指产品的使用价值（如产品的功能、效用等）是否达到了客户的预期，后者是指企业提供的各项服务（包括售前服务、售中服务和售后服务）能否使客户满意。优质的售后服务可以极大地满足客户的非功能性价值需求，使客户获得愉悦的购物体验，进而产生重复购买的欲望和行为，从而有效提高了客户满意度与忠诚度。

（三）售后服务是增强企业竞争力的重要途径

随着科学技术的飞速发展，产品的质量有了普遍提高，但产品的同质化日益严重，这使得企业之间的竞争在传统的产品质量、产品功能外不断延伸，其中最为重要的一个方面就是售后服务。通过提供优质的售后服务，企业不仅能够赢得客户的满意和信赖，还能增强自身的差异化优势，进而在日益激烈的市场竞争中脱颖而出，占得市场先机。

推销界有一句名言“售后服务对于一个企业的意义远远超过推销，优质的售后服务是企业最好的招牌”。你是怎样理解这句话的？请与周围的同学讨论一下。

二、售后服务的内容

售后服务包含的内容十分丰富，并且随着竞争的加剧，新的售后服务方式层出不穷。一般来说，售后服务主要包括以下几个方面的内容。

（一）送货服务

送货服务是指企业根据客户的要求，将客户购买的产品运送到其指定位置的一种售后服务方式，如图 7-1 所示。通常，对于购买产品体积较大、不易搬运，或者一次购买数量较多，或者自行携带产品不便的客户，企业均应提供送货服务。送货服务给客户带来了极大的便利，能够有效提高客户的满意度。

（二）安装与调试服务

安装与调试服务主要是针对一些需要专业人员进行安装和调试之后才能使用的产品，如大型的机电设备、高精尖仪器、部分家具和家用电器等，如图 7-2 所示。安装与调试服务能够确保产品功能正常发挥，从而使客户放心使用产品。

图 7-1 售后服务人员正在为客户送货

图 7-2 售后服务人员正在为客户安装和调试产品

小贴士

有时候，售后服务工作可能不是由推销人员本人来做，而是由企业其他部门的工作人员或者专门的售后服务人员来完成。即便如此，推销人员也应该时刻跟进与监督售后服务工作，以确保为客户提供令其满意的售后服务。

（三）“三包”服务

“三包”是“包修、包换、包退”的合称，具体是指若企业所售产品在一定期限内发生质量问题，则企业负有免费修理、更换和退货的义务。企业如果不履行该义务，则要承担相应的民事责任。“三包”服务不仅能够保障客户权益，解决客户购买产品的后顾之忧，还能监督和促使企业保证所售产品达到国家规定的质量要求。

（四）咨询与指导服务

咨询与指导服务是指企业为客户提供的有关产品的各种技术支持服务。咨询与指导服务能够及时为客户排忧解难，帮助客户掌握产品的使用、保养和保管等方法，从而使客户能够正确、熟练地使用产品。

明德修业

暖心服务帮助老人开启智能生活

对于年轻人来说，智能手机的功能越多，使用起来就越方便，然而，对于绝大多数老年人来说，智能手机的功能越多，使用难度就越大。

小程是某品牌智能手机店的推销员。一天下午，店里来了一位老大爷，老大爷说他

女儿三个月前在这家店给他买了一台智能手机，他自己琢磨了很久还是用得不熟练，于是就想来店里看看有没有人能教教他。小程看老大爷一脸茫然的表情，便主动说要帮助老大爷学用智能手机。

由于老大爷上了年纪，眼神儿不太好，小程就先帮老大爷把手机的字号调大了一些，然后从手机基础设置开始教他怎么使用智能手机。老大爷听得十分认真，而且他还事先准备了一个笔记本，一边听一边在笔记本上记录下了各种操作步骤。不知不觉到了下班的时间，老大爷对小程说："年轻人，真是不好意思，耽误了你这么长时间。"小程说："没关系的，我教您使用手机，也帮我自己巩固了专业知识，这是一举两得的好事儿，您有啥问题尽管来找我，不要有顾虑。"老大爷再三表示感谢后，离开了手机店。

第二天，老大爷又过来了，说想让小程教教他怎么利用手机上网买东西，他女儿的生日就要到了，他想给在异地工作的女儿买个生日礼物。小程听了不仅耐心地教老大爷怎么网购，还跟他说要严防网络诈骗信息和诈骗电话。之后，老大爷又来了几次，小程每次都很耐心地教老大爷。在小程的帮助下，老大爷使用手机越来越熟练了，而且他的拍照技术比许多年轻人还要好。

过了一段时间，许久没来店里的老大爷突然出现了，一起来的还有他的女儿，他们是专程来为小程送锦旗的，锦旗上写着"至真至诚，暖心服务"。老大爷的女儿说十分感谢小程教她父亲学用手机，她感觉父亲自从学会使用智能手机之后，整个人的精神面貌都发生了改变，变得比之前更加开朗、自信了。

后来，老大爷把自己的那些老朋友都介绍给了小程，让小程帮他们挑选手机。小程专业、热心、优质的服务赢得了众多客户的信赖，他被称为店里的"金牌销售员"。

（五）回访服务

回访服务是指推销人员或售后服务人员通过电话、电邮、信函、即时通信工具（如微信、QQ 等）和上门等方式对购买产品的客户进行访问的一种售后服务方式。通过回访，企业或推销人员一方面能够及时了解客户使用产品的情况，收集到有关产品的相关信息，促进产品的改进，并且能够主动帮助客户解决遇到的问题，从而增加客户对产品和企业的好感；另一方面能够保持与客户的长期联系，从而有利于培养客户的忠诚度。

（六）处理客户投诉服务

处理客户投诉服务是指推销人员或售后服务人员对客户在购买产品后提出的问题和意见等进行及时、妥善处理的一种售后服务方式。客户投诉从表面上看是客户对企业销售的产品或提供的服务的不满与责难，但实质上体现的是客户对企业的信赖与期待。因此，企业应当正确认识和处理客户的投诉，以提升客户的

如何有效处理客户投诉

信任度和满意度。此外，客户投诉还能使企业进一步了解产品或服务存在的问题与不足，从而加以改进和完善。

知识之窗

处理客户投诉的技巧

（1）控制情绪。

客户在进行投诉时，很有可能存在过激的语言和行为，这样难免会使推销人员因受到攻击而情绪失控。而一旦推销人员与客户发生争论，事态就会更加严重，企业的形象和信誉也会跟着受损。因此，在处理客户投诉时，推销人员要学会控制自己的情绪，站在客户的角度，充分理解客户表现出来的失望、愤怒或其他过激情绪，努力缩短与客户之间的心理距离。

（2）耐心倾听。

在处理客户投诉时，推销人员要学会耐心倾听，以了解客户投诉的目的，明确客户投诉的问题。在倾听的过程中，推销人员应不时地向客户复述其表达的中心思想，核实自己的理解是否有误，以免产生误解。此外，推销人员还应适时给予客户恰当的反馈，一方面表明自己正在认真聆听，并在努力思考解决方法；另一方面表明自己的态度非常诚恳，十分愿意为客户排忧解难。

（3）换位思考。

在处理客户投诉时，推销人员要有换位思考的意识，想客户之所想，急客户之所急，着眼于解决问题，而不是解释问题。只有这样，推销人员才有可能真正清楚客户投诉的关键，从而以最合适的方式与客户交流，成功地解决客户投诉的问题。

模块二　做好售后服务工作

情景案例

周末，负责清洗抽油烟机的售后服务人员按时到达了郭女士家。

售后服务人员身着整洁的工装，在门外穿好鞋套之后才进入郭女士家中。在厨房里，售后服务人员先用遮盖布将各种厨具遮盖好，然后才开始进行抽油烟机的清洗工作。清洗完抽油烟机后，郭女士说最近感觉抽油烟机的风声比之前大了一些，想让售后服务人员帮忙看看是怎么回事。售后服务人员仔细检查后，发现烟管有破损，就为郭女士更换了新的烟管，并且认真擦洗了烟管附近的墙面和天花板。

清洗工作结束后，售后服务人员不仅整理好了各种厨具，还打扫了厨房，并将垃圾收拾好拎到了门外。郭女士问更换烟管需要多少钱，售后服务人员说不需要付钱，烟管是企业免费提供的，还说有任何问题都可以随时联系他。郭女士听了很感动，连连感谢售后服务人员，售后服务人员表示不用客气，这些都是他应该做的。

刚送走售后服务人员，郭女士就接到了小丽的电话，小丽问郭女士清洗服务怎么样，有没有乱收费的现象。郭女士说没有乱收费，售后服务人员既专业又有耐心，不仅免费更换了烟管，还帮忙打扫了卫生，她对这次服务很满意。小丽说："您满意就行，还是那句老话，您有需要随时联系我。"郭女士听了很开心，她觉得这台抽油烟机买得超值，不仅产品令人满意，提供的服务也很周到，以后买家用电器就认准这个品牌了。

思考：打动郭女士的售后服务细节有哪些？在日常生活中，你有没有接受过令你比较满意的售后服务，说一说这些服务都有什么特点。

企业通过提供优质的售后服务，不仅可以巩固现有的客户，使其持续地购买产品，还能争取到更多新客户，进一步开拓市场。因此，做好售后服务工作对于企业来说至关重要。

一、售后服务的"5S"原则

推销人员或售后服务人员在售后服务工作中应遵循"5S"原则，即"微笑（smile）""迅速（speed）""诚恳（sincere）""灵巧（smart）""研究（study）"，为客户提供令其满意的售后服务。

（一）微笑（smile）

微笑能够传递热情、真诚、友好的情感，营造和谐、融洽的气氛。在为客户提供售后服务时，推销人员或售后服务人员应当保持微笑，用微笑拉近与客户之间的心理距离，让客户感到亲切、轻松、愉快，从而使客户获得良好的服务体验。

（二）迅速（speed）

迅速是指推销人员或售后服务人员要对客户提出的售后服务要求做出及时、快速的响应。快捷的服务能够使客户感觉自己受到了尊重和重视，从而提高客户对产品、企业和推销人员的认可度与信任度。

（三）诚恳（sincere）

诚恳是指推销人员或售后服务人员要以真诚而恳切的态度为客户提供售后服务。在达成交易后，推销人员依然要和成交前一样诚心诚意地对待客户，尽心尽力为客户提供服务，千万不能因为已达成交易而怠慢客户，这样会使客户寒心，甚至失去客户。

小贴士

在成交后，客户的心理状态通常会发生一些变化。成交前，主动权掌握在客户手中；成交后，主动权发生了转移，送货、安装等一系列服务的主动权掌握在企业手中。客户便会由此产生一种不安全感。此时，若企业提供的售后服务稍有不妥，就可能会引起客户的强烈反应。因此，推销人员一定要充分理解客户的心情，在售后服务的过程中表现出足够的诚恳，以使客户安心。

（四）灵巧（smart）

灵巧是指推销人员或售后服务人员应当灵活、巧妙地处理售后服务中的问题。当客户对产品或服务产生不满、提出异议时，推销人员或售后服务人员应当分析异议的严重性和产生的原因，以及客户有何期望等，然后据此为客户提供有针对性的解决方案，从而最大程度地满足客户的要求，使客户由不满意转变为满意。

经典案例

过期的礼盒

一天，一位女士提着一个海产品礼盒走进了一家颇具盛名的海产品专卖店，说礼盒商品的质量有问题，要投诉这家店以次充好。这家专卖店的店长打开礼盒，发现里面的海产品已经变色、变味了。

这位女士说，这个礼盒是她一周前从母亲那里拿到的，母亲告诉她礼盒是在这家店购买的，然而当她打开礼盒时发现里面的海产品已经变质了，所以她认为这个礼盒是这家店卖出的劣质品。

经仔细检查后，店长确认这个礼盒是一年前售出的。由于印有生产日期和有效期的外包装已被撕毁了，店长便拿来时下正在销售的新款礼盒，让女士比较商品色泽、查看产品说明书，并解释道："海产品之所以发黄、变质，是因为超过了保存期限。您带来的礼盒是一年前售出的老款，和现在的新款礼盒有一定的差别。"

这位女士仔细比较之后，发现店长说得没错，便自知理亏地安静了下来。这时，店长安慰女士说："这个礼盒之所以过期了，肯定是因为您母亲一直不舍得吃，专门给您留下来的。这样吧，为了弥补这个爱的遗憾，我们送您一个新款礼盒吧！"女士觉得很不好意思，不肯收下礼盒，但在店长的一再坚持下，她最终接受了礼盒，并且又买了两个礼盒，然后高兴地离开了。

女士离开后，店员不解地问店长："我们这不是损失了一个礼盒吗？"店长回答说："虽然损失了一个礼盒，但是没有损失我们店的信誉，更重要的是让客户开心了，所以这是一件两全其美的好事。"

（五）研究（study）

对于客户在售后服务中提出的各种问题、意见和建议等，企业不仅要及时、妥善地处理，还应进一步分析和研究，从中提取改善产品和服务的有效方法，从而不断提高产品和服务的质量，使客户越来越满意。

二、做好售后服务的方法

售后服务在推销活动中起着举足轻重的作用，如何做好售后服务工作，如何提高售后服务水平等问题值得每个企业思考。下面介绍几种做好售后服务工作的方法。

（一）言而有信

售后服务的实用话术

客户选择企业的产品，归根结底是因为对企业和推销人员的信任。因此，为了能够继续获得客户的支持与信赖，企业和推销人员必须做到言而有信，坚守成交前所做的售后服务承诺。

（二）及时处理

对于客户提出的售后服务要求，推销人员应立即着手处理，切忌拖延时间、敷衍客户。推销人员应当了解清楚客户的意图，并且尽量按照客户的意愿为其提供相应的服务，从而全面满足客户的需求，提高客户满意度。

被激怒的客户

一周前，夏女士经推销员小范推荐买了一台最新款的电饭煲。然而，夏女士在使用过程中发现电饭煲蒸出来的米饭有点夹生，于是她就给小范打电话看怎么解决这个问题。打通电话后，小范说他在外地出差，让夏女士过几天再给他打电话。

过了几天，夏女士又给小范打电话，小范却说他不负责处理商品质量问题，让夏女士给公司的售后部门打电话。夏女士问他售后部门的电话是多少，小范说商品说明书上注明了，让夏女士自行查找。挂断电话后，夏女士便开始找商品说明书，结果没有找到，于是，夏女士再一次拨打了小范的电话。接通电话后，小范的声音有些不耐烦，并抱怨说自己只负责卖电饭煲，不负责售后的事情，还说他们的产品从来没出现过这样的问题，会不会是夏女士自己弄坏了电饭煲，要赖在他们头上。

听了小范的话，夏女士十分恼火，于是上网查找到小范所在公司总部的联系电话。夏女士打电话反映了电饭煲出现的问题，并对小范这种不负责任的言行进行了投诉。总

部工作人员听了夏女士的投诉之后连忙道歉，并且表示不仅会为夏女士更换一个新的电饭煲，还会对小范及其所在公司做出严肃处理，希望夏女士能够原谅他们。然而，即使是这样，夏女士也对这家企业失去了好感，不再像从前那般信赖他们的产品了。

（三）保持联系

“你忘记客户，客户也会忘记你。”在售后服务的有效期限内，推销人员要始终与客户保持联系，及时了解客户使用产品的情况，尤其要及时、有效地解决客户的异议、不满和投诉，同时也要了解客户的最新需求，以便与客户建立长期的合作关系。

（四）不断创新

“不怕做不到，就怕想不到”，做售后服务和做产品一样，都要勇于创新。企业和推销人员要树立创新观念，平常要多琢磨、多研究、多借鉴，以客户的需求为中心，认真分析自身服务的不足之处，积极借鉴竞争对手的优点，并竭力思考和设计出他人尚未做好或者尚未想到的售后服务项目，从而不断创新售后服务方式，提高售后服务水平。

互动空间

为了提高客户的忠诚度与满意度，各企业一直在探索，不断创新售后服务方式。例如，某品牌家具企业推出的“你买家具，我负责设计”售后服务，企业安排资深设计师，根据客户选购的家具，免费为客户提供家居设计方案，最大程度地满足客户的喜好，帮助客户打造美好的私人空间。这一售后服务方式既免去了客户绞尽脑汁布局家具的烦恼，也为客户提供了优质的个性化服务，深受广大客户的喜爱。

在日常生活中，有哪些富有创新性的售后服务方式令你印象较为深刻？请与周围的同学讨论一下，谈谈这些售后服务方式的创新之处在哪里。

项目实训——售后服务调研活动

1. 任务概述

为充分了解售后服务工作，请全班同学以小组为单位开展售后服务调研活动。调研方法不限，各组可以从网络上搜集相关信息，也可以前往各个产品售后服务中心进行实地观察，还可以进行人物采访（可以采访推销员、售后服务人员，或者身边接受过售后服务的同学、朋友、亲人等）。调研结束后，各组将搜集到的信息进行整理和分析，撰写售后服务调研报告。

2．任务分组

全班同学自由分组，每组 4～6 人，各组选出组长并进行任务分工，然后将小组成员及分工情况填入表 7-1 中。

表 7-1　小组成员及分工情况

<table>
<tr><td>班级</td><td></td><td>组号</td><td></td><td>指导教师</td><td></td></tr>
<tr><td>小组成员</td><td>姓名</td><td>学号</td><td colspan="3">任务分工</td></tr>
<tr><td>组长</td><td></td><td></td><td colspan="3"></td></tr>
<tr><td rowspan="5">组员</td><td></td><td></td><td colspan="3"></td></tr>
<tr><td></td><td></td><td colspan="3"></td></tr>
<tr><td></td><td></td><td colspan="3"></td></tr>
<tr><td></td><td></td><td colspan="3"></td></tr>
<tr><td></td><td></td><td colspan="3"></td></tr>
</table>

3．任务实施

按照小组分工情况开展实践活动，并将具体的实施情况记录在表 7-2 中。

表 7-2　实施情况记录表

时间安排	实施步骤
	1．小组讨论，确定本组的调研方法和调研要点 （1）调研方法 （2）调研要点
	2．进行调研，记录售后服务的内容和过程

（续表）

时间安排	实施步骤
	3．整理搜集到的信息，尝试找出售后服务中存在的问题与不足，并针对如何改善售后服务提出意见与建议，然后撰写一份售后服务调研报告，报告的基本格式如表 7-3 所示
	4．小组讨论，总结心得
	5．派代表在全班同学面前进行讲解，并回答老师和其他同学的提问

表 7-3　售后服务调研报告

售后服务调研报告			
售后服务内容	售后服务过程	存在的问题与不足	意见与建议

4. 评价反馈

各组配合指导教师完成如表 7-4 所示的考核评价表。

表 7-4 考核评价表

项目名称	评价内容	分值	评价分数		
			自评	互评	师评
成果评价（30%）	售后服务调研报告撰写规范、内容完整、详略得当	20			
	讲解口齿清晰、仪态大方	10			
技能评价（50%）	调研方法恰当，搜集到的信息真实、全面	10			
	能够运用所学知识分析和研究搜集到的信息	15			
	能够揭示售后服务工作存在的问题与不足，并且提出合理的意见与建议	25			
素养评价（20%）	能够独立思考，并且积极发表自己的见解与看法	10			
	具有团队精神，能够与小组成员相互帮助、相互协作	10			
合计		100			
总评	自评（20%）+互评（20%）+师评（60%）=	教师（签名）:			

项目综合测试

一、不定项选择题

1. 在市场竞争日益激烈的今天，企业越来越重视售后服务工作，这是因为（　　）。

A. 售后服务是保障客户权益的有力措施

B. 售后服务是保持客户满意度与忠诚度的有效举措

C. 售后服务是增强企业竞争力的重要途径

D. 售后服务可以帮助客户解决所有问题

2. 如果客户购买的是洗衣机、电视或组合家具等体积较大的产品，商家则可以通过提供（　　）等售后服务来吸引客户。

A. 上门安装　　B. 回访服务

C. 送货上门　　D. 咨询与指导服务

3. 能够确保产品功能正常发挥，使客户放心使用产品的售后服务是（　　）。

A. 送货服务　　B. “三包”服务

C. 咨询与指导服务　　D. 安装与调试服务

4. “三包”服务是指（　　）。

A. 包修　　B. 包赔　　C. 包退　　D. 包换

5．进行客户回访服务的好处是（　　）。

A．能够及时了解客户使用产品的情况　　B．增加客户对产品和企业的好感

C．能够保持与客户的长期联系　　D．有利于培养客户忠诚度

二、判断题

1．如果客户不要求，那么推销人员可以不提供咨询与指导服务。（　　）

2．客户投诉实质上是客户对企业销售的产品或提供的服务的不满与责难。（　　）

3．对于客户提出的售后服务要求，推销人员应立即着手处理，切忌拖延时间、敷衍客户。（　　）

4．推销人员在得知客户对产品比较满意后，则不必再与客户保持联系。（　　）

5．企业和推销人员对客户做出的售后服务承诺要说到做到，言而有信。（　　）

三、简答题

1．售后服务的内容有哪些？

2．简述售后服务的“5S”原则。

3．如何做好售后服务工作？

商务谈判实战篇

项目八

做好谈判准备

项目导读

凡事预则立，不预则废。一场商务谈判的成功，不仅取决于高素质、经验丰富的谈判人员在谈判桌上的唇枪舌剑、讨价还价，还有赖于谈判前充分、完善的准备工作。充分的准备工作能够使谈判人员从容应对谈判过程中出现的各种问题，掌握谈判的主动权，从而为谈判成功奠定基础。

知识目标

（1）了解商务谈判团队的人员构成及素质要求。

（2）熟悉商务谈判背景调查的内容、渠道和方法。

（3）熟悉商务谈判方案的内容。

（4）了解模拟谈判的主要方式和步骤。

能力目标

（1）能够运用多种信息渠道和调查方法进行谈判背景调查。

（2）能够遵循制订谈判方案的原则，制订合适的谈判方案。

（3）能够有效开展模拟谈判。

素质目标

（1）知行合一，提升将理论与实践相结合的能力。

（2）树立终身学习的理念，养成勤于思考的好习惯。

模块一　组建商务谈判团队

情景案例

时间：2022 年 7 月 4 日

地点：新源电脑公司

主要人物：推销员——李林　　销售部主管——马经理

李林是新源电脑公司的一名推销员。最近，他通过一些渠道得知，有一家大型互联网公司——星电科技公司准备购进一大批电脑，这可是一笔大业务。李林通过不懈的努力，终于和星电科技公司负责采买电脑的负责人见上了面，对方表示有意与李林合作。随后，双方约定好 2022 年 7 月 12 日在新源电脑公司就具体的合作条件进行一次正式的商务谈判。

李林非常希望能够促成这次合作，因为这是他入职以来接触到的最大的业务。但是，这也是李林第一次参加正式的商务谈判。李林找到了销售部的马经理，想邀请马经理同他一起去参加谈判。马经理听了说道："小李，你先不要着急，我们不能就这么毫无准备地去参加谈判。对方是一家大型互联网公司，对设备技术方面的要求肯定要高一些，你和我都不是技术方面的专业人士，我们需要先组建一支谈判团队。"于是，李林便在马经理的指导下，开始着手组建谈判团队。

思考：上述案例中，马经理提出要组建谈判团队的意见正确吗？为什么？李林的谈判团队中除了需要有技术方面的专业人士之外，还需要有哪些人员？

商务谈判活动是由谈判双方组建的谈判团队来完成的，谈判团队素质的高低直接影响着谈判的结果。要组建一支完备的谈判团队，了解谈判人员的素质要求和谈判团队的构成原则必不可少。

一、谈判人员的素质要求

谈判人员素质的高低直接关系到谈判的成败。在商务活动中，优秀的谈判人员至少应具备以下几项基本素质。

（一）合理的知识结构

商务谈判是谈判双方利益关系协调磋商的过程。在这一过程中，谈判人员一方面要掌握商业贸易、市场营销、企业管理等一些必备的专业知识；另一方面还应了解诸如政治、经济、科技发展、法律和心理学等多方面的信息和知识，并且能够将其与专业知识结合起来。这意味着谈判人员不仅要在纵向方面有较深的专业知识，而且要在横向方面有广博的知识面，进而构成一个“T”字形的知识结构。

（二）杰出的能力

一名成熟的谈判人员应具备以下几个方面的能力。

1. 洞察力

在商务谈判中，谈判人员的语言往往“滴水不漏”，而其言谈举止往往可以反映出其真实的想法和隐蔽的需求。因此，谈判人员必须具备敏锐的洞察力，要善于观察对方的细微动作，察觉出对方的真正意图。

2. 应变能力

在商务谈判的过程中，常常会出现各种矛盾及意想不到的情况。因此，谈判人员必须具备灵活的应变能力，能够对谈判中的情况变化迅速做出判断，及时调整对策，合理运用各种谈判策略与技巧，掌控谈判的局势，确保谈判顺利进行。

3. 沟通表达能力

谈判是一个信息交流的过程，也是一个试图说服对方、达成共识的过程。因此，谈判人员必须具备较强的沟通能力，要能客观公正、有礼有节地阐明己方的立场和观点，并用真诚打动对方，通过有效的说服促使对方接受己方观点。

在这一过程中，谈判人员要注意谈判语言的使用，做到准确、适当、有理有据，不任意发挥，以免出现破绽；要注意口音的标准化，尽量使用对方能听懂、能理解的语言，避免使用易生歧义的词汇；表达要生动形象，富有感染力和说服力。

4. 团队合作能力

绝大多数商务谈判都是以团队形式开展的，作为谈判团队中的一员，谈判人员即使个人能力再强，也必须具有大局意识和团队精神，善于听取团队中他人的意见，积极与他人合作，从而有效促进谈判成功。

5. 社交能力

商务谈判是一项比较复杂的活动，其不仅仅会发生在谈判现场，还有可能与其他各种社交场合有所联系。在这些场合中，有着形形色色的人，每个人的职业、喜好、学识、修养和习惯都不同，谈判人员必须具备与不同的人打交道和应对不同社交场合的能力。

（三）良好的心理素质

在商务谈判中，紧张激烈的辩论往往不可避免，僵持的情况也时有发生，谈判人员可能需要承受很大的压力。这就要求谈判人员具备良好的心理素质，能够在激烈的辩论中驾驭自己的情绪，控制自己的行为，与对手周旋；能够在随时变化的局势中保持镇定，坚持

自己，积极争取谈判的主动权。

明德修业

泰然自若，沉着应对

某汽车生产企业由于本年第一季度零件价格大幅上涨遭遇了亏损，其总部要求该汽车生产企业的总经理与各零件供应商进行谈判，将零件价格控制在合理的范围内。有几家零件供应商听闻该消息之后，就商量着要先发制人，一起来对抗，便主动找到了该汽车生产企业的总经理。

谈判时，这几家零件供应商的负责人你一句我一句，根本不给这位总经理插话的机会。而出乎他们意料的是，这位总经理并没有表现得十分着急，反而一直面带微笑，耐心地听他们讲话，有时还会点头予以回应。总经理这种温和的态度使在场的供应商们也逐渐静下心来，他们开始认真讨论零件的价格问题，但还是不打算在价格上做出让步。

总经理见状，微笑着不急不缓地说道："各位，在你们来之前，我已经对市面上所有的零件进行了调研，心中也有了一定的解决方案。当然，在场几位所供应的零件是无可挑剔的，但是考虑到我公司的效益，我们不能一直做亏本的买卖，所以，如果各位坚持不肯做出让步，那么我们只好另寻合作伙伴了。其实我心里也清楚，我们在一起合作了这么久，关系一直是很好的，如果各位真的很珍视我们之间的合作关系，那么请慎重考虑一下价格问题。期待得到大家的回复，谢谢大家。"说完，总经理一一与在场的供应商负责人握手道别。

几位供应商负责人回去之后思考了一番，他们认为该汽车生产企业每年的零件需求量很大，并且从未拖欠过货款，丢掉这么一个合作伙伴十分可惜，便决定接受该汽车生产企业的建议，将价格回调至合理的范围内。

（四）规范的礼仪

在商务谈判中，礼仪作为交际规范，是谈判人员必备的基本素养。在谈判桌上，谈判人员彬彬有礼，举止优雅，不仅能给人带来赏心悦目的感觉，还能使对方感觉受到尊重，从而为谈判营造一种和平友好的气氛。反之，若谈判人员缺乏礼仪，疏忽礼节，则可能会使谈判破裂，从而产生恶劣的影响。

商务谈判中的倾听礼仪

二、谈判团队的构成

一支知识全面、素质过硬、配合默契的谈判团队是谈判取得成功的重要条件。

（一）谈判团队的构成原则

1. 知识互补

知识互补主要包括以下两个方面。一是谈判人员在知识结构方面相互补充，形成整体的优势。例如，分别精通商业、外贸、金融、法律和专业技术等知识的几位谈判人员，就能够组成一支知识全面而又各自精通一门专业知识的谈判团队。二是谈判人员理论知识与实践经验的互补。谈判团队中既要有理论水平高深的专业人士，也要有实践经验丰富且具备专业技术特长的资深人士，只有将两者的知识与经验相结合，才能真正提高整个谈判团队的战斗力。

2. 性格协调

不同性格的人，有着不同的处事方式。例如，性格活泼开朗的人善于表达、反应敏捷、处事果断，但是他们的性情可能比较急躁，看待问题也可能不够深刻，甚至会疏忽大意；性格稳重沉静的人办事认真细致，说话比较谨慎，原则性较强，看问题比较深刻，善于观察和思考，但是他们可能不够热情，处理问题不够果断，灵活性较差。如果这两类性格的人组合在一起，分别担任不同的谈判角色，就可以发挥出各自的性格特长，优势互补、协调合作。

（二）谈判团队的人员配备

通常情况下，谈判团队的人数在一人以上。由多人组成的谈判团队，可以满足谈判多学科、多专业的知识需要，发挥综合的整体优势。一般来说，谈判团队的组成人员主要包括以下几类。

（1）谈判团队领导人：通常具有一定的身份和地位，负责整个谈判工作，领导谈判团队，有领导权和决策权。

知识之窗

谈判团队领导人应具备的条件

谈判团队领导人是谈判团队的核心，是代表己方利益的主要发言人。整个谈判实际上主要是在双方谈判团队领导人之间进行，因此，谈判团队领导人水平的高低直接影响谈判的结果。谈判团队领导人应具备以下几项条件。

（1）较全面的知识。

谈判团队领导人应掌握谈判所涉及的多方面知识，只有这样才能针对谈判中出现的问题提出正确的指导意见，采取正确的解决措施，从而促使谈判朝着有利于己方的方向发展。

（2）果断的决策能力。

当谈判出现机遇或遇到障碍时，谈判团队领导人必须能够敏锐地抓住机遇，或快速地解决问题，进而果断地做出决策。

（3）较强的管理能力。

谈判团队领导人必须具备授权能力、用人能力、协调能力、激励能力和总结能力等多种管理能力，领导谈判团队成为具备高度凝聚力和战斗力的集体。

（4）一定的权威。

谈判团队领导人要具备领导威信，有较大的权力，如用人权、决策权、签字权等。谈判团队领导人一般由高层管理人员或某方面的专业人士担任，并且最好与对方谈判团队领导人具有同等高的地位。

（2）商务人员：通常由熟悉商业贸易、市场行情、价格形势的贸易专家担任，主要负责标的物的价格谈判。

（3）技术人员：通常由熟悉生产技术、产品标准和科技发展动态的工程师担任，在谈判中负责有关生产技术、产品性能、质量标准、产品验收和技术服务等问题的谈判，也可为商务谈判中的价格决策做技术顾问。

（4）财务人员：通常由熟悉财务会计业务和金融知识，具有较强财务核算能力的财会人员担任。其主要职责是对谈判中的价格核算、支付条件、支付方式、结算货币等与财务相关的问题进行把关。

（5）法律人员：通常由精通经济贸易相关法律条款及法律执行事宜的专职律师、法律顾问或本企业熟悉法律的人员担任。其职责是做好合同条款的合法性、完整性、严谨性的把关工作，也负责涉及法律的谈判。

除了以上几类人员之外，谈判团队还可配备一些其他辅助人员，如翻译人员、谈判记录人员等。需要注意的是，谈判团队人员的配备要根据业务要求、谈判规模和谈判内容等来安排，人数要适当，尽量避免不必要的人员设置。

小贴士

如果己方某些工作人员与对方谈判人员有过接触，并且双方关系处理良好，那么应将这些工作人员选入谈判团队，这样可以增加对方对己方的信任感，缩短双方之间的距离。

模块二 进行商务谈判背景调查

情景案例

时间：2022 年 7 月 5 日

地点：新源电脑公司

主要人物：李林、马经理，以及新源电脑公司谈判团队的其他成员

李林在马经理的指导下，按照谈判中对技术、商务、财务、法律等方面的要求，通过多方协调与沟通，组建了以马经理为主谈人的五人谈判团队。马经理告诉大家，接下来他们要做的事情是进行谈判背景调查，搜集各种谈判信息。

李林有些不解，便问道："马经理，对方公司的信息我都了解得差不多了，我们现在去大范围地搜集信息会不会有些浪费时间？"马经理说道："小李，你了解的只是对方的一些基础信息，那些信息远远不够。要想获得此次谈判的成功，我们必须了解更多的信息。谁掌握了信息，谁就掌握了谈判的主动权。"于是，在马经理的安排下，大家开始分头搜集各方面的信息。

思考：你如何看待"谁掌握了信息，谁就掌握了主动权"？李林及其谈判团队需要搜集哪些方面的信息？

在当今社会中，信息是商务活动的先行条件，也是影响商务谈判成败的一个重要因素。在实际谈判前，进行相关的背景调查，搜集和掌握有效的信息，有利于对谈判进行周密的筹划。

一、背景调查的内容

背景调查的内容既包括对贸易环境、谈判对手、交易条件的调查，也包括对己方情况的了解。

（一）对贸易环境的调查

1. 政治法律环境

政治环境是指影响企业经营活动的外部政治形势。当一个国家的政局稳定，人民安居乐业，企业就能够在这种良好的环境中发展壮大。法律环境是指国家或地方政府所颁布的各项法律、法规、法令和条例等。它是商务活动的准则，企业只有依法进行包括谈判在内的各种商务活动，才能受到国家法律强有力的保护。

需要注意的是，政治法律环境的变化往往比较突然，企业必须密切关注国家相关政策及法律法规的变化，及时了解其可能对企业产生的影响。

2. 社会文化环境

社会文化环境主要体现在社会习俗方面，其内容繁多，包括符合当地礼仪规范的衣着、饮食、称呼；工作与休息的关系；对荣誉、名誉的不同理解；馈赠礼品的方式，礼品的内容；时间观念；朋友的标准；基本的价值观；等等。此外，社会文化环境还体现在宗教信仰方面，了解谈判对手的宗教信仰并予以尊重也有利于谈判的顺利进行。

3. 经济技术环境

经济环境主要指目标市场所在国家或地区的经济制度、经济现状和经济发展趋势等。谈判前，谈判人员需要详细了解目标市场所在国家或地区人们的经济收入水平、消费结构、消费偏好，以及己方产品的市场行情等。

而在技术环境方面，谈判人员应着重搜集以下资料。

（1）交易商品和相关竞争商品的技术资料。

（2）交易商品和相关竞争商品的品质检验与鉴定方法的资料。

（3）交易商品和相关竞争商品的生产企业的技术力量、员工素质和设备状况等资料。

（4）交易商品和相关竞争商品的专利申请和技术转让方面的资料。

（5）相关技术的最新发展和研究成果资料。

4. 市场环境

市场环境构成复杂、瞬息万变。市场环境状况对企业的商务谈判活动具有重大影响，谈判人员必须密切关注市场环境的变化，及时进行多角度、全方位的了解和研究。与谈判有关的市场环境信息主要有以下几个方面。

（1）交易商品的市场需求量、供给量及发展前景。

（2）交易商品的流通渠道和销售渠道。

（3）交易商品市场分布的地理位置和运输条件等。

（4）交易商品的交易价格、优惠措施等。

5. 商业习惯

商业习惯不同会使谈判人员在语言使用、报价、谈判方式等方面存在较大的差异。如果不切实了解谈判对手的商业习惯，谈判人员则可能会误入陷阱，使己方陷入被动局面。例如，部分谈判人员常常在口头谈妥合同的重要条件后又要求更改，与此类谈判人员谈成的协议必须以书面形式互相确认。

（二）对谈判对手的调查

在了解谈判对手的情况时，谈判人员应注意审核与分析对方所代表企业的资质、资信，对方谈判人员的权限、谈判目标，以及谈判时限等。

1．资质的审核

对资质的审核主要是对对方所代表企业法人资格的审查，谈判人员可以要求对方提供有关证件，包括法人登记证、法人资格证明、营业执照等，以便详细掌握对方所代表企业的名称、法定地址、成立时间、注册资本和经营范围等。

其中，谈判人员要注意了解谈判对手及其所代表企业的组织形式和权限等。如果谈判对手是其所代表企业的子公司，谈判人员则应要求其出示母公司准予其以母公司名义洽谈业务，并承担子公司一切风险的授权书；如果谈判对手是其所代表企业的分公司，则其公司资产属于母公司，并且不具备独立的法人资格，无权独自签约；如果谈判对手是其所代表企业委托的第三方，谈判人员则要了解其是否有足够的权利和资格代表委托方参加谈判并做出决策。

2．资信的调查

对对方所代表企业资信情况的调查包括对对方所代表企业的资本、信誉和履约能力的调查。

对对方所代表企业的资本调查主要是调查对方所代表企业的资产负债情况、收支状况、销售状况等。对方所代表企业的资本实力可以通过第三方出具的年度审计报告，以及银行、资信鉴定机构出具的证明来核实。

对对方所代表企业的信誉和履约能力调查主要是调查对方所代表企业的经营历史、经营作风、产品的市场声誉，以及其在以往的商务活动中是否具有良好的商业信誉。

3．谈判人员权限的调查

商务谈判的一个重要法则是不与没有决策权的人谈判。一般来说，对方参与谈判的人员职位越高，权限也就越大。如果对方参与谈判的人员职位较低，谈判人员则应了解对方参与谈判的人员是否得到授权，权限有多大，在多大程度上能够独立做出决定，以及是否具有决定让步幅度的权力等。

4．谈判目标的调查

谈判人员应尽可能通过观察与沟通去发现、辨别对方本次谈判要达到的目标、对方可能接受的最低标准，以及对己方的特殊需求等。只有认真了解对方的需求，谈判人员才能有针对性地制订激发其合作动机的策略。

5．谈判时限的调查

谈判时限与谈判任务量、谈判策略、谈判结果都有重要联系。一般来说，时间越短，谈判人员用以完成谈判任务的选择机会就越少。了解对方的谈判时限，有利于谈判人员合理地推测出对方在谈判中可能会采取何种态度、何种策略，从而制订出相应的对策。

此外，为了全面掌握谈判对手的信息，谈判人员还可从多个方面搜集谈判对手的一些其他情况。例如，对方谈判人员的资历、能力、性格、个人作风、爱好和禁忌等；谈判对手所追求的核心利益和特殊利益；谈判对手对己方的信任程度；谈判对手对己方经营与财

务状况、支付能力等多种因素的评价等。

经典案例

打有准备之仗

A公司与B公司就某项技术的使用权转让费进行谈判。B公司的观点是，该项技术经过5年的研制才完成，每年投入科研费200万元，5年为1 000万元，考虑仅转让使用权，可以20%的比例计费，即200万元。

A公司在得知上述信息后，进行了内部讨论，达成以下共识。

（1）搜集B公司的产品目录，调查B公司近几年来新产品的推出速度。如果推出的新产品多，则说明B公司每年有多个产品投入研发。

（2）搜集B公司近几年的年报，调查其资产负债状况和损益状况。若利润率高，则说明B公司具备将大量资金投入研发的能力；若利润率低，则说明B公司需要借款才能开展研发；若负债率不高，则说明B公司借款少或没有借款。

（3）查询B公司每年交纳企业所得税的情况，纳税多说明利润高，纳税少说明利润低。

经调查发现，B公司每年有5种新产品上市，其负债率很低，利润率也不高，每年的利润不足以支持其所说的研发费用。因此，B公司所称的每年的资金投入并不真实，其对于企业自身情况有所隐瞒。

在谈判中，A公司向B公司表明了上述事实与推断，请B公司表态。B公司无法对本公司低负债、低利润和高投资的关系做出合理的解释，只好降低了技术使用权转让费标准。

（三）对交易条件的调查

谈判人员在谈判前应围绕交易主要条件搜集、掌握有关信息，以保证谈判和交易的顺利进行。

1. 商品信息

在进行谈判之前，谈判人员需要了解所要交易商品的名称、包装、规格、数量和价格等多种信息。

（1）名称和包装。注意分辨同一种交易商品的不同名称；搜集同类商品的包装设计，分析不同的包装设计对商品销售量的影响；搜集各国对商品包装的要求和规定，避免触犯禁忌。

（2）品质规格和数量。搜集与交易商品类似商品的品质规格信息，并加以比较，以作为谈判的依据；搜集对方企业以往交易的商品数量信息，以防受骗。

（3）价格。搜集影响商品成本的资料；搜集同类商品的价格信息，掌握商品的最高价、最低价、平均价及未来价格走势；在国际贸易谈判中，还要注意汇率的变动。

2. 商品检验

谈判人员应搜集商品主要检验机构的权限、检验技术，以及世界各国和国际组织对商品检验的有关规定和相关要求等方面的资料。

3. 运输和保险

运输方面的调查和资料搜集包括运输方式、运输工具、运输路线及运费等；保险方面的调查和资料搜集指了解各保险机构的相关险种、手续和费用等情况，并进行比较。

4. 货款支付

谈判人员应研究并寻找有利于己方的付款方式；在国际贸易中，还要了解进口国家的贸易管理和外汇管理条例，以免货物到目的地后被拒收。

（四）对己方情况的了解

在谈判前的调查准备工作中，谈判人员不仅要调查分析客观环境和谈判对手的情况，还应该正确了解和评估己方的状况。

1. 己方企业的情况

谈判人员应了解己方企业的经济实力、人资力量、设备情况、管理水平、劳动效率及产品的优缺点等。通过对这些情况的了解和分析，谈判人员可以清楚己方企业的优势与劣势，从而制订出有效的谈判策略来扬长避短。

2. 己方谈判人员的情况

正确、有效地评价谈判人员并不是一件容易的事情。每一名谈判人员需要对自己有正确的自我认识、自我评价，谈判团队领导人还需要对团队成员有较为客观的认识和评价。通过对己方谈判人员的价值观、性格特点、能力水平等方面的细致考察，可以帮助其发现自身弱点并尽力改善，从而有效避免己方在谈判中陷入被动局面的情况。

胸有成竹的工程师

某冶金公司要向一家机械设备厂购买一批先进的合金熔炼炉，于是派遣了一名工程师带领团队与该厂进行谈判。为了取得谈判的成功，这位工程师查找了大量有关合金熔炼炉的资料，并且花费了大量精力对合金熔炼炉的市场行情和这家机械设备厂的经营情况等进行了深入的调查。

当双方进行谈判时，机械设备厂代表报价每台 15 万元。经过讨价还价，机械设备厂愿意将价格降到每台 12 万元，但工程师仍然不同意，坚持出价每台 9 万元。对此，机械设备厂代表表示不愿再继续谈下去了，并且把合同往工程师面前一扔，说：“我们

已经做了这么大的让步，贵公司仍然不愿意合作，看来你们并没有什么合作的诚意。这笔生意就算了吧，我们回去了。”工程师闻言微微一笑，把手一伸，做了一个优雅的“请”的动作。

待机械设备厂的谈判团队走后，冶金公司谈判团队的其他人有些着急。但工程师胸有成竹地说：“放心吧，他们会回来的。同样的设备，他们去年卖给另一家公司只有每台 9 万元，而且市场上这种设备的价格一般为每台 10 万元。除此之外，我们的订购数量并不是一个小数目，他们不会这么轻易就放弃的。”果然，一个星期后，机械设备厂的谈判团队又回来继续谈判了。

当工程师向机械设备厂代表点明了他们与另一家公司的成交价格后，机械设备厂代表愣住了，他没想到眼前这位工程师竟如此精明，于是不敢再虚报价格，只得说：“现在物价大幅上涨，不能与去年相比了。”工程师回应道：“近年来每年物价上涨指数都没有超过 6%。一年时间，你们算算，该涨多少？”顿时，机械设备厂代表被问得哑口无言，在事实面前不得不做出让步。最终，双方以每台 9.5 万元达成了这笔交易。

二、背景调查的渠道与方法

谈判人员进行背景调查往往需要借助多种信息渠道和调查方法，这样才能使调查结果全面、真实、准确地反映现实情况。

（一）背景调查的渠道

1．纸质媒体

通过查阅报纸、杂志和专业书籍等纸质媒体中登载的关于贸易环境和企业的文字、图表、照片等，谈判人员可以获取多种信息，如国家政策、法律法规、经济状况、技术发展和企业经营状况等。一般来说，城市图书馆、企业、高校及研究机构的资料室里都有这些纸质媒体。

2．互联网

在互联网上，谈判人员可以非常方便、快捷地查阅众多的企业信息、产品信息、市场信息等。但通过此类渠道搜集的信息十分庞杂，谈判人员需要对其进行进一步的鉴别，以判断其真实性和准确性。

3．各种商务会议

通过参加商品交易会、展览会、订货会、企业界联谊会、各种经济组织专题研讨会等，谈判人员可获取大量资料。通过此类渠道搜集的资料通常信息量大且比较新，谈判人员需要从中进一步筛选出有价值的内容。

4．各种专门机构

各种专门机构包括商务部，进出口公司，本公司在国外的办事处、分公司，驻各国的大使馆等。这些专门机构会不定期地发表相关的统计资料和相关报告，谈判人员可以通过此类机构获取所需要的信息。

5. 知情人员

通过朋友、客户、公司的商务代理人、对方企业的雇员、消费者等，谈判人员也可以了解所需要的信息资料。

除了上述渠道之外，你还知道可以通过哪些渠道来搜集背景资料？请与周围的同学讨论一下。

（二）背景调查的方法

1. 文案调查法

文案调查法是指搜集和分析企业提供的或公开发行的资料，包括商品目录、报价单、企业简介，以及介绍谈判对手情况的报刊、书籍等的方法。

2. 访问法

访问法是指通过直接或间接的问答方式搜集市场信息的方法，包括面谈调查、发放调查问卷、邮寄调查和电话调查等。

3. 观察法

观察法是指谈判人员亲临调查现场搜集信息的方法。这种方法的优点是谈判人员可以通过亲自观察得到较为真实可靠的信息；缺点是有一定的局限性，如受交通条件限制，部分现场不能到场观察。

4. 实验法

实验法是指谈判人员对调研内容进行现场实验的方法。例如，对商品进行试销、试购，以及模拟其他商务活动运作。这种方法比观察法更进一步，可以使谈判人员发现一些在静态观察时不易发觉的信息。

5. 购买法

购买法是指谈判人员从有关专业市场调查公司或咨询机构直接购买信息的方法，这是一种借助外界力量来达到了解谈判对手目的的调查方法。市场调查公司和咨询机构拥有专职的市场调研人员、熟悉业务的专家，同当地企业有着广泛的联系，在信息搜集方面更具优势。

三、背景资料的整理

通过各种渠道和方法搜集到资料后，谈判人员必须对其进行整理，以鉴别资料的真实性与可靠性，同时需要结合谈判项目的具体内容，分析各种因素与谈判项目的关系，找出

有价值的信息。一般来说，背景资料的整理分为以下四个阶段。

（一）评价

对资料进行评价是指对已搜集到资料的价值加以确认。对于不同类型的资料，谈判人员应分情况进行处理，如对于那些无论现在还是将来都不会有任何用途的资料，应该毫不犹豫地舍弃；对于现在可以立即利用的资料，应进行保留；对于将来有可能用上的资料，应妥善保存，以备不时之需。

（二）筛选

对于现在可以立即利用的资料，谈判人员还需要对其进行有效的筛选。一般来说，资料的筛选方法有以下几种。

（1）查重法：指对于重复出现的、完全相似的资料，谈判人员应剔除重复部分；而对于重复出现但并不完全相同的资料，谈判人员则可以适当地保留一部分。

（2）时序法：指将搜集到的资料按时间顺序排列，保留较新的，舍弃较旧的。这样能使资料具有较强的时效性。

（3）类比法：指将搜集到的资料按产品、业务、空间或地区等进行分类和对比，保留每类资料中对本次谈判更有帮助的，舍弃其余的。

（4）评估法：指由相关专业人员或资深人员对资料进行评估后，决定资料的取舍。

（三）分类

对筛选出来的资料，谈判人员应认真地进行分类。分类方法一般有以下两种。

（1）从大到小分类法：即先把资料分成大的类别，然后再对大类别进行细分，但不要分得太细，以免出现重复。

（2）ABC 分类法：即按资料对谈判项目的重要程度对资料进行分类。如果资料对谈判项目很重要，则可将其定为 A 级，进行重点整理与保存；如果资料对谈判的作用较 A 级资料次之，那么可将其定为 B 级，要较重点地进行整理与保存；如果资料对谈判的作用不大，但有一定价值，那么可将其定为 C 级，进行一般的处理即可。

（四）保存

在对资料分好类之后，谈判人员应按分类要求将资料妥善地保存起来，以备使用。同时，谈判人员还要做好资料的保密工作，以防泄露重要信息致使谈判失败。

互动空间

有人认为背景调查是一项长期性的工作，企业应该在日常的经营管理工作中不间断地搜集各种信息并建档保存。你如何看待这种做法呢？

模块三 制订商务谈判方案

情景案例

时间：2022年7月7日

地点：新源电脑公司

主要人物：李林、马经理，以及新源电脑公司谈判团队的其他成员

李林所在的谈判团队通过信息的搜集、筛选和整理，对对方的需求有了更加明确的认识。他们得知星电科技公司现在急需购进一批新电脑，而且有多家电脑公司都在和星电科技公司接触。因此，李林建议为了能够做成这笔大业务，他们应该把利润降到最低。但是，马经理却不同意这种做法，他认为大家应一起集思广益，提出一个更加符合实际的谈判目标，并尽快根据搜集到的信息制订出一份谈判方案。

思考：马经理为什么不同意李林提出的谈判目标？除了谈判目标之外，谈判方案中还应该包括哪些内容？

商务谈判方案是指谈判人员就谈判内容所拟定的谈判目标、准则、具体要求和规定等。谈判方案是整场谈判的纲领性文件，指导着谈判活动的进行，应根据不同的谈判内容来制订。

一、制订谈判方案的原则

在正式谈判之前必须制订具体的谈判方案，这既是保证谈判顺利进行的必要条件，也是谈判取得成功的基础。一般来说，制订谈判方案需要遵循以下原则。

（一）简明扼要

简明扼要是制订谈判方案的首要原则。只有用简单明了、高度概括的文字对谈判内容加以表述，才能方便谈判人员记住谈判要点，把握己方在谈判中的基本思路和目标，从而使谈判人员能够得心应手地应对复杂多变的谈判局面，从容地与对手进行周旋。一般来说，谈判方案往往是简洁清晰的一页或两页纸。

（二）内容具体

内容具体是指在谈判方案中要罗列出本次谈判的主要内容和基本问题，但这并不意味着要把所有有关谈判的细节都包括在内。如果事无巨细，样样俱全，那么将会使谈判

人员在执行时受到种种限制，无法充分发挥个人主观能动性，也无法及时应变，进而导致谈判方案失去其作为谈判纲领性文件所应有的指导意义。

（三）具有灵活性

谈判过程千变万化，谈判方案无法将影响谈判过程的各种因素都考量在内，也不可能对谈判桌上发生的所有意外情况都有所预估。因此，谈判方案必须具有灵活性，在对可控因素和常规事宜做出适当安排的同时，也要为可能发生的意外情况留有充分余地，以便谈判人员充分发挥个人主观能动性和创造性，灵活应变。

（四）具有预见性

谈判人员在制订谈判方案时必须将可能在谈判中讨论的所有问题都列入方案内，并对方案实施的可行性有所估计。同时，对于实施该方案可能会引起的谈判对手的反应，谈判人员也应该有所估计。

（五）具有可行性

如果在制订谈判方案时一味地追求自身利益的最大化，而忽视对方的基本需要，则很可能使谈判陷入僵局甚至破裂。因此，在制订谈判方案时，谈判人员不应把对方视作敌人，而应把目标对准要解决的主要问题，照顾双方的需要。只有这样，谈判方案才具有可行性。

二、谈判方案的内容

不同类型的谈判在标的、性质、方式、规模等方面都存在一定的差异，因此谈判方案的内容也不尽相同。一般来说，谈判方案应该包括以下内容。

（一）谈判目标

谈判目标是指谈判要达到的目的，其体现了谈判的方向和企业对本次谈判的期望标准。谈判目标通常可以分为以下三个层次。

扫一扫

如何确定谈判目标

1. 最低目标

最低目标是谈判人员在谈判中必须达到的最基本的目标。通常情况下，谈判人员宁愿谈判破裂，放弃合作，也不愿接受比最低目标更低的条件。可以说，最低目标是谈判人员必须坚守的最后一道防线。

2. 中间目标

中间目标是谈判人员可努力争取或做出让步的范围。谈判中的讨价还价就是双方争取实现中间目标的过程。因此，中间目标的实现往往意味着谈判取得成功。

3. 最高目标

最高目标是能够最大化地满足己方利益需要的一种理想目标，通常很难实现。不过，在谈判开始时，谈判人员以最高目标作为讨价还价的起点，有利于使己方在讨价还价中处于主动地位。

小贴士

最高目标不一定只有一个，可以同时有多个。谈判人员可以根据实际情况将各个目标进行排序，努力实现其中最重要的目标。

（二）谈判议题

谈判议题是指谈判双方在谈判中提出和讨论的各种问题。确定谈判议题时，谈判人员应先明确己方要提出和讨论的问题，再根据实际情况，确定哪些问题是重点问题，哪些问题是非重点问题，哪些问题可以忽略；然后对所有问题进行比较和分析，清楚这些问题之间有什么关系。除此之外，谈判人员还要预测谈判对手可能会提出哪些问题，并分析在这些问题中，有哪些问题是需要己方认真对待、全力以赴去解决的，哪些问题是可以根据实际情况做出让步的，哪些问题是可以不予讨论的。

（三）谈判期限

谈判期限是指从谈判人员开始着手进行谈判的准备工作至达成协议为止的这一段时间。谈判期限的规定可长可短，但要具体、明确，同时又要留有一定的机动时间，以充分发挥谈判人员的个人主观能动性和灵活性，使其能够有效应对谈判过程中的情况变化。

（四）替代方案

一个完整的谈判方案，其中必然要包含替代方案。替代方案可能是不改变核心内容，只是做出一些细节方面的调整；也可能是彻底地推倒原有方案，另起炉灶。制订替代方案的目的是在原有方案无法实行时，能够在保证己方根本利益不受损害的前提下，确保谈判顺利进行。通常，替代方案越多，谈判人员在谈判中选择的余地就越大，达成目标的概率也就越大。

模块四 模拟谈判

情景案例

时间：2022年7月8日

地点：新源电脑公司

主要人物：李林、马经理，以及新源电脑公司谈判团队的其他成员

在谈判团队所有成员的一起努力下，谈判方案终于制订完成。李林认为，做了这么多的准备工作，大家终于可以稍稍松口气了，接下来就等着和对方见面谈判就行了。这时，马经理说："我们还不能松懈，我们的路其实才刚刚走完了一小半，与对方见面谈判才是'重头戏'，而谈判方案就是我们为这出'戏'写的'剧本'。为了能把这出'戏'唱好，我们是不是得先排练一下，看看我们的'剧本'有没有问题呢？"大家一听，觉得马经理说得很有道理，便根据制订好的谈判方案，准备开始进行模拟谈判。

思考：你觉得模拟谈判有必要吗？为什么？在模拟谈判时，谈判人员需要注意哪些问题？

模拟谈判是指在正式谈判开始前，企业组织有关人员（包括谈判团队的成员和企业内部的其他人员），通过特定的情景设计、角色扮演等对谈判过程进行演习。模拟谈判的目的是检查所制订的谈判方案在具体实施中可能产生的效果，以便及时对谈判方案进行修正和完善。

一、模拟谈判的方式

模拟谈判是谈判准备工作的最后阶段。谈判人员通常可以通过沙龙式模拟、戏剧式模拟、列表式模拟等方式进行模拟谈判。

（一）沙龙式模拟

模拟谈判的方式

沙龙式模拟又称"会议式模拟"，是指把参与谈判的相关人员聚集在一起，以会议的形式对即将进行的谈判进行充分讨论，对企业在本次谈判中谋求的利益、对方的基本目标、对方可能采取的策略、己方的对策等问题自由发表意见的模拟谈判方法。

沙龙式模拟的优点是能够利用竞争心理，使谈判人员充分发表意见，互相启发，在集体思考的强大刺激及压力下，催生高水平的谈判策略、方法和技巧。

（二）戏剧式模拟

戏剧式模拟是在谈判前进行实战演习，根据拟定的不同假设，安排各种谈判场景，以丰富谈判人员的实战经验的模拟谈判方法。每名谈判人员都要在模拟谈判中扮演特定的角色，随着"剧情"的发展，体验谈判的全过程。

戏剧式模拟能够使每名谈判人员找到自己在谈判中的最佳位置，从而准备得更充分、更准确，也能为谈判人员提供一次分析对方谈判动机、思维方式等的机会，使其站在对方

的角度进行思考，从而完善己方的谈判方案。

（三）列表式模拟

列表式模拟是最简单的一种模拟谈判方法，一般适用于小型的、常规性的谈判。其具体操作过程如下：通过对应表格的形式，在表格的一侧列出己方经济、技术、人员、策略等方面的优缺点和对方的目标及策略，另一侧则相应地罗列出己方针对这些问题在谈判中所应采取的应对措施。

这种方式的缺陷在于其只是尽可能地搜寻问题并列出对策，至于这些问题是否真的会在谈判中发生，这些对策是否能起到预期的作用，由于没有通过实际的检验，所以并不能完全确定。

二、模拟谈判的步骤

模拟谈判一般包括拟定模拟假设、实施模拟谈判和总结模拟谈判三个阶段。

（一）拟定模拟假设

进行科学的模拟谈判，谈判人员首先要拟定正确的假设。模拟谈判实际就是提出各种假设情况，然后针对这些假设，制订出一系列对策，采取一定措施的过程。因此，拟定模拟假设是模拟谈判的前提和基础。

首先，是对客观环境的假设。通常需要假设谈判时间、谈判场所或其他外部环境对己方可能产生的影响，以便谈判人员有所准备。

其次，是对谈判对手的假设，主要是揣摩谈判对手在谈判的具体内容上可能持有的态度。例如，对方对商品质量、品种、价格、包装、运输方式或支付方式等方面的要求，对方的合作意愿等。

最后，是对己方的假设，包括对己方谈判人员自身心理素质、谈判能力的自测与自我评价，也包括对己方谈判策略、谈判准备等方面的评价。对己方的假设可以使己方谈判人员正确认识自己在谈判中的位置和作用，在实战中扬长避短，发挥优势。

需要注意的是，无论是哪一种假设，都有可能存在错误。谈判人员不能把假设等同于事实，对于假设的结果要小心求证。同时，为了确保模拟假设具有一定的科学性，应尽量由具有丰富谈判经验的人员以事实为基础进行拟定。

合理假设，有的放矢

A 公司有意与 B 公司合作，B 公司做出与对方进行洽谈的准备。通过调查得知，A 公司收益已连续三年呈下降趋势，其管理体制与三年前完全一样，三年来一直没有开发新产品、开拓新市场。立足于这几点，在进行正式洽谈之前，B 公司做出以下假设。

（1）如果 A 公司的管理体制依然不变，而且不打算开发新产品、开拓新市场，那么该公司的效益仍可能继续下降。

（2）为扭转当前不利局面，A 公司可能迫切需要技术、人才、资金，或者需要开拓新市场。

（3）基于上述内容，我方与 A 公司合作，即使我方提高要价，采取强硬立场，也可能会取得成功。

（二）实施模拟谈判

实施模拟谈判就是根据事前拟定的各项假设来演习谈判过程。无论是采用哪种方式的模拟，一定要注意尽可能真实地去模拟己方与对手面对面谈判的情形，包括谈判时的现场气氛，对方的面部表情，谈判中可能涉及的问题，对方可能提出的各种反对意见，己方的各种答复、各种谈判技巧的运用，等等。只有这样，才能真正使模拟谈判更具有针对性和实战性，从而确保谈判方案的贯彻实施。

（三）总结模拟谈判

模拟谈判有利于谈判人员及早发现谈判方案中的问题，进而提出解决问题的对策，掌握谈判的主动权。因此，在实施模拟谈判之后，谈判人员必须及时地总结、分析，找出谈判方案各项内容中存在的问题，并有针对性地予以改进和完善，以便在正式谈判前制订出一套相对完善的谈判方案，为正式谈判奠定良好的基础。

项目实训——制订谈判方案活动

1. 任务概述

为繁荣校园文化，丰富学生的课余文化生活，学院将延续往年传统，举办校园十佳歌手大赛。为筹集活动资金，活动负责人希望得到广大学生的帮助，由学生选择学院附近商家，进行商务谈判，获取赞助资金。

请同学们以此为背景，选择合适的对象，进行谈判前的背景调查并制订一份商务谈判方案。

2. 任务分组

全班同学自由分组，每组 6～8 人，各组选出组长并进行任务分工，然后将小组成员及分工情况填入表 8-1 中。

表 8-1 小组成员及分工情况

班级		组号		指导教师	
小组成员	姓名	学号	任务分工		
组长					
组员					

3. 任务实施

各组按照小组分工情况开展实践活动，并将具体的实施情况记录在表 8-2 中。

表 8-2 实施情况记录表

时间安排	实施步骤
	1. 小组讨论，确定谈判对象（即赞助商家）
	2. 小组讨论，确定调查目标和调查内容 （1）调查目标： （2）调查内容：
	3. 开展背景调查，并列出所使用的调查渠道与调查方法 （1）调查渠道： （2）调查方法：

（续表）

时间安排	实施步骤
	4．整理搜集到的资料
	5．小组讨论，制订商务谈判方案 （1）谈判方：__________ （2）谈判目标：__________ （3）谈判期限：__________ （4）己方谈判人员组成：__________ 对方谈判人员组成：__________ （5）谈判议题：

4．评价反馈

各组配合指导教师完成如表 8-3 所示的考核评价表。

表 8-3　考核评价表

项目名称	评价内容	分值	评价分数		
			自评	互评	师评
成果评价（30%）	搜集到的信息有价值	10			
	制订的商务谈判方案内容具体、具有可行性	20			
技能评价（50%）	能够运用多种调查渠道和方法进行较为全面的调查	20			
	能够有效整理调查所得资料	15			
	能够根据调查内容制订谈判方案	15			
素养评价（20%）	态度认真，做事细致	5			
	有较好的团队合作意识	10			
	积极实施任务	5			
合计		100			
总评	自评（20%）+互评（20%）+师评（60%）=	教师（签名）：			

项目综合测试

一、不定项选择题

1. 优秀的谈判人员至少应具备（　　）等基本素质。

A. 合理的知识结构　　B. 杰出的能力

C. 良好的心理素质　　D. 规范的礼仪

2. 谈判团队的组成人员主要包括（　　）。

A. 谈判团队领导人　　B. 商务人员

C. 技术人员　　D. 财务人员

3. 在商务谈判背景调查中，对交易条件的调查主要包括（　　）。

A. 商品信息　　B. 商品检验

C. 运输和保险　　D. 货款支付

4. 谈判目标通常可以分为（　　）。

A. 最低目标　　B. 最高目标

C. 核心目标　　D. 中间目标

5. 模拟谈判的方式包括（　　）。

A. 沙龙式模拟　　B. 头脑风暴式模拟

C. 戏剧式模拟　　D. 列表式模拟

二、判断题

1. 谈判团队必须配备专业的翻译人员。（　　）

2. 通过互联网搜集到的信息十分庞杂，谈判人员需要对其进行进一步的鉴别，以判断其真实性和准确性。（　　）

3. 谈判方案要罗列出本次谈判的所有细节，做到事无巨细，样样俱全。（　　）

4. 制订谈判方案时，谈判人员要追求己方利益的最大化。（　　）

5. 拟定模拟假设是模拟谈判的前提和基础。（　　）

三、简答题

1. 简述谈判团队的构成原则。
2. 如何整理搜集到的背景资料？
3. 制订谈判方案应该遵循哪些原则？
4. 模拟谈判的步骤有哪些？

项目九

建立良好的谈判开局

项目导读

在完成了各项前期准备工作后，谈判就将进入开局阶段，即谈判双方面对面正式接触的时期。从时间上看，虽然开局阶段仅占整个谈判过程的一小部分，但是它将为整个谈判活动奠定基调，影响着整个谈判活动的进展与成效。因此，谈判人员应巧妙地运用开局策略，营造恰当的谈判气氛，推动谈判顺利进行。

知识目标

（1）了解开局阶段的作用，熟悉谈判开局策略的类型。
（2）熟悉谈判气氛的类型和条件，掌握营造谈判气氛的方法。
（3）了解开场陈述的内容，掌握开场陈述的注意事项。
（4）了解报价的原则和方式，熟悉报价的次序。

能力目标

（1）能够选择合适的谈判开局策略。
（2）能够营造恰当的谈判气氛。
（3）能够在谈判开局阶段进行有效陈述与合理报价。

素质目标

（1）培养学以致用的能力，善于理论联系实际。
（2）善于与他人交流，具备敏锐的观察力。

模块一 选择开局策略

情景案例

时间：2022年7月12日

地点：新源电脑公司

主要人物：新源电脑公司谈判团队　　星电科技公司谈判团队

今天是李林所在公司的谈判团队与星电科技公司的谈判团队进行见面谈判的日子。

双方落座后，星电科技公司谈判团队的主谈人率先说道："我们还不清楚贵公司的实力到底如何，能否请贵方向我们详细介绍一下，以增强我方合作的信心。"新源电脑公司谈判团队的主谈人马经理回答道："不知贵方所指的实力包括哪几个方面，不过有一点我可以明确地告诉您，我们提供的产品绝对符合贵公司的要求，而且我们公司还在本市建立了技术服务中心，提供多方面技术服务，贵公司如果与我们合作，肯定会比与其他公司合作满意。"

思考：上述案例中，谈判双方的主谈人分别运用了什么样的开局策略？这样做有什么好处？

谈判的开局阶段是指谈判双方见面后，在进入具体交易内容谈判之前，进行短暂接触的时间段。在这一阶段，谈判人员要充分把握时机，选择合适的策略，以帮助己方掌握谈判主动权。

一、开局阶段的作用

开局阶段虽然并不涉及谈判的实质性内容，但对整个谈判过程具有相当重要的作用。

（一）营造谈判气氛

所有的谈判都是在一定的谈判气氛下展开的。在谈判的开局阶段，谈判双方可根据谈判目的营造恰当的谈判气氛，从而为后续的谈判活动奠定基调。有关营造谈判气氛的方法会在本项目的模块二中进行详细介绍。

（二）确定开局地位

由于谈判双方在背景、实力、谈判目的和对对手的了解程度等方面都存在差异，所以谈判双方一般在开局阶段就会呈现出不同的谈判状态。这种状态可称为谈判双方的开局地位，其体现了双方在谈判中的力量对比，决定着双方在谈判中采取的态度与方式，同时也决定着双方对谈判局面的控制，进而决定着谈判的结果。

二、谈判开局策略的类型

如何选择谈判开局策略

谈判开局策略是指谈判人员为谋求谈判开局的有利形势和争取对谈判开局的控制而采取的行动方式或技巧。谈判开局策略主要包括一致式开局策略、保留式开局策略、坦诚式开局策略、进攻式开局策略和挑剔式开局策略等。

（一）一致式开局策略

一致式开局策略是指在谈判开始时，为使对方对己方产生好感，谈判人员以协商的口吻来征求谈判对手的意见，然后对其意见表示赞同和认可，并按照其意见开展工作，从而使谈判双方在愉快、友好的气氛中展开谈判工作的一种开局策略。

一致式开局策略比较适用于谈判双方实力相近，过去没有商务往来经历，对于第一次接触都希望有一个好的开端的情况。谈判人员在运用该策略时，需要注意以下两点：一是用来征求对方意见的问题应该是无关紧要的问题，即对方对该问题提出的意见不会影响到己方的具体利益，如“我们先各自介绍一下自己公司的产品吧，你们觉得怎么样？”等。二是在赞成对方意见时，态度不要过于献媚，要让对方感觉到己方是出于尊重而表示的赞成，并不是奉承。

（二）保留式开局策略

保留式开局策略是指在谈判开始时，谈判人员对谈判对手提出的关键性问题不做彻底、确切的回答，而是有所保留，从而营造神秘感，以吸引对方深入谈判的一种开局策略。

保留式开局策略能够模糊己方意图，避免在一开始就暴露己方机密，从而为己方在磋商阶段留出较大的协商空间。谈判人员在运用该策略时，一定要遵守商务谈判的道德原则，以诚信为本，向对方传递的信息可以是模糊信息，但不能是虚假信息，否则会使己方陷入非常难堪的局面。

（三）坦诚式开局策略

坦诚式开局策略是指在谈判开始时，谈判人员以开诚布公的方式向谈判对手陈述己方的观点或想法，从而快速打开谈判局面的一种开局策略。

坦诚式开局策略通常适用于有长期合作关系的谈判双方，双方彼此比较了解，有着比较友好的关系。在谈判中，谈判人员通过运用坦诚式开局策略，畅谈双方以往的合作经历和取得的成功，省去一些礼节性的客套，真诚坦率地提出己方的观点和要求，反而更能使对方对己方产生信任感。

此外，当己方的谈判实力明显不如对方，并且这一点为双方所共知时，谈判人员也可运用坦诚式开局策略，坦率地表明己方的弱点，可以使对方感受到己方对谈判的诚意及实事求是的精神，同时也有利于谈判的顺利进行。

明德修业

谦逊有礼，坦率真诚

一家实力较弱的小厂与一家实力较强的大厂谈判时，小厂的主谈人为了消除对方的疑虑，在谈判前就对对方讲道："我们厂子规模小，实力不如贵公司雄厚，但我们人实在、讲信誉，我们的产品不仅质量完全符合贵公司的要求，而且成本较其他厂家低。我们希望真诚平等地与贵公司合作。无论这次谈得成与不成，能够有机会和你们交个朋友，向贵公司学习生产、经营及谈判的经验，对我们来说就是莫大的荣幸。"

小厂主谈人几句肺腑之言，既表明了自己的开局意图，又消除了对方的疑虑，赢得了对方的好感和信任，使谈判得以顺利地开展。

（四）进攻式开局策略

进攻式开局策略是指在谈判开始时，谈判人员通过语言或行为来表达己方强硬的姿态，以获得对方的尊重，并借此来制造心理优势，使得谈判顺利进行下去的一种开局策略。

进攻式开局策略通常只在特殊情况下使用。例如，谈判对手以某种气势压迫己方，并且表现出对己方的不尊重，此时如果放任不管，则将会损害己方利益，因此己方要变被动为主动，积极捍卫己方的尊严和正当权益，使双方站在平等的地位上进行谈判。

谈判人员在运用进攻式开局策略时，一定要谨慎，做到有理、有节，既要表现出己方的自尊、自信，也不能过于咄咄逼人，以免使谈判一开始就处于剑拔弩张的气氛中，这对谈判的进一步发展极为不利。

（五）挑剔式开局策略

挑剔式开局策略是指在谈判开始时，谈判人员对对方某项明显的错误或礼仪失误严加指责，使对方感到内疚，从而使对方主动做出让步的一种开局策略。

谈判人员在运用挑剔式开局策略时同样需要谨慎，要做到对事不对人，在指出对方的错误时，应该把握好力度，做到既能让对方感受到压力，又不至于使对方因压力过大而发起反攻，以免使谈判陷入僵局。

互动空间

A公司是一家著名的汽车公司，其打算在甲市寻找一家代理商来为其销售产品。经过一番考察之后，A公司看中了实力较为雄厚的B公司，便主动向B公司提出就合作事宜进行见面谈判。

到了双方见面谈判的那天，A公司的谈判团队因路上堵车迟到了半个小时。B公司的谈判代表抓住这件事情不放，想要以此为由获取更多的优惠条件。A公司的谈判代表见对方不依不饶，便说道："我们十分抱歉耽误了你们的时间，但是这绝非我们的本意。由于我们对甲市的交通状况没有了解透彻，所以造成了这个不愉快的局面，我们再次表示深深的歉意，但同时我们希望不要再为这个无谓的问题耽误宝贵的时间了。如果你们因为这件小事就怀疑我们合作的诚意，那么我们只好结束这次谈判。我们认为，以我们提出的优惠条件，在这里是不会找不到合作伙伴的。"A公司谈判代表的一席话令B公司谈判代表哑口无言，B公司也不想失去这次代理机会，于是就不再提A公司谈判团队迟到这件事了。

思考：（1）B公司谈判代表采取了哪种谈判开局策略？为什么没有取得成功？

（2）A公司谈判代表采取了哪种谈判开局策略来应对B公司的发难？其高明之处在哪里？

模块二　营造谈判气氛

情景案例

时间：2022年7月12日

地点：新源电脑公司

主要人物：新源电脑公司谈判团队　　星电科技公司谈判团队

谈判双方正在寒暄着，李林发现，对方主谈人王经理神情比较严肃，不苟言笑。在做背景调查时，李林了解到王经理是星电科技公司的行政部副总经理，平时做事认真、严谨，爱好是看话剧，而正好最近某一个有名的话剧团要来当地演出。

为了营造和谐、愉快的气氛，李林决定以此为切入点主动接近王经理。李林对王经理说道："王经理，不知道您有没有听说过××××话剧团，他们最近要过来演出了。"王经理听了神情微微放松，带着笑意说道："我知道他们，他们去年有一场演出特别精彩，我特地跑到上海去观看了，我特别喜欢××的表演，很自然……"王经理越说越开心，还同李林探讨了那场话剧的剧情，现场谈判气氛越来越融洽。

思考：和谐、愉快的谈判气氛对于整个谈判有什么作用？上述案例中，李林采用了什么方法来营造融洽的谈判气氛？除此之外，还可以通过哪些方法来营造融洽的谈判气氛？

谈判气氛是指谈判双方通过各自所表现的态度、作风而建立起来的谈判环境，其通常在谈判开局阶段形成。任何谈判参与人员进入谈判场所的方式及其在开局阶段的目光、姿态、谈话等都可能会影响或改变谈判气氛。同时，任何谈判人员的情绪、思维都有可能会受到谈判气氛的影响。谈判气氛的类型复杂多样，具体选择并营造哪种谈判气氛应视具体情况而定。

影响谈判气氛的因素

一、营造高调气氛

高调气氛是指谈判双方情绪高涨、态度积极主动，愉快因素为谈判形势主导因素的一种谈判气氛。在高调气氛中，谈判双方态度诚恳、真挚，对谈判前景的看法比较乐观。因此，高调气氛有利于促进双方合作的达成。

（一）营造高调气氛的条件

1. 己方优势明显

在谈判开始前，如果己方已经判定自身实力明显强于对方，并且为了使对方能够对自身有一个清楚的自我定位，在谈判中不抱过高的期望，那么己方可以在开局阶段表现出礼貌友好的基础上，展示充分的自信。

2. 双方曾有业务往来，关系友好

如果谈判双方在此次谈判之前已经有过业务往来，并且建立了友好的合作关系，则可以通过热情、真诚的语言及轻松的姿态畅谈双方过去友好合作的过程，称赞对方企业的发展与进步，展现对此次谈判的信心，营造积极的谈判气氛。

3. 己方迫切希望合作

经过一系列的准备工作后，己方对双方谈判成交并签订协议的前景感到乐观，甚至是迫切希望与对方达成合作时，则可以充分把握时机，全力投入，态度恳切地营造高调的谈判气氛。

（二）营造高调气氛的方法

在开局阶段，谈判人员可以通过以下几种方法来营造高调气氛。

1. 感情切入法

感情切入法是指谈判人员以某一特殊事件来引发普遍存在于人们心中的情感因素，并促使这种情感迸发出来，从而达到营造热烈、积极、友好气氛目的的方法。谈判人员在运

用感情切入法时，一定要注意选择合适的情感诱发事件，如果情感诱发事件选择得不恰当，则可能会适得其反。

2. 称赞法

称赞法是指谈判人员通过称赞对方来削弱对方的心理防备，进而激发出对方的谈判热情，从而调动对方的积极情绪，营造高调气氛的方法。谈判人员在运用称赞法时应注意以下几点：第一，选择恰当的称赞对象，称赞对方时要注意投其所好，即选择那些对方最引以为豪的，并希望己方能够注意到的地方。第二，选择合适的称赞时机，称赞对方时要注意察言观色，在感受到与对方距离拉近时，适时给予称赞。第三，选择适宜的称赞方式，称赞对方时一定要自然且适度，避免让对方感觉过度恭维、奉承，从而引起对方的反感。

友好的关系从适当的称赞开始

A 企业想要成为著名电子公司 B 企业的代理商，经 A 企业的多次沟通，双方约定进行一次谈判。

在谈判开始时，B 企业谈判代表虽然并没有表现出不友好，但面容总是比较严肃。A 企业谈判代表便想做点什么来改善一下气氛。这时，他发现 B 企业谈判代表喝茶及取放茶杯的姿势十分特别，便说道：“从您喝茶的姿势来看，您应该十分精通茶道，能否为我们介绍一下呢？”这句话正好说中了 B 企业谈判代表的兴趣所在，于是他神采奕奕地讲述起茶道来。

就这样，在轻松愉快的气氛下，这场谈判进行得非常顺利，A 企业也得偿所愿，拿到了其所希望的地区代理权。

3. 幽默法

幽默法是指谈判人员以幽默的方式来消除谈判对手的戒备心理，使其积极参与到谈判中来，从而营造高调气氛的方法。谈判人员在运用幽默法“破冰”时，可以适度地与对方开玩笑，但注意必须把握好分寸，避免不着边际，随心所欲。

二、营造低调气氛

低调气氛是指谈判双方情绪消极、态度冷淡，不快因素为谈判形势主导因素的一种谈判气氛。低调气氛会给谈判双方都造成较大的心理压力，在这种情况下，心理承受力较弱的一方往往会先做出妥协与让步。

（一）低调气氛的类型

1. 冷淡对立、严肃紧张的谈判气氛

冷淡对立、严肃紧张的谈判气氛通常表现为谈判双方见面不热情，彼此互不关心，目光不相遇，相见不抬头，相近不握手，甚至企图以衣着、语言、表情、行为等方面为优势因素来压倒对方，更有甚者在交谈时语带双关，使用讥讽的口吻等。在这种谈判气氛下，谈判双方处于明显的戒备、不信任的心理状态和强烈的对立情绪之中，使得整个开局呈剑拔弩张的局面。

2. 松弛、缓慢的谈判气氛

松弛、缓慢的谈判气氛通常表现为谈判人员进入谈判会场时精神不振，敷衍地与对方谈判人员打招呼、握手；面部表情麻木、眼神飘忽不定；入座时左顾右盼，表现出一种无所谓的态度；不认真倾听对方的发言，答非所问，甚至以轻视的口吻发问。在这种谈判气氛下，谈判双方不断转换话题，并有意回避关键问题，处于一种拖延的状态。

（二）营造低调气氛的条件

1. 己方尚可讨价还价

在谈判开始前，如果己方已经判定自身实力明显弱于对方，但有一定砝码能够支撑己方在磋商过程中进行讨价还价。那么，为了不使对方在气势上占有绝对优势和轻视己方，己方可以在开局阶段营造低调气氛，使谈判进入严肃紧张的状态。

2. 双方曾有不愉快的业务往来

如果谈判双方在此次谈判之前就有过业务往来，但己方对对方企业的印象不佳，且双方并未建立友好关系。那么，己方可以在不失礼的前提下，以冷漠的姿态展现距离感。此外，己方可以对双方过去不愉快的合作过程表示不满与遗憾，并表示希望通过此次谈判改变过去的印象，从而营造低调气氛。

（三）营造低调气氛的方法

1. 感情切入法

营造低调气氛的感情切入法与营造高调气氛的感情切入法性质相同，都是以情感诱发作为营造气氛的手段，但两者的作用方向相反。谈判人员在运用感情切入法营造低调气氛时，要诱发对方产生消极情感，从而使低沉、严肃的气氛笼罩在谈判开局阶段。

2. 沉默法

沉默法是指谈判人员以沉默的方式来使谈判气氛降温，从而达到向对方施加心理压力的目的。在谈判开局阶段，谈判人员可以有选择地保持沉默，尽量避免对谈判的实质性问题发表意见，从而营造低调气氛。

三、营造自然气氛

自然气氛是指谈判双方情绪平稳，表现得既不过分热烈、也不过于消沉的谈判气氛。大多数谈判都是在自然气氛中开始的，在这种谈判气氛下，谈判双方更易掌握对方的心理，因为谈判双方在自然气氛中传达的信息往往要比在高调气氛和低调气氛中传达的信息更为准确、真实。

（一）营造自然气氛的条件

1. 谈判双方实力相当

在商务谈判中，如果谈判双方实力相当，任何一方都没有明显的优势，那么谈判人员应以平和的心态，礼貌、自然地与对方寒暄，避免对对方展现过度的戒备心理，以免激起对方的敌对情绪。

2. 谈判双方关系一般

如果谈判双方过去曾有业务往来，但并未有更深入的交往，关系一般，那么在开局阶段双方通常会表现得平静、严肃。谈判人员可以友好、随和的态度，用平实的语言、简练的语句，沉稳、大方地提及双方的业务往来，从而营造自然气氛。

（二）营造自然气氛的注意事项

营造自然气氛虽然不需要刻意地使用过多的技巧，但也应该注意以下几点。

（1）注意己方的礼仪、行为。

（2）不在开局阶段就与谈判对手围绕某一问题开始争论。

（3）尽量使用中性话题（非业务性话题）开场，自然地询问对方问题。

（4）对于对方的提问，能做正面回答的一定要正面回答；不能回答的，要采用恰当的方式进行回避。

小贴士

中性话题通常包括以下几种：① 礼貌性问候，如对方的身体状况、对方企业的最新发展成果等；② 双方各自的业余爱好；③ 文体新闻，如文艺演出、体育赛事、社会新闻等，注意在谈论新闻时要避免涉及敏感的、易引起争议的话题；④ 双方以往成功的合作经历。

模块三 进行开场陈述与报价

情景案例

时间：2022 年 7 月 12 日

地点：新源电脑公司

主要人物：新源电脑公司谈判团队　　星电科技公司谈判团队

随着谈判的进一步开展，到了双方做开场陈述的时间了。以下是谈判双方的主谈人所做的开场陈述。

马经理："通过刚刚的接触，贵方应该对我们有了一个大概的了解和认识。我们公司是盛源集团在本市的子公司，近年来在 IT 领域业绩显著。去年，我们与本市的科蓝企业签订了战略合作协议，为其提供硬件、软件、技术等多方面的服务。不仅如此，我之前也提到了，我们公司在本市建立了大型技术服务中心，为客户提供全方位、个性化的服务。我们以优质的产品和服务收获了大量客户，也赢得了良好的口碑。我们希望能尽快与贵公司达成协议，不知道贵方的想法如何？"

王经理："很高兴能有机会与贵方合作。贵公司的产品我们早有耳闻，确实品质高、服务优，我们也很有意向与贵公司进行合作。不过，除了贵公司之外，还有一些公司也在积极地与我们接洽。如果贵公司提供的合作条件较为理想，并且价格也比较优惠，我们还是愿意与贵公司合作的。"

思考：上述案例中，谈判双方通过开场陈述表达了各自什么样的立场？在做开场陈述时，需要注意哪些问题？

开局阶段的目标主要是为谈判双方进入实质性谈判创造良好的条件。在相互介绍和寒暄并营造出有利的谈判气氛后，谈判双方应分别做开场陈述与初步报价。

一、开场陈述

开场陈述是指在开局阶段，谈判双方就本次谈判的内容陈述各自的观点、立场及建议。其目的是让谈判双方了解彼此的立场和意图，使双方就一些原则性分歧发表建设性意见或建议，为最终达成合作奠定基础。

（一）开场陈述的内容

开场陈述的内容主要包括以下三个方面。

1．己方的立场

己方的立场即己方希望通过本次谈判取得的利益，以及将会采取何种方式为双方共同获得利益做出贡献。

2．己方对问题的理解

己方对问题的理解即己方认为本次谈判应涉及的主要问题，以及己方对这些问题的看法或建议等。

3．对对方各项建议的回应

如果对方在做开场陈述时提出了某些建议，那么己方必须对其所提建议做出应有的反应，从而在双方共同协商的基础上，寻求最佳的解决方案。

小贴士

在商务谈判中，谈判双方做开场陈述时最好能够列出今后双方合作中可能会出现的障碍，以及己方谈判的原则等。

（二）开场陈述的注意事项

开场陈述的注意事项

（1）说话要谨慎，不要将己方的机密暴露在对方面前；应注意言辞和态度，避免因出言不慎或态度欠佳引起对方的反感。

（2）陈述时要言简意赅，把握要点，集中阐述己方的意图、原则等，切忌滔滔不绝。例如，己方可陈述哪些问题对己方来说较为重要，己方的基本态度如何，以及己方愿为谈判做出哪些努力等。

（3）在对方陈述时，应注意倾听，切勿随意打断，并且要对对方的观点和意见进行整理，分析对方的谈判目的和意图，找出双方的共同点与不同点，以确定己方策略。

（4）在对方陈述时，可通过适当的提问来探知对方对谈判中所持立场的坚定程度，以便在接下来的磋商中能够有的放矢地讨价还价。

开门见山，表明意图

甲乙双方分别是一种原材料的买方和卖方，双方约定就该原材料的交易进行谈判。谈判开始，双方首先进行开场陈述。

甲方：“我们对贵方所能提供的原材料很感兴趣。我们准备大量购进一批，用来生产一种新产品。我们曾与其他厂家打过交道，但他们不能在短时间内提供足够数量的产品。然而我方目前最关心的问题就是时间，所以我们想以最快的速度与贵方达成协议。为此，我们希望开门见山，并简化谈判程序。希望我们能够达成合作。”

乙方：“我们非常高兴贵方对我们的产品感兴趣，并愿意购买我们的产品。不过，我们的产品数量有限，而且当前市场又比较紧俏，有几家公司也有意与我们合作。因此，我们最关心的是价格问题。”

可以看出，谈判双方都通过简明扼要的语言清楚地阐明了各自的谈判目的、所关心的主要问题、各自的立场和态度。

二、报价

（一）报价的原则

报价是一个比较复杂的环节，其并非只是简单地提出一串数字，而是集中反映了谈判双方的需要与利益。大量的谈判实践表明，谈判人员在报价时需要遵守以下几项基本原则。

1. 控制开盘价

谈判人员必须有效控制开盘价，如果己方是卖方，开盘价一般为其希望的最高价。相应地，如果己方是买方，报出的开盘价必须是最低价。这是报价的首要原则。

作为卖方，最初的报价实际上是为谈判的最终结果确定了一个最高限度。一般来说，卖方的开盘价一经报出，则不能再提高，买方在此基础上进行还价后，最终的成交价格通常会低于卖方所报的开盘价。

作为买方，最初的报价则是为谈判的最终结果确定了一个最低限度。通常情况下，买方开盘价一经报出，则不能再降低，卖方经过讨价后，最终的成交价格一般会高于买方所报的开盘价。

小贴士

己方所报开盘价的高低不仅会影响对方对己方的评价，还会影响对方的期望水平。例如，卖方报价的高低，一般不仅反映着产品的质量水平，还反映着该产品的市场竞争地位及销售前景等。买方会由此对卖方形成一个整体印象，并据此来调整和确定己方的期望值。因此，谈判人员应综合考虑多方因素，合理控制开盘价。

2. 报价必须切合实际

报价的首要原则强调卖方报价为最高，买方报价为最低，但无论是报高价还是报低价，双方都必须将报价控制在合理的范围内。

对于卖家来说，如果违背市场价格的普遍规律，漫天要价，很可能会被对方质疑谈判的诚意，从而中止谈判；也可能会面临对方针锋相对地提出的一个令己方无法接受的报价；

还可能会被对方针对报价不合理的地方提出质疑，而如果己方无法给出合理的解释，则可能会被迫接受对方提出的让步要求。相应地，如果买方报价过低，则情况亦是如此。

因此，己方提出的开盘价既应服从于己方追求最高利益的需要，也要考虑对方能够接受的可能性。

3. 报价必须完整、清晰

谈判人员报价时应该给出一套完整的报价，而不仅仅是一个金额。开盘报价通常包括一系列有关交易的内容，如标的物价格、运输方式和支付方式等。如果报价不完整、含混不清，则可能会引起歧义，甚至误解，从而给接下来的磋商制造不必要的麻烦。

4. 报价必须自信、干脆

谈判人员报价时必须对己方报价的合理性抱有充分的自信，这能够给对方留下一个良好的印象。而这种自信心通常源于对市场行情的准确把握、对己方产品的真实了解，以及己方对本次谈判持有的诚恳的态度。

同时，谈判人员报价时必须果断、干脆，切忌欲言又止、吞吞吐吐，更不要在对方未还价之前先否定自己的价格，以免给对方留下不诚实或业务不熟练的不良印象。如果不小心报错了价格，那么只要不违背大的原则，也能在接下来的谈判中寻找机会进行纠正或弥补。

5. 不对报价做主动的解释与说明

谈判人员对己方的报价一般不应附带任何解释和说明。如果对方提出问题，则只需做出简单的回复即可。如果在对方提问前，己方就主动做出解释和说明，那么不仅会降低对方对己方报价的信任度，还可能会被对方发现己方的弱点所在，从而使对方从中找到进攻的突破口。

报价战术

在商务谈判中，有两种比较典型的报价战术，即由高到低战术和由低到高战术，谈判人员可根据实际情况选择合适的报价战术。

（1）由高到低战术。

由高到低战术一般由卖方先报出一个对买方来说有较大还价空间的价格，然后卖方根据买卖双方的实力对比和该笔交易的外部竞争状况，通过给予买方各种优惠条件，如数量折扣、价格折扣、佣金和支付条件上的优惠（如延长支付期限、提供优惠信贷等），来逐步靠近买方的条件，从而最终达成交易。

（2）由低到高战术。

由低到高战术一般由卖方将最低价格列在价格表上，以低价吸引买方，使其产生兴趣。但实际上，这种低价格一般是以对卖方最有利的结算条件为前提条件的，与此低价相对应的各个方面的条件都很难满足买方的全部需求。如果买方要求改变有关条件，卖方则会相应提高价格。因此，买卖双方最后成交的价格往往会高于卖方最先提出的价格。

实际上，由高到低战术与由低到高战术殊途同归，两者只是在形式上有所不同，并没有实质性的区别。一般而言，由低到高战术有利于竞争，而由高到低战术则比较符合人们的心理。

（二）报价的方式

1. 书面报价

书面报价是指谈判人员以文字材料、数据和图表等书面形式，详尽地表述己方的交易条件及愿意承担的责任与义务的报价方式。

2. 口头报价

口头报价是指谈判人员以口头形式提出己方的要求和愿意承担的责任与义务的报价方式。

与书面报价相比，口头报价具有较大的灵活性和表现力，但通常难以将一些复杂的情况（如统计数字、计划图表等）表述清楚。因此，在商务谈判中，谈判人员往往采用以书面报价为主、口头报价为辅的报价方式。

（三）报价的次序

在商务谈判中，由哪一方先报价并不是固定的，谈判双方可结合自身的实际情况来决定报价的次序。

（1）如果谈判气氛较为紧张，谈判双方预计谈判会出现激烈竞争的场面，那么双方可以采取“先下手为强”的策略，以争取主动权。

（2）如果己方的实力强于对方，或在谈判中处于相对有利的地位，那么己方先报价是有利的，以便更好地掌控局面。

（3）如果己方的实力明显弱于对方，并且缺乏谈判经验，那么可以让对方先报价，然后根据对方的报价来调整己方的报价和应对策略。

（4）如果谈判双方有长久的、频繁的业务往来，且双方合作愉快，则无须过度关注报价次序，顺其自然即可。

项目实训——开局阶段谈判模拟活动

1. 任务概述

学院计划购进一批计算机建设新的实训室。经初步接洽，学院有意从某科技公司采购。在收集了相关信息之后，学院决定与该科技公司进行谈判。

学生可以此为背景，分别代表学院与科技公司（均为虚构，具体背景资料由学生自行设计），模拟开局阶段的谈判。

2. 任务分组

全班同学自由分组，每组 6～8 人，各组选出组长并由组长抽签决定本小组所代表的谈判方，然后各组进行任务分工，并将小组成员及分工情况填入表 9-1 中。

表 9-1　小组成员及分工情况

<table>
<tr><td>班级</td><td></td><td>组号</td><td></td><td>指导教师</td><td></td></tr>
<tr><td>小组成员</td><td>姓名</td><td>学号</td><td colspan="3">任务分工</td></tr>
<tr><td>组长</td><td></td><td></td><td colspan="3"></td></tr>
<tr><td rowspan="7">组员</td><td></td><td></td><td colspan="3"></td></tr>
<tr><td></td><td></td><td colspan="3"></td></tr>
<tr><td></td><td></td><td colspan="3"></td></tr>
<tr><td></td><td></td><td colspan="3"></td></tr>
<tr><td></td><td></td><td colspan="3"></td></tr>
<tr><td></td><td></td><td colspan="3"></td></tr>
<tr><td></td><td></td><td colspan="3"></td></tr>
</table>

3. 任务实施

各组按照小组分工情况开展实践活动，并将具体的实施情况记录在表 9-2 中。

表 9-2　实施情况记录表

时间安排	实施步骤
	1. 小组讨论，仿照项目八“项目实训”实施情况，完成背景调查及谈判方案制订等工作

（续表）

<table>
<tr><th>时间安排</th><th>实施步骤</th></tr>
<tr><td></td><td>2．各组抽签决定本组的谈判对手，然后双方协商谈判安排</td></tr>
<tr><td></td><td>3．双方见面，进入模拟谈判开局阶段
（1）见面寒暄，营造气氛
（2）陈述己方观点、态度和期望
（3）试探对方的谈判条件和目标
（4）选择恰当的方式进行报价</td></tr>
<tr><td></td><td>4．结束谈判开局模拟，小组内进行讨论总结</td></tr>
<tr><td></td><td>5．各组分别派一名代表对己方及对方的表现进行点评</td></tr>
<tr><td></td><td>6．撰写商务谈判开局实训报告
（1）活动分工
（2）过程记录
（3）心得体会</td></tr>
</table>

4．评价反馈

各组配合指导教师完成如表 9-3 所示的考核评价表。

表 9-3　考核评价表

项目名称	评价内容	分值	评价分数		
			自评	互评	师评
成果评价（30%）	制订的谈判方案内容具体、具有可行性	10			
	代表点评认真、逻辑清晰	10			
	实训报告言之有物	10			
技能评价（50%）	背景调查及谈判方案制订等工作细致到位	10			
	能够营造恰当的谈判气氛	10			
	能够灵活运用多种谈判开局策略	15			
	能够有条理地进行开场陈述，并做出合理的报价	15			
素养评价（20%）	积极实施任务	10			
	能够较全面地考虑问题	10			
合计		100			
总评	自评（20%）+互评（20%）+师评（60%）=	教师（签名）：			

项目综合测试

一、不定项选择题

1．开局阶段的作用包括（　　）。

A．营造谈判气氛　　B．进行开场陈述

C．确定开局地位　　D．争取谈判主动权

2．营造高调气氛的条件包括（　　）。

A．己方优势明显　　B．双方曾有业务来往

C．双方关系友好　　D．己方迫切希望合作

3．低调气氛的类型有（　　）。

A．冷淡对立的谈判气氛　　B．严肃紧张的谈判气氛

C．松弛、缓慢的谈判气氛　　D．既不热烈、也不消沉的谈判气氛

4．开场陈述的内容包括（　　）。

A．己方的立场　　B．己方对问题的理解

C．报价　　D．对对方各项建议的回应

5．报价的首要原则是（　　）。

A．不对报价做主动的解释与说明　　B．控制开盘价

C．报价必须切合实际　　D．报价必须完整、清晰

二、判断题

1．出于保护己方机密的目的，己方可以在谈判开局阶段向对方传递一些虚假信息。（　　）

2．谈判人员在运用挑剔式开局策略时，要明确指出对方的错误，不断给对方施加压力，迫使对方做出让步。（　　）

3．谈判双方在自然气氛中传达的信息往往要比在高调气氛和低调气氛中传达的信息更为准确、真实。（　　）

4．在对方做开场陈述时，己方可通过适当的提问来探知对方对谈判中所持立场的坚定程度。（　　）

5．谈判人员在报价时，要以口头报价为主，书面报价为辅。（　　）

三、简答题

1．简述谈判开局策略。

2．如何营造自然气氛？

3．报价的原则是什么？如何确定报价的次序？

项目十

进行谈判磋商

项目导读

谈判双方完成陈述与报价之后，商务谈判即进入磋商阶段。围绕实质性内容进行谈判的磋商阶段是商务谈判的核心环节，也是最困难、最紧张的关键阶段。在此阶段，谈判人员应善于运用讨价还价和让步的相关技巧与策略，排除谈判障碍，突破谈判僵局，解决谈判中出现的问题，力求最终达成合作。

知识目标

（1）了解讨价的方式与原则。
（2）熟悉还价前的准备工作，掌握还价的起点、时机和方式。
（3）熟悉让步的原则，掌握让步的不同方式。
（4）了解谈判僵局形成的原因，熟悉谈判僵局的预防技巧。

能力目标

（1）掌握讨价还价的技巧，能够在商务谈判中灵活运用。
（2）掌握使对方让步的策略，能够在商务谈判中灵活运用各种策略，达到使对方让步的目的，维护己方利益。
（3）掌握破解谈判僵局的策略，能够在商务谈判中巧妙运用以确保谈判顺利进行。

素质目标

（1）培养集体荣誉感和团队协作精神，自觉维护团队利益。
（2）培养自尊与尊重他人的良好品质，平等相待，互惠互利。

模块一 讨价还价

情景案例

时间：2022 年 7 月 12 日

地点：新源电脑公司

主要人物：新源电脑公司谈判团队　　星电科技公司谈判团队

谈判双方做完开场陈述之后，星电科技公司的主谈人王经理率先报出了 3 500 元/台的价格。以下是双方讨价还价的过程。

马经理："我方认为贵方的报价偏低，因为近年来电脑主板的价格呈上涨趋势，电脑成本有所提高。希望贵方能够重新调整报价。"

王经理："贵方认为价格为多少比较合适呢?"

马经理："我方报价为 4 000 元/台。"

王经理："那么请问贵方的报价是否包含配送、硬件安装、软件安装及其他售后服务等各项费用呢？"

马经理："我们的报价包含硬件安装、软件安装及三年内免费更换硬件等服务费用，配送是由第三方公司负责的，对于配送费，他们的报价为 50 元/台，如果订货量较大，配送费可适当给予一定的优惠。因此，具体的配送费需要根据贵方的订货量来确定。"

王经理："如果贵方的报价不包含配送费，那么我方认为报价还有下降的空间，请贵方做出调整。"

双方继续讨价还价……

思考：上述案例中，马经理和王经理分别运用了怎样的讨价与还价技巧？这样做有什么好处?

价格是商务谈判的核心，商务谈判的实质性磋商主要是围绕价格展开的。在报价之后，谈判双方将进入讨价还价阶段。这一阶段也即双方相互磋商、逐步达成统一目标的过程。

一、讨价

讨价是指在谈判一方率先报价之后，另一方认为价格条件离自己的期望太远，而要求报价方改变报价的行为。本质上，讨价就是否决对方报价的行为。

（一）讨价的方式

1. 总体讨价

总体讨价是指讨价方从总体出发，综合分析交易条件，运用一定的策略使报价方降低期望值，让其重新报价的讨价方式。总体讨价是笼统地提出希望对方改变报价的请求，常用于评估报价方报价之后的第一次讨价。例如，在报价方报价之后，讨价方可以说：“贵方的报价与我方的期望值相差太远，没有达成交易的可能，贵方是否考虑重新调整报价？”。

2. 具体讨价

具体讨价是指讨价方从交易条件中选择一项或多项条款，并要求报价方针对这些条款改变报价的讨价方式。这些条款往往明显不合理或“水分”较大。具体讨价常用于报价方第一次改变价格后，或者讨价方仍掌握有降价的合理依据时。例如，在报价方改变报价之后，讨价方可以说：“考虑到最近钢材价格呈下降的趋势，我方认为设备仍有一定的降价空间，不知贵方以为如何？”。

（二）讨价的原则

1. 尊重对方，以理服人

谈判人员在讨价或对对方的报价进行评论时，要本着尊重对方和以理服人的原则。讨价是还价的准备，是诱导对方主动降价，而不是强迫对方降价，态度强硬、无视对方的感受容易使谈判陷入僵局。此外，谈判人员在讨价时，要注意说明己方讨价的理由，并指出对方报价的不合理之处，使对方心服口服。

2. 随时观察，控制次数

讨价时，谈判人员要注意观察对方的反应，推测其是否愿意考虑己方的要求。如果对方对己方的讨价爽快应允，那么不妨多讨几次价，力求创造对己方最有利的交易条件；如果对方对己方的讨价表示为难或一口回绝，那么就应考虑减少讨价的次数。

（三）讨价的技巧

1. 举证讨价

举证讨价是指讨价方通过提供市场行情、对方成本、竞争者价格、产品的质量与性能、过去的交易惯例等方面的有力证据来加大讨价的力度，使报价方难以抗拒，从而改变报价的讨价技巧。值得指出的是，讨价方提供的证据必须实事求是，而且应是对方认同的或难以反驳的，切不可胡编乱造。

经典案例

合理举证，讨价成功

某食品加工厂打算就购买某种山野菜的相关事宜与某土特产公司进行谈判，食品加工厂的理想成交价格是每千克山野菜 18 元。在谈判过程中，土特产公司第一次报价为每千克山野菜 22 元，并摆出一副非此价格不谈的架势。急需山野菜的食品加工厂代表并未表现出己方的着急，而是说："市场的情况你们也清楚，今年山野菜整体价格回落，卖价不可能达到每千克 22 元，而且过去也从未有以 22 元成交的先例，希望贵公司能够提出更有诚意的报价。"

土特产公司代表表示："我公司的山野菜质量上乘，因此，价格高一点是非常正常的。"食品加工厂的代表紧追不放："那么，贵方知道当前市场上这种山野菜的价格吗？据我们调查，当前市场上最好的山野菜价格也不过每千克 19 元。因此，我方给出每千克 18 元的报价已经很高了，足以表示我们的诚意。"事已至此，土特产公司代表只好无奈地回应道："可以考虑。"最后，双方以每千克 18 元的价格成交。

2. 投石问路

投石问路是指讨价方提出多种假设条件下标的物的售价问题，以促使报价方考虑改变报价的讨价技巧。讨价方提出的假设条件可为"假如我们的订货数量加倍（或减半）呢？""假如我们与贵方签订更长期限的合同呢？""假如我们以现金支付货款（或分期付款）呢？"等。

讨价方在运用投石问路技巧时所提出的假设条件不一定会真正履行，更多的是用来探测报价方可承受的大致底价，从而估算出议价空间。

二、还价

还价是指在商务谈判中，谈判一方根据对方的报价和己方的谈判目标提出己方价格要求的行为。

（一）还价前的准备

还价并不是一种简单的提高或压低价格的行为，其必须建立在全面的市场调查基础之上。还价方应全面掌握标的物当前的市场供应和价格情况，以及在未来一段时间内的变化趋势等，从而确保还价有理有据。

谈判人员在接到对方报价后，不应急于回复，而要先弄清楚对方报价的具体内容，并探究对方为何如此报价，其真正的期望值是多少。然后，将对方的意图与己方的要求逐一进行比较，弄清楚双方分歧所在，并估算出对方可能接受的让价范围，从而为确定己方还价的起点和方式提供参考依据。

（二）还价的起点与时机

1. 还价的起点

还价的起点是指第一次还价的价位。从买方的角度来说，还价太高有损于自身的利益，还价太低则显得缺乏诚意，从而不利于谈判的顺利进行。因此，谈判人员在确定还价的起点时应以接近己方所期望的成交价格为宜，同时需要考虑以下三个因素。

（1）对方报价中的“含水量”。对于对方报价中“含水量”较高的部分，还价的起点应低一些，而对于“含水量”较低的部分，还价的起点可以相应高一些。

（2）己方准备还价的次数。在每次还价幅度已定的情况下，如果己方准备还价的次数较多，那么还价的起点可以高一些；如果准备还价的次数较少，那么还价的起点可以相应低一些。

（3）对方的报价与己方目标价格之间的差距。如果差距较小，还价的起点可以高一些；如果差距较大，还价的起点应低一些。

你有过讨价还价的经历吗？回想一下你是如何确定还价起点的，然后与周围的同学的讨论一下。

2. 还价的时机

还价以讨价为基础，还价的时机主要取决于讨价的结果。卖方在回应买方的讨价要求，对报价做出改变之后，会向买方提出还价的邀请。买方可根据卖方更改后的报价确定还价的时机。一般来说，还价的最佳时机应该是在对方对报价做了两三次更改之后。

（三）还价的方式

1. 总体还价

总体还价又称“一揽子还价”，是指谈判一方将谈判的各项条件集中在一起，按照一定的百分比进行整体还价的还价方式。例如，买方问卖方，“如果我方愿意引进贵方全部的设备，那么贵方可否在总价上让步20%呢？”。

2. 逐项还价

逐项还价是指谈判一方筛选出与己方理想条件差距较大的谈判条件进行分别还价。例如，买方对卖方说，“我方认为贵方的大部分报价都可以接受，但是技术费、培训费和资料费的报价太不合理了，这几项费用应该在原来报价的基础上让价30%”。

（四）还价的技巧

讨价还价小技巧

1. 吹毛求疵

吹毛求疵是指买方从谈判标的物的质量、性能等方面进行百般挑剔，为己方还价寻找依据，从而使对方处于不利地位，动摇对方信心的技巧。对于买方的挑剔，缺乏耐心的卖方可能会选择通过让步来换得买卖合同的成立。不过，谈判人员在运用该技巧时应注意把握好分寸，不能过于严苛而引起对方反感。

2. 积少成多

积少成多是指买方先将总体还价内容分解成多个部分，然后一点一点进行还价的技巧。该技巧抓住了部分人不计较微小利益，也不愿意因为微小利益而损害彼此间交易关系的心理，可以达到积沙成塔、集腋成裘的效果，从而慢慢地使对方接受己方的条件。

互动空间

在商务谈判中，部分谈判人员会因多次讨价还价而感到不好意思，产生类似“负罪感”的情感，你如何看待这种想法？

3. 最大预算

最大预算是指买方一方面表现出对卖方商品、报价的极大兴趣，另一方面又表示己方受最大预算的限制，从而使对方接受己方还价的技巧。谈判人员在运用最大预算技巧时应注意选择好时机，一般来说，在对方成交意愿最强的时候可使用该技巧。

模块二 让 步

情景案例

时间：2022 年 7 月 12 日

地点：新源电脑公司

主要人物：新源电脑公司谈判团队　　星电科技公司谈判团队

谈判双方经过一番讨价还价之后，王经理给出了 3 700 元/台的报价，并表示这是他们的最大预算。而马经理认为 3 700 元/台的报价对于公司而言是赔本的，即使对方的订货量为 500 台，综合算下来公司仍然赚不到利润，他们的期望值为 3 800 元/台。以下是双方进一步商谈价格的过程。

马经理：“我方认为，对方提出的 3 700 元/台的报价仍然偏低，并且我方从未以这么低的价格成交过。”

王经理：“这次采购，我们从几家公司中选中了贵公司，这说明了我们合作的诚意。这一价格虽然比贵公司以往的销售价格低一点，但由于配送费由我方承担，所以贵公司的总体利润并没有减少。另外，A 公司、C 公司还在等着我们的谈判邀请。”

听完王经理的一席话，马经理认为他们需要请示一下上级领导，便提出了暂停会议的要求。

思考：上述案例中，为了使马经理做出让步，王经理用了怎样的策略？能起到什么样的作用？

商务谈判中的让步是指谈判一方向对方妥协，降低己方的利益要求，向对方的期望目标靠拢的行为。在商务谈判中，让步是必要的，如果谈判双方都坚持自己的意见，不做出让步，那么永远无法达成协议。

一、让步的原则

让步虽然并非谈判失败的表现，但是通常意味着某种利益的牺牲。为了不损害己方的重要利益，谈判人员在做出让步时，必须坚持以下原则。

（一）目标价值最大化原则

在商务谈判中，谈判双方通常会有多项目标。当双方的多项目标之间都存在冲突时，谈判人员应该按照重要性和紧迫性对己方的多项目标进行排序，优先完成重要的和紧迫的目标（如价格、付款方式等），然后在条件允许的前提下，适当争取其他目标，以实现目标价值的最大化。

（二）时机原则

时机原则是指谈判人员应在恰当的时机做出适当的让步。一般来说，重要的、起决定性作用的让步应放在即将达成交易之前，以促成合作。此外，当对方没有表现出任何让步的可能时，己方做出让步并不会收获好处。如果能够使对方先做出让步，然后己方再做出让步，则更有利于己方谈判人员掌握主动权。

（三）弥补原则

弥补原则是指己方在做出让步时，必须同时提出让步的前提或条件，以确保己方的让步能收到一定的效果。由于每一次让步都包含着己方部分利益的损失，所以谈判人员必须清楚己方让步的目的，不做无谓的让步，并且在让步时必须遵循弥补原则。例如，在商务谈判中，己方同意降价的同时，可以提出对方必须付现款等。

（四）清晰原则

清晰原则是指谈判人员对己方让步的前提、对象、理由、具体内容和实施细节都应表达得清楚、明确，避免因让步产生新的问题和矛盾。切不可因己方没有表达清楚让步的内容，使对方不能明确领会到己方所做出的让步，而认为己方在含糊其词。

小贴士

在商务谈判中，谈判人员不能轻易地向对方承诺己方会做出同等幅度的让步，因为即使双方让步幅度相当，也并不意味着会获得同等的利益。

二、让步的方式

在商务谈判中，谈判人员需要综合考虑多种因素（如标的物的特性、市场需求状况、谈判对手所采取的策略、谈判现场的气氛等）来决定让步的次数、步骤和程度等。下面以让步总额为 100 元、让步次数为四次举例来介绍五种不同的让步方式，如表 10-1 所示。

表 10-1　五种不同的让步方式

序号	预定让步值（元）	第一步（元）	第二步（元）	第三步（元）	第四步（元）
1	100	0	0	0	100
2	100	25	25	25	25
3	100	5	25	30	40
4	100	100	0	0	0
5	100	40	30	20	10

第一种让步方式的特点是在谈判的前期阶段态度强硬、丝毫不让步，直到谈判快要结束时才一次让出全部可让利益。这种让步方式会在开始时给对方一种没有商量余地的感觉，一般只有在对方能力较弱、优势较小时才会奏效，但这样更有可能会使对方觉得己方没有谈判诚意，从而使得谈判破裂。因此，谈判人员应谨慎使用该让步方式。

第二种让步方式的特点是等额让步，每次的让步幅度均为 25 元。这种让步方式会刺激对方的欲望，使其认为后面还有很多个 25 元。而一旦停止让步，则很难说服对方，容易使谈判陷入僵局。因此，谈判人员应尽量少用或不用该让步方式。

第三种让步方式的特点是递增式让步，即每次让步的幅度都比前一步的让步幅度要大。这种让步方式会使对方相信己方会做出越来越大的让步，从而诱发对方提出不切实际的要求，容易造成谈判僵局。因此，谈判人员应尽量少用或不用该让步方式。

第四种让步方式的特点是在谈判一开始就让出了全部可让利益，将自己的底线和盘托出。这种让步方式显示出了己方的诚意，通常适用于谈判双方关系较为良好、亲密的情况，可以提高谈判效率。但是，这种让步方式会使己方丧失讨价还价的资本，如果对方迫使己方再做出让步，那么将会难以收场，形成谈判僵局。因此，谈判人员应谨慎使用该让步方式。

第五种让步方式是较为理想的让步方式，其特点是既做出了稳妥的让步，向对方表明了己方希望成交的愿望，又一步一步收缩己方的让步幅度，告诉对方己方的利益空间越来

越小，使对方不再抱有不切实际的幻想。这种让步方式在商务谈判中最为常见，可以给人一种顺理成章、水到渠成的感觉，容易被人们所接受。

三、使对方让步的策略

在商务谈判中，谈判对手并不会积极主动地做出让步。为了实现己方利益的最大化，谈判人员可以运用一些策略使对方做出让步。使对方让步的策略主要有以下几种。

（一）软硬兼施策略

黑白脸策略

软硬兼施策略又称“黑脸白脸策略”，是指谈判人员在角色搭配及手段运用上软硬相间、刚柔并济的策略。运用此策略时，通常由一名谈判代表“唱黑脸”，提出苛刻的条件和要求，给对方施加压力，当谈判气氛变得紧张时，再由其他谈判代表“唱白脸”，向对方表示友好或予以抚慰，缓解谈判气氛，以获得对方的让步。

（二）虚张声势策略

虚张声势策略是指谈判人员在谈判开始时提出一些并不期望能够实现的过高要求，给对方造成一种错觉，从而动摇对方的内心，迫使其修改己方期望，降低己方目标和要求的策略。例如，某焊接设备生产商向某公司推销其产品，率先报价一套设备 40 万元，并声明这是考虑到双方初次交易而给出的优惠价，公司代表进行讨价还价之后，生产商代表将报价逐步降到 27 万元，双方最终以 27 万元成交。而实际上，生产商以往也以二十几万元的价格出售过该种设备，他们报价 40 万元只不过是虚张声势罢了。

（三）制造竞争策略

制造竞争策略是指谈判人员不经意地透露出己方有其他谈判对象，使对方感受到压力，从而使对方做出让步的策略。

制造竞争，施加压力

一位律师想重新装修公司会议室的地面和墙壁，于是找了一位装修工人，向他讲了装修的基本要求，并问他能否按要求做好。工人很有信心地告诉律师，绝对没有问题，然后要价 6 500 元。律师和他讨价还价了一会儿，工人让步了 500 元之后就不肯再让步了。

那天，律师的一位朋友小林因为有法律方面的问题请教他，正好在他的办公室。律师从会议室出来，向从事谈判咨询和培训工作的小林寻求帮助。

小林走进会议室问工人：“按照我们刚才讲的要求做好，一共要多少钱？”

工人回答：“全部做好要 6 500 元，可以优惠 500 元。”

小林说：“告诉我你愿意做的最低价格是多少？”

工人回答道：“这已经是最低价了，再低我就赚不到钱了。”

小林说：“好吧，你把你的报价和联系电话写在一张纸上给我，然后回去等我的电话吧。实话跟你说，你是第一个来这儿谈装修的人，过一会儿还有两个人过来。在你出去之前，你可以仔细再算一遍价格，然后把最低价格写下来。今天是周五，如果明天上午接到我的电话，你就过来做。如果没有接到我的电话，你就不用来了。”

工人停顿了一下，说道：“那我再算一遍吧。”大约过了三分钟，工人告诉小林：“就 5 500 元吧，再低真不能做了。”

小林说：“好的，你把价格写下来就可以了。”待工人走后，小林看了看那张写有工人的报价及其联系电话的纸，上面写着：最低价 5 200 元。

（四）各个击破策略

一支谈判团队的成员之间必然存在理解力、经验和意见等方面的差异。各个击破策略是指谈判人员利用对方谈判人员之间的不一致来分化对手，重点突破，从而使对方让步的策略。其具体做法是，把对方谈判团队中持有利于己方态度的人员作为重点，以各种方式给予其支持和鼓励，与其结成一种暂时的“同盟”，而对不利于己方的人员则态度强硬。只要对方团队中的某一成员有所松懈，争取对方让步的可能性就会大大增加。此外，运用该策略也容易使对方谈判团队成员间相互猜疑，有利于瓦解对方的战斗力。

（五）最后期限策略

在谈判开始时，一方可提出谈判结束的最后时间节点，通常对方会表示同意但并不会过度关注。随着这个期限的逐渐迫近，提出期限的一方可不断暗示和表明立场，以增加对方内心的焦虑感。如果对方对成交抱有很大期待，并且双方大部分议题已经完成，那么运用最后期限策略可以促使对方做出让步，然后及时签约。

模块三 突破僵局

情景案例

时间：2022 年 7 月 12 日

地点：新源电脑公司

主要人物：新源电脑公司谈判团队　　星电科技公司谈判团队

马经理请示过上级领导之后，提出了3 780元/台的报价，并提出要分期供货，在三个月内分批完成所有供货。王经理听后表示不同意，因为他们公司要求下个月月底前所有设备要到位。

双方争执不下，谈判陷入了僵局。于是，双方决定暂时休会，休会时间暂定为一周，待各自商量之后再进行谈判。

思考：上述案例中，导致谈判僵局形成的主要原因是什么？除了休会之外，你认为还有哪些打破僵局的方法？

在商务谈判的过程中，谈判双方往往会由于某种原因而形成对峙，使谈判呈现出一种不进不退的境地，这种谈判搁浅的情况称为谈判僵局。谈判僵局的出现对谈判双方的利益和情绪都会产生不良的影响。因此，谈判双方应积极探究谈判僵局形成的原因，寻找解决方案，尽快打破僵局。

一、谈判僵局形成的原因

在谈判的过程中，任何谈判议题都有可能出现分歧与对立，僵局随时都有可能发生。总体来说，造成谈判僵局的原因主要有以下几个。

（一）立场观点的争执

在谈判的过程中，如果谈判双方对某一问题的意见出现分歧，那么越是各自坚持自己的立场观点而排斥对方的立场观点，双方之间的分歧就会越大。这时，双方真正的利益需求会被这种表面的立场之争所掩盖，谈判就变成了一种意志力的较量。当冲突和争执激化，双方互不相让时，便会出现僵局。

（二）信息沟通障碍

谈判是一个信息沟通的过程，只有双方信息实现正确、全面、顺畅的交换，才能互相深入了解，继而正确把握和理解对方的利益和条件。由于谈判双方在谈判时大多通过口头语言来进行交流，而且双方人员的文化背景、理解能力和出发点等或多或少会存在差异，所以在交流时常常会出现信息传递失真的情况，从而使双方之间产生误解或对立情绪，进而使谈判陷入僵局。

由误解造成的僵局

误解是指谈判人员对对方讲话的本意理解错误的行为。当遇到一些善于运用语言技巧的对手时，谈判人员就很容易犯误解的错误。善于运用语言技巧的谈判人员精于营造谈判气氛，极少与对手形成尖锐的对立，他们在论述自己的立场时，十分注重态度和表述方式，严格隐蔽立场。对于这类谈判对手的讲话，谈判人员要认真领会，否则容易因产生误解而使谈判陷入僵局。下面对一些容易造成误解的表述进行解读。

（1）“我听得很明白，贵方的论述没有问题。”

解读：“听得很明白”不等于我同意；“论述没有问题”不等于对方提出的条件没有问题。

解读容易造成误解的表述

（2）“贵方的条件很吸引人，我相信我的上司一定会感兴趣。”

解读：“贵方的条件很吸引人”，但该条件不一定合乎我方要求；“我的上司一定会感兴趣”，但不一定会接受。

（3）“我愿意考虑贵方的建议。”

解读：“愿意考虑贵方的建议”，不是说接受对方的建议，考虑的结果并不明确。

（4）“如果贵方的条件能够在某点上加以改进，那么会更加令人感兴趣。”

解读：“贵方的条件能够在某点上加以改进”的确会更加吸引人，但并不等于仅凭这一点改进就能解决谈判中存在的问题。

（资料来源：文腊梅．商务谈判实务［M］．北京：电子工业出版社，2017．有改动）

（三）谈判人员言行不当

谈判人员对问题的理解受其专业知识、职业习惯等多方面因素的影响，往往具有一定的主观性和片面性。如果谈判人员对所商议的议题表现出强烈的个人感情色彩，提出一些不符合逻辑的意见，那么容易引起对方不满，导致谈判陷入僵局。

此外，谈判桌上有时还会出现一些谈判人员对对手持有偏见，从而做出一些不当言行，处处为难对手，导致双方之间产生不愉快的情形，也易使谈判陷入僵局。

（四）偶发因素的干扰

在谈判的过程中，可能会出现一些偶发情况，当这些情况涉及某一谈判方的利益时，谈判就可能会因这些偶发因素的干扰而陷入僵局。例如，当谈判期间外部环境发生突变时，谈判一方如果按原有条件与对方进行交易就会蒙受较大的利益损失，于是会推翻已做出的让步，这时就会导致对方的不满，使谈判陷入僵局。

偶发因素导致的僵局

某纺织公司打算与某服装公司进行为期 15 年的合作生产，双方在初次谈判时就合作的大部分事宜达成了一致意见，并且约定在第二次谈判时就一些细节问题进行协商，

然后签订合同。然而，在第二次谈判开始前，多种布料的市场价格突然下跌，如果按照双方初次洽谈的价格签约，那么服装公司将会面临近20万元的损失。

服装公司对已做出的承诺不便食言，又无意签约，于是便采取了拖延战术，双方谈判陷入了僵局。

二、谈判僵局的预防

谈判双方利益的冲突和分歧是客观存在的。为避免双方冲突升级，出现谈判僵局，谈判人员应掌握一定的预防技巧。

（一）从赞同的观点入手

当发生冲突时，谈判人员要从双方合作的大局出发，尽量维持友好的气氛，设法从对方的异议中找出某些可以赞同的观点，并对这些观点进行拓展，使双方能够在此基础上继续磋商。切忌与对方激烈争论，不然只会加剧冲突。

（二）换位思考

谈判双方有效沟通的重要方法之一就是要站在对方的立场上，设身处地地从对方的角度来思考问题。在谈判的过程中，如果谈判双方能够进行换位思考，或者设法引导对方站在己方的立场来思考问题，就能够增进彼此的理解。这对于消除分歧和误解，构筑双方都乐于接受的交易方案是积极有效的。

（三）不在枝节问题上较真

谈判人员要注重全局利益，把注意力放在重要问题上，而不要因为一些枝节问题甚至与谈判毫无关系的问题同对方发生冲突。另外，谈判的目的是达成协议，而不是说服对方接受己方的全部条件。因此，谈判人员不要被一些小问题所约束，而要多关注己方的重要利益。

三、谈判僵局的破解

谈判僵局的发生或持续会给谈判双方带来极大的压力，甚至导致谈判破裂。因此，掌握谈判僵局的破解策略对于谈判人员来说尤为重要。下面介绍几种常用的打破谈判僵局的策略。

（一）暂避分歧，转移议题

当谈判陷入僵局，经过协商而毫无进展，现场气氛低迷时，谈判人员可以换一个新的议题与对方进行谈判，在其他议题经过谈判达成一致之后，就会对原先有分歧的议题产生正面影响，此时再商谈那些议题，气氛会有所好转，双方思路会变得开阔，问题便更容易解决。

（二）暂时休会，静候反思

当谈判双方争执不下、言辞激烈、情绪将要失控时，谈判人员应及时地协商休会，暂停双方的交流活动，各自冷静。在休会期间，双方谈判人员都有机会反思己方先前的决定与判断，同时调节情绪，摆正心态，调整策略，从而避免僵局变成死局。

（三）审时度势，及时换人

很多时候，谈判僵局是因谈判人员的冲突而产生的。这种冲突可能是由于谈判人员能力、态度、言行的欠缺或不当而引起的，也有可能是为了谈判战术的需要而故意安排的。无论出于哪种原因，都应及时更换与对方产生冲突的谈判人员，以对谈判对手表示友好，从而缓和紧张气氛，避免僵局的恶化。

明德修业

谨言慎行，谦恭有礼

有一家果品公司派一名业务员到苹果产地和一位果农谈判收购苹果事宜。

业务员来到果农所在的果园，看到地上放着一筐筐的苹果，问道：“你这个苹果多少钱一斤？”果农回答：“三块钱一斤。”业务员说：“两块六行不行？”果农说：“不行，少一分钱都不卖。”业务员翻了翻框里的苹果，说：“你看你这些苹果，个头也不算大，颜色也不够好，有的上面还有虫咬的洞，依我看一斤两块六都不值，你还要三块钱。我刚才看的一家果园的苹果比你这儿的好多了，那老板都没要三块钱一斤。”果农听了面露不悦之色，说道：“我的苹果就这样，就卖三块钱一斤，不还价，你不买就快离开吧！”业务员说：“不卖拉倒，我去别家买。”说着便走出了果园。

第二天，果品公司又派了另一名业务员前来谈判。这名业务员见到果农一边和气地问候道：“大哥，您忙着呢？”，一边拿出一瓶矿泉水双手递上去，果农接了矿泉水，微笑地问道：“小兄弟，有什么事情？”业务员说：“我们公司派我来收购苹果，我看您家果园的苹果又大又红，今年收成挺不错吧？”果农说：“是的，今年风调雨顺，苹果长得好，我们这里家家都是大丰收……”果农开心地和业务员聊起了今年的收成，两人相谈甚欢。

最后，谈到了苹果的收购价格，业务员说：“大哥，我看您是个实诚人，您家果园的苹果品质又很好，我们公司也十分讲求信誉，您看两块六一斤怎么样，要是行，您家的苹果我全要了！”果农说：“小兄弟，就冲你这个人这么实在，我愿意交你这个朋友，两块六一斤成交！”就这样，两人一拍即合，很快谈成了这笔生意。

（四）以硬碰硬，据理力争

当谈判时对方故意制造僵局或在一些原则问题上表现得蛮横无理时，己方要以坚决的态度据理力争，明确拒绝对方的不合理要求，并揭露对方故意制造僵局的不友好行为，从而使对方有所收敛，自动放弃不合理的要求，主动合作。

（五）孤注一掷，背水一战

当谈判陷入僵局，并且己方认为自己的条件是合理的，已经无法再做让步，而又没有其他可以选择的方案时，谈判人员可以运用孤注一掷、背水一战的策略。在实施该策略时，谈判人员可将己方的条件摆在谈判桌上，明确表示己方已无退路，希望对方能做出让步，否则情愿接受谈判破裂的结局。如果对方珍惜这次合作机会，则有可能会选择退让的方案，从而打破僵局。打算运用该策略时，谈判人员必须做好最坏的打算，并做好承受谈判破裂的心理准备。

看准时机，孤注一掷

某公司购买了某大厦的一层楼作为公司的新办公室，该公司总经理认为这层楼原有的设计过于陈旧，于是计划邀请设计师进行重新设计。

该公司委派了一名代表与某知名设计师就设计方案进行谈判。设计师对设计费用报价 230 万元。对这一报价公司代表一口回绝。设计师则回应道："据我了解，当地的平均设计价格为每平方米 1 200 元，按照这一标准计算的话，整层楼的设计费用约为 200 万元。为了满足贵公司提出的一些个性化要求，230 万元是我能给出的最优惠的价格了。"

公司代表还价 200 万元，但设计师仍然坚持自己最初的报价。于是，谈判陷入僵局。公司代表为缓和气氛，解释道："公司只授权我 200 万元的签约权限，您的要价超出了我的权力范围，我必须请示我的上级。"

经过请示，该公司同意支付 215 万元，但设计师仍认为这一价格他无法接受。公司代表一听，表情变得严肃起来："215 万元是我方综合考虑双方利益后积极争取到的结果，这也是非常合理的价格，我方已经不能再提价了。如果您坚持这样的态度，那么我们也没有继续谈下去的必要了。"设计师听后犹豫了片刻，随即同意了 215 万元的价格。

项目实训——体验讨价还价活动

1. 任务概述

请全班同学分小组对当地可自由讨价还价的商场进行考察，自主选择一家实体店，与卖方进行讨价还价，重点体会讨价还价技巧和突破谈判僵局策略的使用，并做好记录。

2. 任务分组

全班同学自由分组，每组 4～6 人，各自选出组长并进行任务分工，然后将小组成员及分工情况填入表 10-2 中。

表 10-2　小组成员及分工情况

班级		组号		指导教师	
小组成员	姓名	学号	任务分工		
组长					
组员					

3. 任务实施

各组按照小组分工情况开展实践活动，并将具体的实施情况记录在表 10-3 中。

表 10-3　实施情况记录表

时间安排	实施步骤
	1．小组讨论，选择当地一家商场进行实地考察，确定开展活动的实体店
	2．查询卖方的主营业务和商品等基本信息，做好讨价还价前的准备工作
	3．小组投票选出与卖方进行讨价还价的成员，该成员做好谈判准备

（续表）

时间安排	实施步骤
	4．来到实体店，开展具体的讨价还价活动，小组其他成员注意观察和记录 （1）向卖方询价，记录卖方的报价 ________________ ________________ （2）与卖家进行多次讨价还价，记录双方交流的过程，以及过程中价格的变化 ________________ ________________ ________________ （3）有意制造谈判僵局，并想办法破解僵局 ________________ ________________ ________________
	5．各组选择一名代表在课堂上简要叙述活动过程并总结经验

4．评价反馈

各组配合指导教师完成如表 10-4 所示的考核评价表。

表 10-4　考核评价表

项目名称	评价内容	分值	评价分数		
			自评	互评	师评
成果评价（30%）	观察仔细，记录翔实、重点突出	15			
	代表叙述认真、逻辑清晰	15			
技能评价（50%）	能够做好讨价还价前的准备工作	15			
	能够灵活运用讨价还价的技巧	20			
	能够有效破解谈判僵局	15			
素养评价（20%）	有较好的团队合作意识	10			
	勤于思考，善于总结	10			
合计		100			
总评	自评（20%）+互评（20%）+师评（60%）=	教师（签名）:			

项目综合测试

一、不定项选择题

1. 谈判人员在讨价时应该遵循的原则包括（　　）。

A. 以硬碰硬，据理力争　　B. 尊重对方，以理服人

C. 积少成多，各个击破　　D. 随时观察，控制次数

2. 谈判人员在还价前需要做的准备工作包括（　　）。

A. 弄清楚对方报价的具体内容

B. 探究对方为何如此报价

C. 探究对方真正的期望值是多少

D. 估算出对方可能接受的让价范围

3. 谈判人员在确定还价的起点时需要考虑的因素包括（　　）。

A. 对方报价中的“含水量”

B. 对方还价的次数

C. 己方准备还价的次数

D. 对方的报价与己方目标价格之间的差距

4. 让步的原则包括（　　）。

A. 目标价值最大化原则　　B. 时机原则

C. 清晰原则　　D. 弥补原则

5. 谈判僵局的预防技巧包括（　　）。

A. 从赞同的观点入手　　B. 换位思考

C. 不在枝节问题上较真　　D. 主动做出让步

二、判断题

1. 具体讨价常用于报价方第一次改变价格后，或者己方仍掌握有降价的合理依据时。（　　）

2. 还价的最佳时机应该是在对方对报价做了两三次更改之后。（　　）

3. 在商务谈判中，为了表现己方友好的态度，在对方做出让步之后，己方要做出同等幅度的让步。（　　）

4. 谈判僵局通常是由谈判双方立场观点的争执引起的，与外界因素无关。（　　）

5. 当谈判陷入僵局时，谈判双方可暂时休会，以调节情绪，调整策略。（　　）

三、简答题

1. 谈判人员在讨价还价时可以运用哪些技巧？
2. 简述使对方让步的策略。
3. 谈判僵局形成的原因有哪些？如何打破谈判僵局？

项目十一

结束谈判

项目导读

随着谈判磋商的深入，谈判双方的意见逐步趋于一致，谈判即将进入最后阶段——结束阶段。在此阶段，谈判人员必须正确判定结束谈判的时机，运用好结束的策略，以促进谈判双方签约。此外，签约结束后，谈判双方也应对后续工作中可能出现的问题有所准备，以保证己方利益，并为今后的谈判积累经验。

知识目标

（1）熟悉谈判结束的方式。
（2）明确订立商务合同的基本原则。
（3）了解商务合同的基本构成。
（4）熟悉签订商务合同的基本步骤。
（5）熟悉后续跟进工作。

能力目标

（1）能够辨识谈判结束的契机，并抓住时机运用有效的最后成交策略。
（2）能够对整个谈判过程做出全面、系统的总结，积累和丰富谈判经验。
（3）掌握处理合同争议的方法，能够根据不同情况正确处理合同争议。

素质目标

（1）具备批判性思维，能够客观看待问题。
（2）培养严谨细致的工作态度，认真负责。

模块一　选择结束策略

情景案例

时间：2022 年 7 月 19 日

地点：新源电脑公司

主要人物：新源电脑公司谈判团队　　星电科技公司谈判团队

时间过去了一周，在双方休会期间，马经理带领团队成员对谈判情况进行了全面分析。最后，他们认为己方可以承担电脑的配送费，并且在月底前将全部电脑交付完毕，不过价格为 3 800 元/台，这一方案获得了公司总经理的首肯。于是，马经理主动邀请星电科技公司主谈人王经理进行第二次谈判。

谈判开始后，双方再一次将己方的条件和要求进行了陈述。陈述完毕，王经理说道："如果贵方能够接受我们的条件，那么我公司承诺将会在电脑交付完毕的两周内付清所有货款，不知贵方是如何考虑的？"马经理回应道："我方理解贵方的立场，不过考虑到种种因素，我方坚持 3 800 元/台的价格，可由我方承担配送费，月底交付完毕，这已经是我方能够做出的最大让步，所以还请贵方慎重考虑并做出决策。"看到马经理认真、严肃的表情，王经理思考一番后，认为马经理的提议还算合理，并且综合比较下来，新源电脑公司产品的品质确实要更好一些，便同意与其成交。

思考：上述案例中，王经理和马经理分别运用了怎样的最后成交策略？

谈判的结束阶段是指谈判双方就交易条件中的各项条款进行多次磋商之后，做出交易决策，终结谈判的阶段。谈判人员应当敏锐地觉察出谈判结束的最佳时机，并运用一定的技巧与策略，尽快达成交易。

一、谈判结束的契机

小男孩买西瓜

谈判结束的契机即谈判结束的最佳时机。一般来说，表明谈判进入结束阶段的标志有以下几个。

（一）接近谈判截止时间

在谈判之初，谈判双方会共同确定整个谈判所需要的时间，并按照约定的时间安排谈判进程。当谈判接近规定的截止时间时，就进入了谈判的结束阶段。

（二）达到谈判基本目标

在经过实质性的磋商阶段之后，谈判双方各自的目标都有所实现。如果谈判双方都确定已经在重要的、关键的问题上基本达到了目标，仅剩余少量非实质性的、无关紧要的分歧点，那么谈判成功就有了十分重要的基础，换言之，促成交易的时机已经到来，也即谈判进入结束阶段。

（三）出现交易信号

在谈判将要进入结束阶段时，谈判人员可能会发出某些信号。不同的谈判人员实际使用的信号形式有所不同，总体来说有以下几种。

1. 谈判人员用总结性语言表明立场

当谈判快要结束时，谈判人员开始用总结性语言表明各自的立场，双方的谈话中可能会表达出一定的成交意愿。例如，谈判一方主谈人提出："通过这么久的共同努力，我们双方在大多数问题上都基本达成了一致，现在就剩下一些小问题没有解决了。我相信只要我们双方本着互利互惠的原则，珍惜这来之不易的机会，合作成功是可以期待的。"

2. 谈判人员提出明确而完整的建议

在谈判的开局与磋商阶段，谈判双方通常是在试探对方的底线，不会对任何问题做出结论性的提议。而当谈判即将进入结束阶段时，谈判人员会提出明确、完整的建议，并且会暗示对方如果其建议不被接受，那么谈判可能会破裂。

3. 谈判人员态度坚定果断

当谈判人员在阐述自己的立场、观点时，表情不卑不亢、严肃认真，同时坐直身体，两眼紧紧盯住对方，语气坚定，表述简明、直白；在回答对方的任何问题时，都采取比较简洁的方式，甚至只回答一个字"是"或"否"，不再解释理由，则表明已没有讨价还价的余地，谈判已到最后阶段。

二、谈判结束的方式

一般来说，商务谈判结束的方式有成交、破裂和中止三种。

（一）成交

成交是指谈判双方达成协议，交易得以实现（见图 11-1）。成交的前提是谈判双方对交易条件经过多次磋商达成共识，对全部或绝大部分问题没有实质性的分歧。成交的方式为谈判双方共同签订具有高度约束力和可操作性的协议书，为双方的交易活动提供准则。

图 11-1　谈判双方成交

（二）破裂

破裂是指谈判双方经过多次磋商之后仍无法达成一致意见或签订协议，交易失败，从而结束谈判。根据谈判双方的态度，谈判破裂可分为友好破裂和对立破裂。

1．友好破裂

友好破裂是指谈判双方互相体谅对方所面临的困难，讲明难以逾越的实际障碍而友好地结束谈判的做法。在此过程中，谈判双方的态度始终是友好的，并且能够充分理解对方的立场和原则，能够理智地承认双方在主要利益上的分歧，对谈判破裂表示十分遗憾。这种情况下的谈判破裂并不会使谈判双方关系破裂，反而会使双方因充分的了解和沟通，萌生了进一步合作的愿望，从而为今后双方合作留下可能的机会。

明德修业

买卖不成仁义在

A 工程公司（以下简称“A 公司”）的谈判小组到甲市与当地的 B 工程设备公司（以下简称“B 公司”）就买卖一批工程设备的交易进行了谈判。

谈判期间，B 公司主谈人根据 A 公司的报价提出了建议，希望对方考虑一下设备的研发成本，以及当前市场的竞争性等实际情况，然后改变报价。而 A 公司的主谈人因公司上层领导人授意仍然坚持原报价。最后，双方未能达成交易。

A 公司谈判小组原以为一旦交易失败，一定会遭到 B 公司的冷遇。然而，B 公司并没有因双方谈判破裂而怠慢 A 公司谈判小组，仍给予了他们热情的招待。A 公司谈判小组非常感动，回去后，他们经过反复核算、多方了解行情，认为 B 公司提出的报价是合理的。于是，在向上层领导人汇报及申请之后，A 公司谈判小组主动向 B 公司提出再次谈判的请求。后来，在双方的共同努力之下，第二次谈判终于取得了成功，双方达成了协议。

2. 对立破裂

对立破裂是指谈判双方或单方在一种极度不满、不冷静的情绪中结束谈判的做法。对立破裂不仅不会达成任何协议，还会使谈判双方关系恶化，进而阻碍今后的合作。

（三）中止

中止是指谈判双方因为某种原因未能达成全部协议，而由谈判双方约定或单方要求暂时停止谈判的方式。造成谈判中止的原因包括谈判双方对客观因素无法控制、谈判双方无交易热情、谈判策略选择不当及谈判人员的工作出现疏漏等。一般来说，谈判中止可分为有约期中止和无约期中止。

1. 有约期中止

有约期中止是指谈判双方在中止谈判时对恢复谈判的时间予以约定的中止方式。例如，谈判双方认为成交价格超过了原定计划，或者让步幅度超过了预定的权限，需要获得上级部门的批准，在现阶段难以达成协议，但双方具有成交的意愿，于是经过协商，一致同意中止谈判，等到双方获得权限后再恢复谈判。有约期中止是一种积极的中止，其目的是给谈判双方留出时间，促使双方创造条件来达成协议。

2. 无约期中止

无约期中止是指谈判双方在中止谈判时对恢复谈判的时间无具体约定的中止方式。在谈判中，谈判双方由于交易条件差距太大或交易面临特殊困难，而彼此又有成交的意愿且不愿使谈判破裂，就会采用无约期中止的方式中止谈判。例如，谈判某一方突然出现了重大人事变动、政策调整等，这使得谈判双方难以约定恢复谈判的具体时间，只能表述为"一旦条件许可""一旦政策允许"等，然后择机恢复谈判。无约期中止是一种被动式中止，谈判双方均出于无奈，其会对最终达成协议造成一定的干扰和拖延。

商务谈判几种可能的结果

商务谈判的可能结果主要有以下几种：

（1）达成交易并改善了关系：谈判双方的目标顺利完成，并且交易成功，双方关系在原有基础上得到了增强，为今后进一步的合作打下了良好的基础。这是商务谈判中最理想的谈判结果，谈判双方既实现了眼前利益，又巩固了长期合作关系。

（2）达成交易但关系没有变化：谈判双方交易成功，并且力求此次交易能够实现各自的利益；此外，谈判双方既没有刻意地追求建立长期合作关系，也没有产生太大的矛盾而造成双方关系不良。

（3）达成交易但关系恶化：谈判双方虽然达成了交易，但都付出了一定的代价，

双方关系遭到一定的破坏。这种结果从眼前利益来看尚可接受，但不利于今后的长期合作。

（4）没有成交但改善了关系：谈判双方虽然没有达成交易，但双方关系并没有因此而破裂，仍然保持友好的相处关系，这为双方今后的成功合作奠定了良好的基础。

（5）没有成交且关系没有变化：这种谈判没有取得任何成果，也没有造成任何不良的后果；谈判双方在谈判中没有做出有效的让步，也没有发生激烈的争辩，双方关系在今后有可能会有进一步发展。

（6）没有成交且关系恶化：这是最差的谈判结果，谈判双方既没有达成交易，又因谈判破裂而关系恶化，这对谈判双方的长远合作造成了不良影响。

（资料来源：陈文汉，甄冰．商务谈判实务［M］．北京：人民邮电出版社，2019．有改动）

三、最后成交的策略

在谈判的结束阶段，谈判人员可以采取一定的策略来推动谈判进程，促使交易成功。

（一）主动暗示策略

主动暗示策略是指在条件基本成熟时，谈判一方主动向对方做出直接或间接的暗示，以促使对方签约的策略。在此过程中，主动方需要把自己摆在一种似乎不可动摇的位置上，尽量使用带有结论性的语言，向对方表明己方的成交意愿。例如，谈判一方劝说对方，“这是我们做出的最后让步，贵方是接受还是不接受呢？”或“希望贵方不要错过这次机会，现在订货，我们可以在本月内交货。贵方需要多少数量的货物？”。

（二）提供选择策略

提供选择策略是指谈判一方通过提供两种或两种以上的不同选择，引导对方选择成交方案的策略。运用这种策略的目的是把成交的主动权交给对方，使对方消除疑虑，尽快做出决策。谈判人员在运用提供选择策略时，可以在不损害己方基本利益的前提下为对方提供各种不同条件的选择方案。例如，谈判一方劝说对方，“你们是想要即时付清货款，商品单价 400 元，还是延期两个月付款，商品单价 420 元？”。

（三）利益劝诱策略

利益劝诱策略是指谈判一方通过许诺对方某种利益来催促对方结束谈判并成交的策略。例如，谈判一方劝说对方，“如果现在签约，我方可以提前交付货物”或“如果我们能够达成协议，我方可提供一定量的样品”。

谈判人员在运用利益劝诱策略时，需要注意所许诺的利益必须是与最后的成交有紧密联系的，且有一定的限度，不要让对方感受到还有讨价还价的余地。

（四）分析机会策略

分析机会策略是指谈判一方为对方分析签约与不签约的利害得失，并强调现在是签约有利时机的策略。例如，谈判一方劝说对方，“物价即将上涨，如果贵方不尽快做出决定，不尽早购入所需产品，以后再想以这个价格购买产品，可能性就不大了”。

（五）诱导表达策略

诱导表达策略是指谈判一方在对方犹豫不决时通过诱导式语言使对方表达出真实想法，然后打消其疑虑或解决其关心的问题，进而达成交易的策略。谈判人员在运用诱导表达策略时，可先诱导对方提出反对意见，然后从反对意见入手来促成交易。例如，当对方对己方的产品非常感兴趣，但又由于担心售后服务等一些其他的问题而犹豫不决时，谈判人员可先诱导对方提出疑问，然后对这些问题进行解答，以消除对方的疑虑，促使其做出成交的决定。

模块二　签　约

情景案例

时间：2022 年 7 月 19 日

地点：新源电脑公司

主要人物：新源电脑公司谈判团队　　星电科技公司谈判团队

双方决定成交后，马经理与王经理分别代表各自的公司签订了商务合同。

合同中既规定了新源电脑公司交货的数量、时间和送货方式等，也规定了星电科技公司支付货款的时间和方式等。由于星电科技公司比较看重交货时间，而新源电脑公司比较看重收取货款，于是双方又在合同中明确规定了相关的违约责任。

思考：除了上述案例中提到的条款之外，商务合同还包括哪些内容？签订商务合同时需要注意哪些问题？

签约是指谈判双方在达成一致意见后，由双方法人代表或具有充分授权的代表在合同上签字盖章的过程。合同一经签署，即成为具有法律效力的文件，双方则必须承担合同所标明的法律责任。因此，在合同撰写完毕之后，谈判双方要进行严格的审核，确认合同内容准确无误后，方能签字盖章。

一、订立商务合同

商务合同是指谈判双方为实现各自的经济目标，明确相互之间的权利与义务关系，按照法律规定共同订立的协议。

（一）商务合同的订立原则

在订立商务合同时，谈判双方需要遵循以下几项原则。

1. 平等互利原则

平等互利原则强调谈判双方的民事法律地位平等，谈判双方在订立合同时应平等协商，任何一方不得将己方的意愿强加给对方，即在充分考虑己方利益的同时，不得损害对方的利益。

2. 自愿原则

自愿原则强调谈判双方可以按照自己的意愿订立合同，自主选择订立合同的对象、决定合同内容及订立合同的方式，任何单位或个人不得非法干预。

3. 公平原则

公平原则要求订立合同的谈判双方之间的权利和义务要公平、合理，强调谈判双方给付之间的等值性。

4. 诚信原则

诚信原则强调谈判双方在订立合同时要诚实守信，不得隐瞒事实真相，不得欺诈对方签订包含虚假内容的合同，同时，不得假借订立合同进行恶意磋商。

5. 合法性原则

合法性原则强调谈判双方在法律规定的范围内明确双方的权利与义务、交易程序及违约责任等，并且要尽量详尽，以使合同具有可操作性。

小贴士

在订立合同之前，谈判双方要对谈判的内容、结果等进行回顾，明确是否所有的项目都已谈妥、是否还有遗漏的问题尚未解决等，以免发生争议。

（二）商务合同的构成

由于谈判内容的不同，商务合同的内容也有所不同。但一般来说，商务合同都具有较为固定的格式，通常都包括首部、正文、尾部及附件四个部分。

数量条款的法律意义

1. 首部

合同的首部称为“约首”，主要包括合同的详细名称与编号，签订合同的当事人的姓名或名称、地址、联系方式等具体情况，签订合同的日期和地点，以及合同中有关词语的定义和解释等内容。

2. 正文

合同的正文是合同最重要的部分，其内容应该明确且具体。一般来说，商务合同大都包含表 11-1 所示条款。

表 11-1　商务合同通常包含的条款

条款名称	内容描述
标的条款	明确标的物的品名、牌名及规格等
数量和质量条款	数量上明确计量单位、具体数量、合理误差、自然损耗率等，质量上明确具体标准
价格条款	明确标的物的价值（价格）
支付条款	明确支付的货币单位、结算方式，以及支付的时间与地点等
检验条款	明确检验的标准和方法等
交付条款	明确标的物的交付状态、包装条件、储存条件、运输方式、单据交付方式，以及事故责任归咎原则等
违约处罚条款	明确延迟交付和标的物缺陷的处罚规定
保密条款	明确合同内容的私密性和泄密的后果
不可抗力条款	明确双方公认的不可抗力事故，以及此类事故发生时双方可免除的责任和应履行的义务
仲裁条款	明确仲裁机构、适用的仲裁程序规则及仲裁地点
合同生效条款	合同的生效条件、生效时间

3. 尾部

合同的尾部为合同的结尾部分，主要包括合同的份数，合同的有效期，合同当事人的签名、盖章、开户银行名称、开户银行账号等内容。

4. 附件

合同的附件是对合同有关条款做进一步的解释与规范，对有关技术问题做详细的阐释与规定，对有关操作性细则做说明与安排的部分。例如，技术性较强的商品买卖合同，需要用附件或附图的形式详细说明标的物的全部情况。合同附件是合同正文的延伸与具体化，是合同不可分割的一部分，与合同正文具有同等的法律效力。

二、签订商务合同

商务合同的文本拟定完成后，谈判双方即可进行合同的签订工作。一般来说，合同的签订工作需要做到以下几点。

（一）签订前的审核

在正式签字之前，谈判双方应做好以下两件事：一是核对合同文本与谈判协议条件的一致性，同时需要注意，当使用多种文字书写合同时，应确保合同文本内容的一致性。二是核对各种批件（如项目批件、许可证、外汇证明、订货卡片等）是否完备，以及合同内容与批件内容是否一致。如果审核时发现有问题，那么谈判双方应及时互相通告，修正合同文本并调整签约时间。

审核不严格带来的争议

英国的M公司与罗马尼亚的L公司就某项生产技术转让和相关生产设备的供应问题达成协议后，双方谈判人员着手准备合同文本，并约定合同文本使用英文、罗文、法文三种文字书写。

双方谈判人员工作了两天，完成了三个合同文本的编写工作。M公司指派A先生、B先生和C女士三人共同审核合同，三人对合同正文文本和技术附件进行了逐一核对，最后认为没问题后交给了M公司的领导，准备在签字仪式上使用。双方签订合同时，L公司代表再三强调其国内急需这种生产设备，希望M公司能尽快交货，M公司代表答应一定遵守合同约定按时交货。

合同签完后，M公司开始落实履约事项。按英文合同上的约定，M公司应在合同签字后的第三个月交付第一批资料，在合同签字后的第六个月交付第一批设备。M公司决定抓紧安排，争取提前交货，以此来显示己方的实力与诚意。一个月后，M公司代表将己方的进度与计划通告L公司代表，本想让对方高兴，不料却引来了对方强烈的责备，L公司代表认为M公司推迟了第一批设备的交货期。

M公司合同执行小组人员一下子蒙了，立即翻阅三个不同文本的合同，这才发现第一批设备系准备性设施，其交货期在合同的最后一页予以约定，英文文本的合同与法文文本的合同上写的交货期是合同签字后的第六个月，而罗文文本的合同上写的是合同签字后的第三个月，三个文本的合同约定不一致。经过调查，原来是当初A先生、B先生和C女士三人在核对时遗漏了合同的最后一页。

L公司代表指责M公司不守信用，M公司代表极力向L公司代表解释前因后果，但L公司代表表示不理解。最后，M公司代表只好提出己方争取在合同签字后的第三个月不迟于第四个月交付第一批设备。L公司代表这才停止了对M公司的指责。

（二）签字人的确认

在商务谈判中，主谈人不一定是合同的签字人，因此要注意确定比较合适的签字人（通常为企业法人代表或具有充分授权的代表）。如果所签订的合同比较复杂、涉及面较广，那么相关人员也应适当地参与合同的签订工作，以便在后期合同执行中遇到问题时及时协调，从而为合同的顺利履行提供保障。

（三）签字仪式的安排

为了庆祝谈判成功，以及促进合同履行，谈判双方可以举行一个签字仪式（见图 11-2）。由于合同的重要性和影响程度不同，签字仪式的规格也应有所不同。

（a）

（b）

图 11-2 谈判双方签约

模块三 处理后续工作

情景案例

时间：2022 年 7 月 19 日

地点：新源电脑公司

主要人物：李林、马经理，以及新源电脑公司谈判团队的其他成员

双方终于完成了签约。李林及其他团队成员非常开心，认为这场谈判就此圆满结束了，大家可以彻底地放松下来了。而马经理并不这么认为，他对大家说做事情要有头有尾，谈判虽然结束了，但是处理好谈判的后续工作也很重要，大家必须重视起来，这样才能获得圆满的成功。

思考：你认同马经理的说法吗？谈判的后续工作有哪些？

在谈判成功并签订合同之后，谈判双方还应做好谈判的后续工作，主要包括谈判过程的总结、合同的履行和争议的处理等。

一、谈判过程的总结

谈判结束后，无论结局如何，谈判人员都要对过去的谈判工作进行全面、系统的总结，具体包括以下三个方面的内容。

（一）己方的谈判情况

对己方谈判情况的总结主要包括以下内容：

（1）总结谈判的总体概况，包括谈判成果的综合分析、谈判的效率及谈判遇到的困难等，然后以此为基础，判断己方的得失。

（2）总结谈判前的准备工作情况，根据谈判结果对谈判前制订的方案进行全面的评价，分析谈判准备工作存在哪些漏洞，避免在以后的谈判活动中再次出现。

（3）总结谈判过程的具体情况，包括谈判的程序、谈判的气氛、谈判开局的策略、讨价还价的策略、打破僵局的技巧及谈判小组各成员在谈判中的整体表现，找出优点和不足，供以后谈判参考。

（二）本企业的情况

对本企业情况的总结是为了了解在谈判期间，本企业各方面的工作对谈判的影响程度，然后进一步改善企业的经营管理，为今后的谈判创造各种有利的条件。总结的内容包括本企业对谈判人员所确定的职责、给予的权力，本企业对谈判团队管理的合理性，本企业所规定的谈判原则和交易条件的合理性等。

（三）对方的情况

对对方情况的总结包括对方在谈判过程中所使用的谈判技巧、所提出的建议和要求等。通过总结这些情况，己方可以了解对方的谈判风格，以便在今后与对方的谈判中有的放矢地采取相应的策略，从而取得较好的谈判成果。

互动空间

你认为谈判人员在签约之后需要对自身情况做出哪些总结呢？请与周围的同学讨论一下。

二、合同的履行

合同的履行是指合同双方当事人按照合同的条件、时间、地点、方法履行己方的义务并取得应有的权利的过程。

为了实现合同所要达到的经济目的，合同双方当事人必须严格遵守合同规定的内容，主要包括以下两个方面：第一，实际履行，即合同双方当事人必须严格按照合同所规定的内容履行义务，不允许故意更换标的，不随意变更约定的标的的数量、质量等。第二，协作履行，为了实现共同的利益，合同双方当事人要通力协作、互相帮助，共同完成合同规定的任务。对合同履行过程中产生的分歧，合同双方当事人要按照法律和合同的规定及时协商解决。

三、争议的处理

争议的处理

顺利履行合同是合同双方当事人的共同愿望。然而，在此过程中，由于受各种因素的影响，合同双方当事人之间可能会产生多种争议，包括合同是否成立、合同双方当事人的行为是否构成违约、违约的后果与责任等。

当发生争议时，合同双方当事人可以采取以下几种方式来解决争议。

（一）协商

协商是指在争议发生后，由合同双方当事人自行磋商，然后在双方都认为可以接受的基础上达成和解的方式。合同双方当事人在友好的基础上相互协商是解决合同争议的最佳方式。

（二）调解

合同双方当事人如果不能协商一致，则可以向有关机构（如合同管理机关、仲裁机构或法庭等）申请调解。例如，当合同一方或双方为国有企业时，可以向上级机关申请调解。上级机关应在平等的基础上分清是非，再进行调解，而不能直接进行行政干预。

（三）仲裁

如果合同双方当事人协商不成，且不愿调解，则可根据合同中规定的仲裁条款，向仲裁机构申请仲裁。

（四）诉讼

如果合同中没有订立仲裁条款，事后也没有达成仲裁协议，那么合同双方当事人可以将合同纠纷起诉到法院，寻求司法解决。如果一方当事人对法院判决结果不服，则可以在规定期限内向上一级人民法院上诉。

项目实训——签订合同模拟活动

1．任务概述

回顾项目九“项目实训”内容，学院与科技公司基本达成一致意见，双方准备签订合同。全班同学以此为背景，分组模拟签约流程。

2．任务分组

全班同学自由分组，每组 6～8 人，各组再分成两个小组，并抽签决定所代表的一方。各组选出组长并进行任务分工，然后将小组成员及分工情况填入表 11-2 中。

表 11-2　小组成员及分工情况

<table>
<tr><td>班级</td><td></td><td>组号</td><td></td><td>指导教师</td><td></td></tr>
<tr><td>小组成员</td><td>姓名</td><td>学号</td><td colspan="3">任务分工</td></tr>
<tr><td>组长</td><td></td><td></td><td colspan="3"></td></tr>
<tr><td rowspan="7">组员</td><td></td><td></td><td colspan="3"></td></tr>
<tr><td></td><td></td><td colspan="3"></td></tr>
<tr><td></td><td></td><td colspan="3"></td></tr>
<tr><td></td><td></td><td colspan="3"></td></tr>
<tr><td></td><td></td><td colspan="3"></td></tr>
<tr><td></td><td></td><td colspan="3"></td></tr>
<tr><td></td><td></td><td colspan="3"></td></tr>
</table>

3．任务实施

各组按照小组分工情况开展实践活动，并将具体的实施情况记录在表 11-3 中。

表 11-3　实施情况记录表

时间安排	实施步骤
	1．回顾任务背景，明确任务实施内容
	2．通过多种方式搜集商务合同模板，然后结合所学知识及所搜集的资料，由卖方草拟合同
	3．买方对卖方所拟合同进行审核，列出己方认为有异议及遗漏的条款 ____________________ ____________________ ____________________

（续表）

时间安排	实施步骤
	4．双方就有异议的条款进行讨论，最终达成一致意见 ____ ____ ____
	5．双方对修改后的合同文本进行最后审核
	6．举行模拟签字仪式，体现签字程序和礼仪
	7．总结拟定商务合同的注意事项 ____ ____ ____ ____ ____ ____
	8．各组根据实践过程撰写一份实训心得，然后派一名代表在班内进行讲解

4．评价反馈

各组配合指导教师完成如表 11-4 所示的考核评价表。

表 11-4　考核评价表

项目名称	评价内容	分值	评价分数		
			自评	互评	师评
成果评价（30%）	所拟定的商务合同形式规范、内容完备	10			
	所撰写的实训心得言之有物、总结到位	10			
	代表讲解认真、逻辑清晰	10			
技能评价（50%）	能够运用多种方法有效搜集资料	15			
	能够遵循商务合同的订立原则，与对方共同协商合同内容	15			
	能够发现所订立合同存在的问题，并予以修正和完善	20			
素养评价（20%）	积极实施任务，做事认真	10			
	思维缜密，能够较全面地考虑问题	10			
合计		100			
总评	自评（20%）+互评（20%）+师评（60%）=	教师（签名）：			

项目综合测试

一、不定项选择题

1．表明商务谈判进入结束阶段的标志包括（　　）。

A．接近谈判截止时间　　B．达到谈判基本目标

C．出现交易信号　　D．开始签订合同

2．商务谈判结束的方式有（　　）。

A．成交　　B．中止　　C．破裂　　D．签约

3．商务合同通常包括（　　）。

A．首部　　B．正文　　C．尾部　　D．附件

4．在对谈判过程进行总结时，应从（　　）等方面入手。

A．己方的谈判情况　　B．本企业的情况

C．对方的情况　　D．对方谈判人员的情况

5．处理合同争议的方式包括（　　）。

A．协商　　B．调解　　C．仲裁　　D．诉讼

二、判断题

1．在谈判的开局与磋商阶段，谈判双方通常是在试探对方的底线，不会对任何问题做出结论性的提议。（　　）

2．有约期中止是一种被动式中止，谈判双方均出于无奈，其会对最终达成协议造成一定的干扰和拖延。（　　）

3．合同附件只是合同正文的延伸与具体化，其与合同正文不具有同等的法律效力。（　　）

4．在商务谈判中，商务合同的签字人通常为企业法人代表或具有充分授权的代表。（　　）

5．合同双方当事人在友好的基础上相互协商是解决合同争议的最佳方式。（　　）

三、简答题

1．简述最后成交的策略。

2．订立商务合同需要遵循哪些原则？

3．如何对己方的谈判情况进行总结？

参考文献

[1] 黄聚河．推销与谈判技巧［M］．北京：清华大学出版社，2020.

[2] 杨再春，董晓东．商务谈判与推销技巧［M］．北京：高等教育出版社，2018.

[3] 王崇梅，王燕．现代推销与谈判［M］．北京：清华大学出版社，2018.

[4] 李冬芹，张幸花．推销与商务谈判［M］．大连：大连理工大学出版社，2014.

[5] 王艳艳．推销实务［M］．上海：上海交通大学出版社，2022.

[6] 崔利群，苏巧娜．推销实务（第二版）［M］．北京：高等教育出版社，2021.

[7] 胡善珍．现代推销：理论、实务、案例、实训（第三版）［M］．北京：高等教育出版社，2020.

[8] 陈文汉，甄冰．商务谈判实务［M］．北京：人民邮电出版社，2019.

[9] 文腊梅．商务谈判实务［M］．北京：电子工业出版社，2017.

[10] 毕思勇，徐爱勤．商务谈判［M］．北京：高等教育出版社，2014.

[11] 李光明．现代推销实务［M］．北京：清华大学出版社，2009.

[12] 付佳．每天学点电话销售技巧［M］．北京：中国纺织出版社，2013.

[13] 邹华英．世界上最伟大的推销员经典推销故事全集［M］．北京：电子工业出版社，2009.